Übungsbuch

AF644181

Mit Erfolg zum

Goethe-Zertifikat C1

von

Gabi Baier
Nicole Schäfer
Simone Weidinger

Alles Digitale zu diesem Buch kann auf der Lernplattform **allango** von Ernst Klett Sprachen abgerufen werden. So geht's:

QR-Code scannen oder **www.allango.net** aufrufen	Buchtitel oder ISBN in der Suche eingeben und auf das Buchcover klicken	Zum Inhalt navigieren, direkt abrufen oder speichern

Zu diesem Buch auf allango verfügbar: **Audios und Transkriptionen.**

Ernst Klett Sprachen
Stuttgart

Mit Erfolg zum

Goethe-Zertifikat C1

Übungsbuch

Weitere Komponenten:
Mit Erfolg zum Goethe-Zertifikat C1, Testbuch 978-3-12-675176-6

1. Auflage 4 | 2025

Alle Drucke dieser Auflage sind unverändert und können im Unterricht nebeneinander verwendet werden. Die letzte Zahl bezeichnet das Jahr des Druckes. Das Werk und seine Teile sind urheberrechtlich geschützt. Jede Nutzung in anderen als den gesetzlich zugelassenen Fällen bedarf der vorherigen schriftlichen Einwilligung des Verlags.

© Ernst Klett Sprachen GmbH, Rotebühlstraße 77, 70178 Stuttgart; 2023
Alle Rechte vorbehalten. Die Nutzung der Inhalte für Text- und Data-Mining ist ausdrücklich vorbehalten und daher untersagt.
www.klett-sprachen.de

Autorinnen: Gabi Baier, Simone Weidinger, Nicole Schäfer
Redaktion: Claudia Witthuhn
Gestaltung und Satz: Satzkasten, Stuttgart
Umschlaggestaltung: Sabine Kaufmann
Druck und Bindung: Salzland Druck, Staßfurt

Audio-Impressum:
Sprecher*innen: José Amigo, Christian Birko-Flemming, Tanja Götemann, Stefanie Plisch de Vega, Markus Schultz, Hans-Peter Stoll, Anke Stößer, Sofi Vega
Tontechnik und Produktion: Top10Tonstudio, Gunther Pagel, Viernheim

PEFC-zertifiziert
Dieses Produkt stammt aus nachhaltig bewirtschafteten Wäldern und kontrollierten Quellen
PEFC/04-31-2251 www.pefc.de

Printed in Germany
ISBN 978-3-12-675167-4

Inhalt

Das Goethe-Zertifikat C1 ist eine Deutschprüfung für Erwachsene. Eine bestandene Prüfung bestätigt Sprachkenntnisse auf dem Niveau C1 des Gemeinsamen europäischen Referenzrahmens für Sprachen (GER). Auf dieser Niveaustufe können Sie ein breites Spektrum anspruchsvoller, längerer Texte verstehen und auch implizite Bedeutungen erfassen. Sie können sich spontan und fließend ausdrücken und sich klar, strukturiert und ausführlich zu komplexen Sachverhalten äußern und dabei verschiedene Mittel zur Textverknüpfung angemessen verwenden. Sie können die Sprache im gesellschaftlichen und beruflichen Leben oder in Ausbildung und Studium wirksam und flexibel gebrauchen. Mit erfolgreichem Bestehen des Goethe-Zertifikats C1 belegen Sie, dass Sie die deutsche Sprache *kompetent* verwenden.

Zum 01. Januar 2024 führt das Goethe-Institut die neue modulare Prüfung Goethe-Zertifikat C1 ein. Auf diese Prüfung bereitet das vorliegende Übungsbuch vor. Die neue Prüfung löst das bis dahin gültige Goethe-Zertifikat C1 ab.

Die Prüfung kann in Deutschland und weltweit an Goethe-Instituten oder kooperierenden Prüfungszentren abgelegt werden. Alle Informationen dazu finden Sie auf der Webseite des Goethe-Instituts. Um die Prüfung ablegen zu können, werden circa 800 bis 1000 Unterrichtseinheiten à 45 Minuten empfohlen. Um sich für die Prüfung anzumelden, ist weder der Besuch eines Sprachkurses auf dem Niveau C1 noch eine erfolgreich abgelegte Prüfung auf einem anderen Niveau, z. B. B2, erforderlich.

Das Goethe-Zertifikat C1 ist eine Deutschprüfung für Erwachsene. Sie wird ab einem Alter von 16 Jahren empfohlen. Die Prüfung wird auch digital angeboten (bis auf das Modul Sprechen); erkundigen Sie sich hierfür bei Ihrem Prüfungszentrum. Beide Versionen sind identisch. Ebenso ist eine barrierefreie Version der Prüfung verfügbar.

Das Goethe-Zertifikat C1 ist eine modulare Prüfung: Sie besteht aus den Modulen Lesen, Hören, Schreiben und Sprechen. Die Module können einzeln oder zusammen als Ganzes abgelegt werden. Wird ein Modul nicht bestanden, kann es beliebig oft wiederholt werden. Wenn Sie alle vier Module bestanden haben, erhalten Sie ein Gesamtzeugnis. Wenn Sie nur einzelne Module bestanden haben, erhalten Sie für jedes bestandene Modul ein Zeugnis. Genaueres entnehmen Sie bitte der Prüfungsordnung des Goethe-Instituts (www.goethe.de).

Wie ist die Prüfung aufgebaut?

Die Module Lesen, Hören und Schreiben können entweder auf Papier oder in der digitalen Variante am Computer abgelegt werden. Das Modul Sprechen wird in der Regel als Paarprüfung durchgeführt. In Einzelfällen ist auch eine Einzelprüfung möglich.

MODUL	DAUER
Lesen	65 Minuten
Hören	40 Minuten
Schreiben	75 Minuten
Sprechen	20 Minuten

Überblick über die Prüfung

Modul LESEN (insgesamt 65 Minuten)

Teil	Prüfungsziel	Textsorte	Aufgabentyp	Vorgeschlagene Zeit	Items
1	Text mit Wörtern rekonstruieren	Populärwissenschaftlicher oder informativer Artikel	Lückentext mit Multiple-Choice (4-gliedrig)	10 Min.	8
2	Hauptaussagen und Einzelinformationen verstehen	Zeitschriftenartikel mit hohem Informationsgehalt	Multiple-Choice (3-gliedrig)	20 Min.	7
3	Text mit Sätzen rekonstruieren	Kommentar oder Reportage aus der Presse	Lückentext mit Zuordnung von acht Sätzen	20 Min.	8
4	Meinung oder Aussage suchen, erkennen und verorten	(Populär)wissenschaftliche Beiträge	Zuordnung von fünf Aussagen	15 Min.	7

Für jedes richtige Item gibt es einen Messpunkt. Insgesamt können für das Modul Lesen also 30 Messpunkte erreicht werden. Das entspricht 100 Ergebnispunkten. Die Bestehensgrenze liegt bei 60 Prozent, d. h. beim Modul Lesen bei 18 Punkten, also 60 Ergebnispunkten.

Modul HÖREN (insgesamt 40 Minuten)

Teil	Prüfungsziel	Textsorte	Aufgabentyp	Items
1	Einzelinformationen in einer Sendung verstehen	Podcast	Zuordnung von Aussagen zu Textabschnitten	6
2	Aussagen und Einzelinformationen zu Fachthemen verstehen	Interview mit einer Expertin / einem Experten	Multiple-Choice (3-gliedrig)	9
3	Hauptaussagen und Meinungen in einer Diskussion zu einem aktuellen Thema verstehen	(Radio-)Diskussion mit drei Personen	Multiple-Choice (3-gliedrig)	8
4	Einzelinformationen zu einem aktuellen Thema verstehen	Vortrag	Multiple-Choice (3-gliedrig)	7

Für jedes richtige Item gibt es einen Messpunkt. Insgesamt können für das Modul Hören also 30 Messpunkte erreicht werden. Das entspricht 100 Ergebnispunkten. Die Bestehensgrenze liegt bei 60 Prozent, d. h. beim Modul Hören bei 18 Punkten, also 60 Ergebnispunkten.

Modul SCHREIBEN (insgesamt 75 Minuten)

Teil	Prüfungsziel	Textsorte	Aufgabentyp	vorgeschlagene Zeit
1	Produktion: Meinungsäußerung verfassen	Diskussionsbeitrag in einem seriösen Online-Forum	Freier Text (ca. 230 Wörter): etwas erklären, Argumente anführen, Beispiele geben	50 Min.
2	Interaktion: (halb-)formelle Mitteilung verfassen	E-Mail	Freier Text (min. 120 Wörter): auf ein Problem aufmerksam machen; etwas vorschlagen, beschreiben, höflich Verständnis zeigen	25 Min.

Ihre beiden Texte werden von geschulten Bewerterinnen und Bewertern nach bestimmten Kriterien bewertet. Die Bewertungskriterien für das Modul Schreiben finden Sie auf S. 107. Insgesamt können Sie für das Modul Schreiben 100 Punkte erreichen. Für Schreiben Teil 1 können Sie max. 60 Punkte erhalten, für Schreiben Teil 2 max. 40 Punkte.

Modul SPRECHEN (insgesamt 20 Minuten)

Teil	Prüfungsziel	Textsorte	Aufgabentyp	Zeit
1	Produktion: vor Publikum sprechen, Fragen stellen und beantworten	Vortrag	Vorbereiteter Vortrag zu einem gewählten Thema mit Stichpunkten; Beantwortung von Fragen dazu	ca. 5 Min. + 2 Min. Fragen beantworten
2	Interaktion: Standpunkte vertreten, argumentieren, sich einigen	Diskussion	Freie Diskussion zu einer kontroversen Frage mit kurzem Inputtext	ca. 5 Min. zu zweit

Die Bewertungskriterien für das Modul Sprechen finden Sie auf Seite 148. Insgesamt können Sie für das Modul Sprechen 100 Punkte erreichen. Max. 52 Punkte für Teil 1 und 32 Punkte für Teil 2. Zusätzlich gibt es max. 16 Punkte für die Aussprache.

So arbeiten Sie mit dem Buch

Dieses Übungsbuch hilft Ihnen, sich umfassend auf die Prüfung Goethe-Zertifikat C1 vorzubereiten. Hier einige Empfehlungen, wie Sie dabei am besten vorgehen:

Kommentierter Modelltest 1 – Beginnen Sie mit Modelltest 1. Jede Prüfungsaufgabe wird hier nacheinander in drei Schritten beschrieben und bearbeitet:

Die Prüfungsaufgabe kennenlernen: So sieht das Aufgabenblatt in der Prüfung aus.

Prüfungsaufgabe Schritt für Schritt lösen: Hier erfahren Sie, was Sie bei dieser Aufgabe machen und worauf Sie achten müssen.

Die Lösung verstehen: Hier erfahren Sie, welche Lösungen richtig bzw. falsch sind und warum.

Üben: Zu jeder Prüfungsaufgabe finden Sie zahlreiche Übungen, die Sie am besten in Vorbereitung auf die Prüfungsaufgabe lösen. Die Übungen helfen Ihnen zu verstehen, worauf es bei jeder Prüfungsaufgabe ankommt und was von Ihnen erwartet wird. Kleinschrittig erarbeiten Sie sich Kompetenzen für jeden Aufgabentyp, sodass Sie bestens auf die Prüfung vorbereitet sind.

Modelltest 2 – Dieser Modelltest bietet Ihnen die Möglichkeit, die Prüfung zu simulieren. Das bedeutet, dass Sie jedes Modul in der vorgeschriebenen Zeit und ohne Hilfsmittel lösen. Die Lösungen finden Sie am Ende des Buches.

Grammatische Strukturen – Sie möchten gezielt an Ihrem Ausdruck arbeiten und sprachliche Strukturen auf C1-Niveau trainieren? Dann finden Sie in diesem Teil zahlreiche Übungen zu wichtigen grammatischen Strukturen. So können Sie vor allem beim Schreiben und Sprechen zeigen, dass Sie Wortschatz und Strukturen auf Niveau C1 auch aktiv beherrschen.

Sie wollen noch mehr üben? Im Testbuch „Mit Erfolg zum Goethe-Zertifikat C1" finden Sie vier weitere Modelltests, die Sie auf die Prüfung vorbereiten.

Alle Audios sowie die Transkriptionen zur Prüfung finden Sie digital auf allango (s. Erklärung auf Seite 1).

Eine gute Vorbereitung und viel Erfolg bei der Prüfung wünschen

die Autorinnen und der Verlag

Kommentierter Modelltest 1

Modul Lesen, Teil 1

Beschreibung dieses Prüfungsteils

Was für eine Textsorte lesen Sie?	Sie lesen einen populärwissenschaftlichen oder informativen Presseartikel zu einem Thema von allgemeinem Interesse. Die Themen stammen aus den Bereichen Forschung, Wissenschaft und Innovationen.
Was ist Ihre Aufgabe?	Der Text hat acht Lücken. Es wird überprüft, ob Sie Wortschatz, Wortbildung und Strukturen auf dem Niveau C1 beherrschen.
Was wird vorgegeben?	Für jede Lücke gibt es jeweils vier Antwortoptionen a, b, c oder d.
Wie lesen Sie?	Da es um Wortschatz und grammatische Strukturen geht, müssen Sie den Text detailliert und sorgfältig genau lesen.
Was müssen Sie tun, um diesen Prüfungsteil zu lösen?	Sie rekonstruieren den Text und entscheiden, welche der vier Auswahlantworten a, b, c oder d in die jeweilige Lücke passt.
Wie lange dauert dieser Prüfungsteil?	Für diesen Prüfungsteil sollten Sie etwa 10 Minuten einplanen. Der Text hat eine Länge von ca. 320 Wörtern inklusive der Wörter in den Lücken.
Wie wird dieser Prüfungsteil bewertet?	Für jede richtige Antwort erhalten Sie einen Punkt, insgesamt also acht Punkte.

Um den Lückentext in Lesen Teil 1 zu rekonstruieren, ist es hilfreich, verschiedene Lesetechniken anzuwenden:

- Das Thema des Textes erkennen und Vorwissen aktivieren
- Hauptaussagen in Textabschnitten mit Lücken erkennen
- Grammatische Strukturen identifizieren
- Richtige Auswahlantworten aus dem Kontext erschließen

Im Folgenden können Sie diese Techniken üben.

Das Thema eines Textes erkennen und Vorwissen aktivieren

Sie lesen zuerst die Überschrift und die Unterzeile. Hier können Sie Ihr Vorwissen zum Thema aktivieren und bekommen so wichtige Hinweise auf den Inhalt des Textes. Wenn Sie wissen, worum es in dem Text geht, fällt es Ihnen leichter, auch sprachlich schwierige Abschnitte zu verstehen.

1 **Welche Funktion haben die Überschriften und die Unterzeile eines Zeitungsartikels? Schauen Sie sich den Anfang eines Zeitungsartikels an und ordnen Sie die drei Funktionen zu.**

1 Hier werden die wichtigsten Aussagen des Artikels kurz zusammengefasst. |
2 Hier wird die Aufmerksamkeit der Leserinnen und Leser geweckt. |
3 Hier findet man ein wichtiges Stichwort aus dem Artikel. Manchmal wird auch nur das Themengebiet oder ein Ort angegeben.

ASTRONOMIE → [die Dachzeile] a ☐

Mysteriöse Signale aus dem Weltall → [die Überschrift] b ☐

Ein australisches Forschungsteam hat eine Radioquelle in der Milchstraße entdeckt. Vermutlich handelt es sich um einen neuen Sternentyp. → [die Unterzeile] c ☐

2 **Lesen Sie die folgenden Überschriften und Unterzeilen und stellen Sie Vermutungen über den Textinhalt an. Kreuzen Sie Themen an, die Sie in einem solchen Text erwarten.**

Text 1

KLIMAWANDEL

Gletscherschmelze auf über 8000 Metern Höhe

Nicht nur die Weltmeere, sondern auch die höheren Regionen der Erde sind vom Klimawandel betroffen. Messungen haben ergeben, dass ein Gletscher am Mount Everest rapide schrumpft.

a Ursachen für das Abschmelzen von Gletschern
b berühmte Bergsteiger am Mount Everest
c Folgen für den Tourismus in der Region
d Methoden zur Messung von Gletschern
e Folgen für den Wasserhaushalt in der Region
f Maßnahmen gegen den Klimawandel
g Voraussagen für die Zukunft

Text 2

ARCHÄOLOGIE

Neue Erkenntnisse über die Menschheitsgeschichte dank eines Babyzahns

Archäolog*innen und Paläontolog*innen haben in der Grotte Mandrin im französischen Rhônetal einen Milchzahn von einem Homo sapiens gefunden. Ein bahnbrechender Fund, der wichtige Hinweise zur Geschichte des modernen Menschen in Europa liefert.

a Wirtschaftliche Folgen der Entdeckung für die Region
b Zusammensetzung des Forschungsteams
c Funde anderer Gegenstände
d Untersuchungsmethoden
e Bedeutung des Flusses Rhône in der Geschichte
f Tipps für Hobby-Archäologen
g Beschreibungen anderer Fundstellen in Europa

Text 3

FORTSCHRITTE BEI DER KERNFUSION

Erfolgreiche Entzündung von Plasma

Durch Kernfusion könnte klimaneutral Strom erzeugt werden. Zurzeit verbraucht dieses Verfahren allerdings noch mehr Energie, als es erzeugt. Einem amerikanischen Forschungsteam ist nun durch die Entzündung von Plasma, dem Brennstoff der Kernfusion, ein wichtiger Schritt gelungen.

a Vergleich von Atomkraft und Kernfusion
b Technische Verfahren zur Entzündung von Plasma
c Gefahren der Atomkraft
d Schwierigkeiten bei der Kernfusion
e Vorteile der Kernfusion
f Kosten und Finanzierung der neuen Technologie
g Zukunftsperspektiven

Hauptaussagen in Textabschnitten mit Lücken erkennen

Sie lesen den Text abschnittweise. Sie können die Hauptaussage jedes Abschnitts mithilfe von W-Fragen erfassen: Wer? Was? Warum? Wie? Wo? Wann? Stoppen Sie beim Lesen nicht nach jeder Lücke, um die Auswahlantworten zu vergleichen, sondern lesen Sie den ganzen Abschnitt. Vermuten Sie: Welche Wortart könnte in die Lücke passen?

3 **Lesen Sie den folgenden Artikel. Beantworten Sie nach jedem Abschnitt W-Fragen: Wer macht was, wann, wie und warum? Kreuzen Sie an, welche Wortart in die jeweilige Lücke passen könnte.**

Abschnitt 1

Wie Ohrwürmer unseren Schlaf stören

Musik kann beruhigen, entspannen und uns von schweren Gedanken ablenken. Schon Kindern singen Eltern Schlaflieder vor, und viele Jugendliche und Erwachsene lassen sich von ihren Lieblingsklängen in den Schlaf (1) .... Frühere Studien haben bereits gezeigt, dass Musik Stress reduzieren und beim Einschlafen helfen kann. Doch (2) .... uns manche Lieder ruhig schlafen lassen, verfolgen uns andere als Ohrwurm durch die Nacht. Sie halten uns lange wach und geistern uns teils noch am nächsten Morgen im Kopf herum.

Wer? / Was? Musik / Lieder

Wann? beim Einschlafen, in der Nacht

Was? verfolgt uns als Ohrwurm, stört Schlaf

Lücke 1: a Nomen b Verb c Adverb d Präposition e Konnektor f Pronomen
Lücke 2: a Nomen b Verb c Adverb d Präposition e Konnektor f Pronomen

Abschnitt 2

Um die Rolle von Ohrwürmern beim Schlafen besser zu verstehen, untersuchte der US-amerikanische Schlafforscher Michael Scullin mit seinem Team 50 Personen im Schlaflabor. (3) .... dem Schlafengehen wurden den Probandinnen und Probanden drei populäre und eingängige Popsongs vorgespielt. Während sie schliefen, maß das Forschungsteam ihre Hirnwellen, Herzfrequenz und Atmung und überwachten so die Schlafqualität. Die Versuchspersonen gaben an, ob und wann sie einen Ohrwurm erlebten. Dann analysierte das Forschungsteam, (4) .... sich das auf ihre nächtliche Schlafphysiologie auswirkte.

Sie finden nicht in jedem Textabschnitt eine Antwort auf alle Ihre W-Fragen. Manchmal reichen auch zwei oder drei Fragen, um die Hauptaussagen zu erfassen.

Wer? ....

Was? ....

Wann? ....

Wo? ....

Warum? ....

Lücke 3: a Nomen b Verb c Adverb d Präposition e Konnektor f Pronomen
Lücke 4: a Nomen b Verb c Adverb d Präposition e Konnektor f Pronomen

Abschnitt 3

Die Messungen ergaben: Personen, (5) .... sich einen Ohrwurm eingefangen hatten, hatten größere Schwierigkeiten beim Einschlafen, wachten nachts häufiger auf und verbrachten mehr Zeit in den leichten Schlafstadien. Sie zeigten mehr langsame Oszillationen im Gehirn, einen Marker für die Reaktivierung des Gedächtnisses. Bei diesem Prozess werden temporäre Erinnerungen während des Schlafes spontan abgerufen und in längerfristige Formen umgewandelt. (6) .... dominant waren die langsamen Oszillationen im primären auditorischen Kortex – der Region, die auch im Wachzustand durch Ohrwürmer aktiviert wird.

Wer? ....

Was? ....

Warum? ....

Sie können auch nach dem Ausschlussverfahren vorgehen: Wenn Sie sich bei einer Wortart nicht sicher sind, können Sie sich zunächst überlegen, welche Wortart Sie mit Sicherheit ausschließen können.

Lücke 5: a Nomen b Verb c Adverb d Präposition e Konnektor f Pronomen
Lücke 6: a Nomen b Verb c Adverb d Präposition e Konnektor f Pronomen

Abschnitt 4

„Fast jeder dachte, dass Musik den Schlaf verbessert, aber wir fanden heraus, dass (7) ...., die mehr Musik hörten, schlechter schliefen", sagt Scullin. Überraschend war für das Forschungsteam übrigens auch, dass Instrumentalmusik zu einer schlechteren Schlafqualität führte. Getestet wurden allerdings nur Popstücke. Ob beispielsweise klassische Musik oder Entspannungsmusik ähnliche Auswirkungen haben, ist unklar. Auf Basis dieser (8) .... empfiehlt Scullin, Musik vor dem Schlafengehen zu vermeiden.

Wer? ....

Was? ....

Warum? ....

Wie? ....

Lücke 7: a Nomen b Verb c Adverb d Präposition e Konnektor f Pronomen
Lücke 8: a Nomen b Verb c Adverb d Präposition e Konnektor f Pronomen

4 **Ergänzen Sie nun die Lücken. Verwenden Sie die Wörter aus dem Schüttelkasten.**

begleiten | besonders | die | diejenigen | Ergebnisse | ob | vor | während

Grammatische Strukturen identifizieren

Das Erkennen der grammatischen Struktur hilft Ihnen, die richtige Lösung zu finden: Handelt es sich um Konnektoren (z. B. weil, als) oder Verbindungsadverbien (z. B. deshalb, trotzdem), müssen Sie auf die Verbstellung im Satz achten. Bei Verben sollten Sie nach einem Reflexivpronomen, trennbaren Präfix oder einem Präpositionalpronomen Ausschau halten. Bei Präpositionen überprüfen Sie, in welchem Kasus das Nomen steht.

5 **Lesen Sie den unten stehenden Text und die Auswahlantworten. Welche grammatischen Strukturen stehen in den neun Lücken zur Auswahl? Notieren Sie die Nummern der Items.**

Roboter als Unterwasser-Müllsammler

Die Ozeane sind voller Plastikmüll. Um dagegen anzugehen, entwickeln Wissenschaftlerinnen und Wissenschaftler zurzeit ein Robotersystem, das Kunststoffabfälle unter Wasser orten und einsammeln kann.

Die Ozeane unseres Planeten sind voller Plastikmüll – zwischen 26 und 66 Millionen Tonnen größere und kleinere Kunststoffreste befinden sich Schätzungen 1 a gegenüber b halber c zufolge d zuliebe im Meer. Ein Teil davon wird im Laufe der Zeit zu Mikroplastik zerrieben, gemeinsam mit größeren Resten sinkt dieser Müll allmählich in die Tiefe und lagert sich am Meeresboden ab. Für viele Tiere im Ozean sind die Plastikteile eine 2 a akute b damalige c frühere d zukünftige Bedrohung, denn oft fressen sie sie irrtümlich und sterben dann daran.

Bisher konzentrieren sich die Reinigungsmaßnahmen vor allem auf Küsten und die Wasseroberfläche, 3 a aber b denn c nämlich d zumal den Meeresboden zu säubern ist aufwändig, teuer und für Taucher oft gefährlich. Deshalb entwickeln nun Wissenschaftlerinnen und Wissenschaftler der Technischen Universität München gemeinsam mit acht europäischen Partner-Instituten ein Robotersystem, 4 a dessen b die c von dem d welche Aufgabe darin besteht, den Unterwassermüll einzusammeln.

Das System 5 a gehört b hängt c schließt d setzt sich aus vier Roboter-Komponenten zusammen: Ein autonom fahrendes Roboter-Boot lokalisiert größere Müllansammlungen im Wasser. Dann wird ein Beobachtungsroboter ins Wasser gelassen, der Nahaufnahmen des Meeresbodens liefert. Bei guten Sichtverhältnissen sorgt zusätzlich eine Drohne aus der Luft 6 a dabei b dafür c dagegen d damit, dass weiterer Müll im Wasser erkannt wird. Alle Informationen dieser „Müllspäher" werden dann zu einer virtuellen Karte kombiniert. Diese dient einem Sammelroboter als Grundlage, der dann den Müll mithilfe eines Greifers in einen Sammelkorb legt.

7 a Was b Wem c Wen d Wer in der Theorie einfach klingt, ist in der Praxis für autonom agierende Roboter aber nicht einfach: Denn anders als an Land herrschen im Wasser ganz besondere Bedingungen. Sobald ein Stück Müll identifiziert und geortet wurde, muss sich der Roboter zunächst in dessen Nähe bewegen. 8 a Dabei b Deswegen c Infolgedessen d Sonst kann er mitunter auf starke Strömungen treffen, gegen die er sich durchsetzen muss.

Bisher läuft die Entwicklung aber trotz dieser erhöhten Schwierigkeiten erfolgreich: Wenn das System 9 a ausgesprochen b besonders c sehr d voll einsatzfähig ist, soll es Unterwasserabfälle mit einer Quote von 80 Prozent klassifizieren und zu 90 Prozent erfolgreich einsammeln. Die Roboter wären dann so effektiv wie menschliche Taucher.

Verbindungsadverb: 8	Relativpronomen:	Trennbares Verb: ......
Konnektor:	Steigerungsadverb:	Präpositionalpronomen: ......
Präposition:	Adjektiv:	......

6 **Wählen Sie nun die richtigen Auswahlantworten a, b, c oder d.**

7 **Im folgenden Text stehen in den Lücken jeweils verschiedene Wortarten zur Auswahl. Lesen Sie zuerst den nachfolgenden Tipp. Lesen Sie dann den Text und wählen Sie die passende Lösung.**

Wenn Sie die Lösung nicht sofort wissen, probieren Sie die Auswahlantworten aus: Lesen Sie die Sätze mit den jeweiligen Auswahlantworten laut vor. Achten Sie besonders auf den Kontext, in dem der Satz mit der Lücke steht: Steht z. B. ein Verb in der Nähe, auf das sich ein Präpositionalpronomen beziehen könnte?

GUT ZU WISSEN

Können Schmerzmittel die sportliche Leistung steigern?

Für viele Sportlerinnen und Sportler ist die Einnahme von Schmerzmitteln 1 a eine Maßnahme b eine Möglichkeit c selbstverständlich d zuverlässig. Mehr als die Hälfte der Amateurfußballer in Deutschland greifen laut einer Recherche regelmäßig zu schmerzhemmenden Medikamenten. Viele Marathonläufer, auch Freizeitsportler, werfen sich vor dem Start entsprechende Pillen ein. Ob sie wirklich verletzt sind, ist oft 2 a daneben b eine Nebenrolle c nebenbei d nebensächlich. Viele versprechen sich nämlich eine leistungssteigernde Wirkung durch die Schmerzmittel.

Wohl 3 a am besten b genau c rechtmäßig d zu Recht, wie eine neue Veröffentlichung nahelegt: Die Einnahme des geläufigen Schmerzmittels Paracetamol kann zu besseren Ergebnissen besonders bei Ausdauerübungen führen. Zu diesem Ergebnis kommt Jozo Grgic vom Institut für Gesundheit und Sport an der Victoria University in Melbourne. „Theoretisch kann eine Verringerung der durch das Training 4 a ausgelösten b auslösbaren c auslösenden d auszulösenden Schmerzen zu einer Leistungssteigerung beitragen", schreibt Grgic in seiner Studie, für die er mehr als ein Dutzend Arbeiten ausgewertet hat.
Ein leistungssteigernder Effekt zeigte sich bei Radfahrern, die 5 a dabei b daraufhin c dazu d deswegen angehalten waren, sich bis zur absoluten Erschöpfung zu verausgaben. Sie erzielten mit Paracetamol im Körper bessere Ergebnisse als eine Vergleichsgruppe. Ähnliche Effekte waren beim Training in extremer Hitze zu 6 a beobachtbar b beobachten c beobachtend d beobachtet.

Allerdings greifen diese Turboeffekte 7 a fast b kaum c in wenigen Fällen d nicht überall. Bei Sprintübungen etwa gibt es widersprüchliche Ergebnisse, ebenso kann die Leistungssteigerung beim Krafttraining nicht eindeutig nachgewiesen werden. Die untersuchten Studien waren zudem nicht repräsentativ.

Grgic warnt davor, Paracetamol als Hilfsmittel zur Leistungssteigerung einzusetzen, zumal schon seit längerem 8 a auffällig b bekannt c eine Tatsache d vermutet ist, dass die langfristige Einnahme Leber- und Nierenschäden hervorrufen kann. Darüber hinaus müssten „ethische Aspekte berücksichtigt" werden. Die Einnahme befindet sich im Graubereich, der Übergang zur Einnahme von Dopingpräparaten ist fließend.

Richtige Auswahlantworten aus dem Kontext erschließen

Manchmal sind grammatisch alle vier Auswahlantworten denkbar. Die richtige Lösung erschließt sich in diesen Fällen nur mithilfe des Kontextes. Aus diesem Grund müssen Sie nicht nur den ganzen Satz mit der Lücke, sondern auch die vorangehenden und nachfolgenden Sätze verstehen sowie die Hauptaussage eines Abschnitts oder des ganzen Textes berücksichtigen.

8 **Im folgenden Text stehen in jeder Lücke jeweils zwei Wörter zur Wahl, die beide grammatisch korrekt sind. Lesen Sie die jeweiligen Abschnitte genau und wählen Sie die passende Lösung, indem Sie auf den Kontext achten.**

TECHNIK UND DIGITALES

Erster Solar-LKW auf Deutschlands Straßen

Bisher gelten Elektroautos mit Solarzellen auf der Karosserie eher als Spielerei. Doch bei Lastkraftwagen kann die Photovoltaik dank der großen Fläche durchaus einen Beitrag zur Stromversorgung leisten.

Der Güterverkehr mittels Lastwagen trägt in besonders hohem Maße zum Treibhausgas-Ausstoß bei. Schon länger arbeitet die Forschung daher an Konzepten, um die LKW 1 a klimafreundlicher b leistungsstärker zu machen. Zu den bereits getesteten Ansätzen gehören neben alternativen Antrieben wie Flüssiggas oder Wasserstoff auch Elektrofahrzeuge. Diese haben allerdings das Problem, dass die 2 a begrenzte b große Reichweite bisheriger Akkus den Einsatz von Elektro-LKW auf Langstrecken unpraktisch macht.

Abhilfe schaffen könnte das 3 a Aufladen b Einschalten der Akkus während der Fahrt, und zwar indem die Lastwagen den nötigen Strom an Bord produzieren – beispielsweise über Photovoltaik. An solchen Solar-LKW arbeiten Wissenschaftler um Christoph Kutter vom Fraunhofer-Institut für Solare Energiesysteme ISE gemeinsam mit Industriepartnern.
Ziel ist es, besonders leichte und trotzdem 4 a günstige b robuste Solarmodule für die nachträgliche Montage auf dem Dach von LKW zu entwickeln, und außerdem eine Elektronik, die die Photovoltaikmodule in die Bordsysteme integriert und den Strom zum Akku der Elektrofahrzeuge bringt.

Ein weiterer wichtiger Punkt ist die 5 a Leistung b Sicherheit. Bei den Solarmodulen können Spannungen von bis zu 400 Volt entstehen. Bei einem Unfall könnte dies ein erhebliches Risiko darstellen. Um dies zu verhindern, haben die Fraunhofer-Forscher eine Vorrichtung entwickelt, die im Falle eines Unfalls die Stromverbindung innerhalb von Millisekunden trennt.

Nach all diesen Vorbereitungen ist es jetzt so weit: Der erste LKW mit diesem Solarsystem hat die technische Abnahme erfolgreich absolviert und ist jetzt für Fahrten auf Deutschlands Straßen zugelassen. Der direkt am Fahrzeug 6 a benötigte b erzeugte Solarstrom kann fünf bis zehn Prozent des LKW-Energiebedarfs decken. Der Solar-LKW ist ab jetzt täglich im Freiburger Umland für eine Firma im Einsatz und wird nun für ein Jahr regelmäßig geprüft.

9 **Vergleichen Sie nun Ihre Antworten mit der unten stehenden Lösung. Lesen Sie auch die Begründungen für die richtigen Antworten.**

Lücke 1: Antwort **a** (klimafreundlicher) ist richtig. Es geht bei dieser Technik nicht um die Frage, wie LKW mehr Leistung erbringen können, sondern wie durch Solarenergie Kraftstoff gespart und somit weniger klimaschädigende Treibhausgase erzeugt werden.

Lücke 2: Antwort **a** (begrenzte) ist richtig. Die Schlüsselwörter „Problem" und „unpraktisch" verweisen darauf, dass die Reichweite der bisherigen Akkus noch nicht groß genug, also begrenzt ist.

Lücke 3: Antwort **a** (Aufladen) ist richtig. Im folgenden Abschnitt wird beschrieben, wie die Akkus während der Fahrt aufgeladen werden, und zwar indem an Bord der LKW Strom produziert wird.

Lücke 4: Antwort **b** (robuste) ist richtig. Vor der Lücke steht „trotzdem". Es muss also ein Adjektiv passen, das etwas bezeichnet, das normalerweise im Gegensatz zu „leicht" steht. „Robust" bezeichnet hier etwas Solides, was nicht schnell kaputtgeht. Ein solcher Gegenstand hat in der Regel ein höheres Gewicht, ist also nicht leicht.

Lücke 5: Antwort **b** (Sicherheit) ist richtig. In den folgenden Sätzen geht es um die Risiken von hohen elektrischen Spannungen und was man tun kann, um diese Risiken bei Unfällen zu verringern.

Lücke 6: Antwort **b** (erzeugte). Im ganzen Text geht es um das Problem, wie LKW mithilfe von Solarzellen ihren eigenen Strom erzeugen können.

Die Prüfungsaufgabe kennenlernen

- Für das Lesen Teil 1 werden zehn Minuten Bearbeitungszeit empfohlen.
- Sie bekommen einen Lückentext und acht Aufgaben mit jeweils vier Antwortoptionen. Sie müssen die korrekte Lösung a, b, c oder d auswählen.

Teil 1 vorgeschlagene Arbeitszeit: 10 Minuten

Sie lesen in einer Zeitschrift einen Artikel über den Geruchssinn von Hunden. Wählen Sie für jede Lücke die richtige Lösung.

AUS DER TIERWELT

Meister des Geruchs

Hunde haben sich beim Erkennen von Corona-Viren bewährt. Und sie taugen auch zum Erschnüffeln von anderen Krankheiten.

Cordula schnuppert an einem Loch in der großen Metallkiste und wartet. Schließlich steckt die schwarzhaarige Berner Sennenhündin ihre braun-weiße Nase ganz in das Loch. Es hat sich **Beispiel 0**: Aus einer Metallbox fällt ihr ein Leckerbissen vor die Füße.
Cordula ist einer von insgesamt 15 Hunden, die im Rahmen einer Studie ein einwöchiges Spezialtraining absolviert haben. Es hat sie zu medizinischen Supernasen gemacht, die mit einer Präzision von 92 Prozent aus über 5000 Proben **1 ...** aufspürten, die mit Corona-Viren infiziert waren. Man hatte die Hunde nur mit Speichelproben trainiert, aber sie erschnüffelten Corona ebenso zuverlässig in Urin- und Schweißproben.

Hunde sind sogenannte Makrosmatiker mit einem außergewöhnlichen Geruchssinn und Gedächtnis. Der gute Geruchssinn ist für sie zwingend erforderlich, um für sie lebenswichtige Informationen wahrzunehmen. **2 ...** erkannte der Mensch bereits vor mehr als 10.000 Jahren, als er den Hund domestizierte. Seitdem nutzt er den Geruchsexperten auf vier Pfoten zum Aufspüren von Beutetieren. **3 ...** wenigen Jahrzehnten erst nutzt die Wissenschaft das hündische Talent in der Medizin, etwa für Epileptiker. Die Tiere können eine Veränderung des Körpergeruchs kurz vor einem epileptischen Anfall wahrnehmen. Die Warnung des Hundes kann Betroffenen helfen, eine sichere Umgebung zu finden, **4 ...** der Anfall beginnt, und Notfallmedikamente einzunehmen.

5 ... Kraft der Studie zum Geruchssinn von Hunden und ihre Bedeutung für die Corona-Erkennung ist Holger Volk, Professor und Leiter der Klinik für Kleintiere an der Tierärztlichen Hochschule Hannover. Die guten Ergebnisse auf dem Forschungsgebiet der Epilepsie hatten sein Interesse geweckt. Gemeinsam mit seinem Kollegen, dem Virologen Albert Osterhaus, einem Mitentdecker des Corona-Virus, sichtete er in einer akribischen Fachliteraturrecherche mehr als 130 weltweite Untersuchungen zum Thema. Die Metastudie belegt den weltweit **6 ...** Einsatz von medizinischen Spürhunden. Sie erschnüffeln in der Regel mit hohen Trefferquoten Krankheiten aller Art in Körperflüssigkeiten, Körpergeruch, Atem, Schweiß oder Zellkulturen. Neben Corona werden auch Prostatakrebs und bakterielle Infektionen in Versuchen zuverlässig von **7 ...** ausgebildeten Hunden erschnüffelt – Malariaparasiten sogar vor Ausbruch der Krankheit.

Das Team um Volk **8 ...** zwar auf Hundenasen, weil die ihre Eignung zum Aufspüren von Krankheiten aller Art bewiesen hätten. Aber in der Studie heißt es auch, dass zusätzliche Labortests durchgeführt werden müssen, um eine bestimmte Krankheit abschließend zu diagnostizieren.

Beispiel:

	a	b	c	d
0	ergeben	gefunden	☒ gelohnt	gewonnen
1	den	diejenigen	von denen	welche
2	Das	Deswegen	Diese	Was
3	In	Seit	Vor	Während
4	bevor	nachdem	solange	vorher
5	Belebende	Heilende	Ordnende	Treibende
6	erfolgreichen	notwendigen	verbreiteten	zu erwartenden
7	dabei	dafür	damit	darum
8	achtet	hofft	setzt	verlässt

Die Prüfungsaufgabe Schritt für Schritt lösen

- Lesen Sie zuerst die Überschriften und Unterzeile. Fragen Sie sich: Worum könnte es in diesem Text gehen? Welche Inhalte erwarte ich? Was weiß ich schon über das Thema?
- Lesen Sie dann den ersten Abschnitt mit dem Beispiel. Schauen Sie sich auch die Lösung des Beispiels an. Hier bekommen Sie wichtige Hinweise auf den Inhalt des Textes.

Sie müssen nicht jedes Wort und jedes Detail verstehen. Oft reicht es, die Hauptaussage eines Abschnitts zu erfassen, um die richtige Lösung zu finden.

- Lesen Sie den Text abschnittweise. Beantworten Sie W-Fragen und fragen Sie sich: Was ist die Hauptaussage? Überlegen Sie kurz, welche Wortart in die Lücke passen könnte, ohne die Auswahlmöglichkeiten zu lesen.
- Markieren Sie Subjekt und konjugiertes Verb in den Sätzen mit Lücke. Lesen Sie nun die Auswahlantworten und vergleichen Sie diese. Wenn Sie unsicher sind, probieren Sie die Lösungen nacheinander aus und lesen Sie sich die verschiedenen Optionen im Kopf vor.
- Achten Sie immer auch auf den Kontext: Was steht vorher im Text? Was nachher?
- Verfahren Sie so mit jedem Abschnitt des Textes.
- In der Prüfung werden nur die Lösungen auf dem Antwortbogen bewertet. Wenn Sie Ihre Lösungen zunächst auf dem Aufgabenblatt markieren, dürfen Sie nicht vergessen, sie auf den Antwortbogen zu übertragen. Für Lesen Teil 1 können Sie Ihre Lösungen jetzt hier markieren:

Teil 1

	a	b	c	d
1	☐	☐	☐	☐
2	☐	☐	☐	☐
3	☐	☐	☐	☐
4	☐	☐	☐	☐
5	☐	☐	☐	☐
6	☐	☐	☐	☐
7	☐	☐	☐	☐
8	☐	☐	☐	☐

Die Lösung verstehen

Beispiel 0

Item a: Falsch. Das Verb „ergeben" kann zwar auch reflexiv sein und bezeichnet bei unpersönlicher Verwendung eine Folge. Allerdings steht danach ein Nomen oder ein Nebensatz wie zum Beispiel: „Daraus ergibt sich, dass …"
Item b: Falsch. In diesem Kontext ist „finden" kein reflexives Verb und kann hier auch nicht unpersönlich verwendet werden. Der Hund, also „er", findet den Leckerbissen.
Item c: Richtig. Die Wendung „Es hat sich gelohnt" bezeichnet das erfolgreiche Ende einer Anstrengung. Um welchen „Lohn" es hier geht, erfährt man nach dem Doppelpunkt.
Item d: „Gewinnen" ist kein reflexives Verb und passt auch inhaltlich nicht, denn es handelt sich nicht um einen Wettkampf oder Wettbewerb.

Lücke 1

Item a: Falsch. Das Relativpronomen „die" im nachfolgenden Relativsatz steht im Plural. Also muss auch das Bezugswort im Teilsatzdavor im Plural stehen.
Item b: Richtig. Das Pronomen „diejenigen" dient hier als Stellvertreter für ein Substantiv im Plural wie „Proben" oder „Personen" („…aus über 5000 Proben *die Proben / Personen* aufspürten, die …"), das im nachfolgenden Relativsatz genauer bestimmt wird.
Item c: Falsch. „von denen" ist eine Verbindung von Präposition und Relativpronomen und steht nicht vor, sondern zu Beginn eines Relativsatzes.
Item d: Falsch. „Welche" ist ein Fragewort oder ein Relativpronomen. Als Relativpronomen müsste es zu Beginn des Relativsatzes stehen.

Lücke 2

Item a: Richtig. Das Demonstrativpronomen „das" steht im Singular und verweist auf die Hauptaussage in den vorangehenden beiden Sätzen. Das Verb „erkennen" steht immer mit einer Ergänzung im Akkusativ oder einem dass-Satz (z. B. *Er erkannte den Fehler* oder *Er erkannte, dass es ein Fehler war*). Hier ist die Ergänzung das Demonstrativpronomen „das", das am Satzanfang steht.
Item b: Falsch. „Deswegen" bezeichnet eine Folge. Hier geht es aber darum, dass der Mensch etwas erkennt.
Item c: Falsch. Das Demonstrativpronomen „diese" könnte sich grammatikalisch auf „lebenswichtige Informationen" beziehen, macht aber inhaltlich keinen Sinn: Der Mensch erkannte nicht diese Informationen, sondern dass der Hund einen guten Geruchssinn hat.
Item d: Falsch. „Was" ist ein Fragewort oder ein unbestimmtes Relativpronomen.

Lücke 3

Item a: Falsch. Die Präposition „in" verweist auf eine Handlung in der Zukunft. Die Wissenschaft nutzt aber *schon jetzt* die Talente der Hunde. Das geht aus den weiteren Informationen des Abschnittes hervor.
Item b: Richtig. Das Verb steht im Präsens. Das Adverb „erst" verweist darauf, dass die Wissenschaft die Talente der Hunde nutzt, aber noch nicht lange.
Item c: Falsch. Die Präposition „vor" verlangt ein Verb in einer Vergangenheitsform.
Item d: Falsch. Nomen mit der Präposition „während" stehen im Genitiv (*während weniger Jahrzehnte*).

Lücke 4
Item a: Richtig. Das Verb „beginnt" steht am Ende des Teilsatzes. Es handelt sich also um einen Nebensatz, der mit einem Konnektor eingeleitet wird. Hier geht es darum, dass Hunde *vor* dem Menschen bemerken, dass ein epileptischer Anfall droht und den betroffenen Menschen warnen können.
Item b: Falsch. Nach dem Konnektor „nachdem" steht immer eine Zeitform der Vergangenheit.
Item c: Falsch. Der Konnektor „solange" bezeichnet eine Gleichzeitigkeit von zwei Handlungen. Die Warnung des Hundes darf aber nicht gleichzeitig zum Anfall eintreten, sondern muss schon vorher kommen.
Item d: Falsch. „Vorher" ist ein Adverb. Bei einem Adverb steht das Verb an Position 2.

Lücke 5
Item a: Falsch. „Belebende Kraft" bezeichnet etwas, was wach macht oder aufheitert. Eine belebende Wirkung wird beispielsweise koffeinhaltigen Getränken zugeschrieben.
Item b: Falsch. Kräuter oder Pflanzen haben eine „heilende Kraft".
Item c: Falsch. Eine „ordnende Kraft" ist jemand, der für Ruhe und Ordnung sorgt.
Item d: Richtig. Eine „treibende Kraft" ist eine feste Wortverbindung und bezeichnet eine Person, die etwas anregt und dafür sorgt, dass ein Ziel erreicht wird. Im vorliegenden Text ist es Holger Volk, der die Studie zum Geruchssinn von Hunden vorantreibt.

Lücke 6
Item a: Richtig. In den vorangehenden Abschnitten wurde beschrieben, dass Hunde Corona-Infektionen riechen können. Ihr Einsatz in der Medizin ist also erfolgreich. Im nachfolgenden Satz wird zudem von einer „hohen Trefferquote" gesprochen.
Item b: Falsch. Im Text geht es nicht darum, dass der Einsatz von Hunden in der Medizin weltweit notwendig ist. Es geht nur um Forschungsergebnisse.
Item c: Falsch. Dass der Einsatz von medizinischen Spürhunden weltweit verbreitet ist, wäre kein wissenschaftlich relevantes Ergebnis der Metastudie. Die Metastudie will beweisen, dass dieser Einsatz auch erfolgreich ist.
Item d: Falsch. Das Gerundivum „zu erwartenden" macht deutlich, dass der Einsatz von Spürhunden erst in der Zukunft erfolgt, man darauf also noch wartet.

Lücke 7
Item a: Falsch.
Item b: Richtig. Das Verb „ausbilden" steht mit der Präposition „für": *Hunde werden dafür ausgebildet, Krankheiten zu erschnüffeln.*
Item c: Falsch.
Item d: Falsch.

Lücke 8
Item a: Falsch. Das Verb „achten" steht zwar mit der Präposition „auf", bedeutet aber „aufpassen". Das ist hier inhaltlich nicht gemeint.
Item b: Falsch. Das Verb „hoffen" steht auch mit der Präposition „auf". Es passt aber inhaltlich nicht, weil schon bekannt ist, dass Hunde einen guten Geruchssinn haben.
Item c: Richtig. Das Verb „setzen auf" bedeutet „sich verlassen" oder „Vertrauen haben". Genau darum geht es in diesem Abschnitt. Das Forschungsteam hat Vertrauen in den Geruchssinn der Hunde. Allerdings müssen zur Sicherheit noch zusätzliche Tests im Labor gemacht werden, um hundertprozentig sicher zu sein.
Item d: Falsch. Wenn das Verb „verlassen" mit der Präposition „auf" steht, ist es reflexiv: Das Team um Volk *verlässt sich* auf den Geruchssinn von Hunden.

Modul Lesen, Teil 2

Beschreibung dieses Prüfungsteils

Was für eine Textsorte lesen Sie?	Sie lesen einen längeren Text mit hohem Informationsgehalt zu aktuellen Erkenntnissen.
Was ist Ihre Aufgabe?	Zu dem Text lesen Sie sieben Aufgaben mit jeweils drei Antwortoptionen. Sie vergleichen die Aufgaben mit dem Text und entscheiden, welche Antwortoption dem Inhalt des Textes entspricht.
Was wird vorgegeben?	Für jede der sieben Aufgaben gibt es jeweils drei Antwortoptionen a, b oder c.
Wie lesen Sie?	Bei diesem Prüfungsteil geht es um detailliertes Lesen. Sie müssen Hauptaussagen und Einzelinformationen verstehen.
Was müssen Sie tun, um diesen Prüfungsteil zu lösen?	Sie müssen die Antwortoptionen mit dem Text vergleichen und die inhaltlich korrekte Aussage identifizieren.
Wie lange dauert dieser Prüfungsteil?	Sie sollten etwa 20 Minuten für die Bearbeitung verwenden. Die Textlänge beträgt circa 680 Wörter.
Wie wird dieser Prüfungsteil bewertet?	Für jede richtige Antwort erhalten Sie einen Punkt, insgesamt also 7 Punkte.

Bei Lesen Teil 2 müssen Sie entscheiden, welche Aussagen die Informationen des Textes korrekt wiedergeben. Der Inhalt des Textes ist in den Aussagen anders formuliert – mithilfe von Synonymen oder Umschreibungen. Die folgenden Übungen helfen Ihnen dabei, Synonyme und Paraphrasen zu erkennen.

Synonyme und Paraphrasen erkennen

1 Welche Ausdrücke haben dieselbe Bedeutung? Ordnen Sie zu.

1 unparteiisches Gremium	☐ a persönlich in einem Raum
2 ebenso gut sein	☐ b das Arbeiten in virtuellen Teams
3 zu besseren Urteilen führen	☐ c gleichwertig ersetzen
4 die Zusammenarbeit per Videokonferenz	☐ d von ähnlicher Qualität
5 sich neue Nutzungsformen ausdenken	☐ e eine signifikant geringere Gesamtanzahl
6 qualitativ ungefähr vergleichbar	☐ f unabhängige Jury
7 von Angesicht von Angesicht	☐ g neue Anwendungsmöglichkeiten erfinden
8 deutlich weniger	☐ h die Entscheidungsqualität erhöhen

2 Setzen Sie die Ausdrücke a bis h in die passende Lücke im Text ein.

In einer aktuellen Studie wurde untersucht, wie sich (1) ... das Arbeiten in virtuellen Teams ... auf die Zusammenarbeit auswirkt und ob Videokonferenz-Lösungen den persönlichen Kontakt (2) .... können. Bei dem Experiment sollten die Proband*innen in Zweierteams für ein Produkt (3) .... und anschließend die beste Idee auswählen. Sie saßen sich dabei entweder (4) .... gegenüber oder kommunizierten in zwei getrennten Räumen per Videokonferenz. Die Forscher*innen zählten einerseits die Anzahl der kreativen Ideen pro Team, andererseits ließen sie eine (5) .... bewerten, wie kreativ die jeweiligen Ideen waren. Die Wissenschaftler*innen stellten fest, dass die virtuellen Paare (6) .... von Ideen generierten. Jedoch konnte die virtuelle Interaktion (7) .... So hatten die persönlichen Teams zwar bessere Ideen in ihrem Ideenpool, wählten aber oft nicht die beste Idee zur finalen Präsentation aus. Dadurch waren die am Ende ausgewählten Ideen bei virtuellen und persönlichen Paaren (8) ....

3 Formulieren Sie die Sätze neu und ersetzen Sie die unterstrichenen Wörter.

1 Affen gehören zusammen mit einigen Vögeln zu den schlauesten und lernfähigsten Gruppen im Tierreich.

....

2 Zwischen verschiedenen Arten wie auch zwischen den Individuen einer Spezies gibt es jedoch große Unterschiede in der Lernfähigkeit.

....

3 Eine mögliche Erklärung könnte die Persönlichkeit eines Tieres oder seine Zugehörigkeit zu einer Gruppe sein.

....

4 Um diese Hypothese zu testen, führten Forschende mit 25 Affen im Zoo Lernexperimente durch.

....

5 Es stellte sich heraus, dass die Lernfähigkeit tatsächlich mit den individuellen Persönlichkeitsmerkmalen und dem sozialen Hintergrund der Affen zusammenhängt.

....

4 **Lesen Sie den Textabschnitt und die Beispiele 1 bis 9 darunter: Wie sind diese Ausdrücke im Text formuliert? Notieren Sie.**

Mutige und unerschrockene Affen meisterten die unterschiedlichen Lernaufgaben deutlich schneller als die Tiere, denen die Forschenden Schüchternheit und Zurückhaltung zuschrieben. Die Unterschiede beim Lernvermögen hingen auch mit der Familienzusammengehörigkeit zusammen. So schnitten diejenigen Affenfamilien bei den Aufgaben durchschnittlich schlechter ab, die aus eher schüchternen Mitgliedern bestanden. Dass die Zugehörigkeit zu einem bestimmten Familienverband das Lerntempo beeinflusst, könnte möglicherweise auf das gemeinsame soziale Umfeld, gemeinsame frühere Erfahrungen, aber auch auf die Genetik zurückzuführen sein. Auch im Hinblick auf evolutionäre Prozesse ist der entdeckte Zusammenhang laut den Biologen plausibel. Denn mutige und entdeckungsfreudige Tiere erobern häufiger neue Lebensräume, wo sie neuen Herausforderungen trotzen müssen. Dabei überleben eher Tiere mit höheren kognitiven Fähigkeiten. Die natürliche Selektion begünstigt dadurch sowohl mutige wie schlaue Individuen.

1 angeboren sein: auf die Genetik zurückzuführen
2 geistig fittere Tiere: ……
3 im Schnitt ein schlechteres Ergebnis erzielen: ……
4 Naturauslese: ……
5 neue Gebiete besiedeln: ……
6 in Zusammenhang mit der Abstammung stehen: ……
7 Anforderungen bewältigen: ……
8 die Verbindung ist nachvollziehbar: ……
9 sich auf die Geschwindigkeit beim Erwerb neuer Fähigkeiten auswirken: ……

5 **Welcher Satz hat die gleiche Bedeutung? Kreuzen Sie die korrekte Umschreibung an.**

1 Damit Erdgas platzsparend verschifft werden kann, muss man sein Volumen verringern – und das passiert durch eine Verflüssigung.
- a Indem man Erdgas verflüssigt, reduziert man sein Volumen; so braucht man beim Transport weniger Platz auf den Tankern.
- b Damit sich das Erdgas mehr ausdehnen kann und beim Transport genug Platz hat, wird es verflüssigt.

2 Wenn Erdgas aus dem Untergrund kommt, sind je nach Lagerstätte auch andere Gase wie Kohlendioxid, Stickstoff, Schwefelwasserstoff und Wasserdampf beigemischt.
- a Wenn Erdgas aus dem Bohrloch nach oben strömt, enthält es immer auch Kohlendioxid, Stickstoff, Schwefelwasserstoff und Wasserdampf.
- b Im zur Erdoberfläche geförderten Erdgas ist abhängig vom Speichergestein auch Kohlendioxid, Stickstoff, Schwefelwasserstoff oder Wasserdampf enthalten.

3 Weil diese Verunreinigungen die Verflüssigung stören, müssen sie vorab durch spezielle Prozesse abgetrennt und das Erdgas dadurch gereinigt werden.
- a Bevor das Erdgas verflüssigt werden kann, müssen diese Stoffe entfernt werden, wofür das Erdgas verschiedenen Trennverfahren unterzogen wird.
- b Das Erdgas wird von störenden Substanzen gereinigt, während es verflüssigt wird.

4 Für die Verflüssigung muss das gereinigte Gas anschließend in speziellen Anlagen bis auf minus 162 Grad heruntergekühlt werden – ab dieser Temperatur wird das gasförmige Methan flüssig.
- a Nachdem es gereinigt wurde, kühlt man das Erdgas auf minus 162 °C, wodurch es zu Methan wird.
- b Nach der Reinigung wird das Gas in Verflüssigungsanlagen auf minus 162 °C gekühlt, wodurch es seinen Aggregatzustand wechselt.

6 **Lesen Sie den folgenden Text zum Thema „Gasverflüssigung". Welche der darunter stehenden Aussagen finden sich nicht im Text wieder? Kreuzen Sie die falschen Umschreibungen an und korrigieren Sie die Aussagen.**

Die Gasverflüssigung ist insgesamt ziemlich energieaufwendig und wenig klimafreundlich. Denn der Strom für die Kompressoren wird durch die Verbrennung eines Teils des Erdgases produziert. Je wärmer das Klima am Standort einer Verflüssigungsanlage ist, desto mehr Strom wird benötigt, da das Gas bei Hitze stärker komprimiert und gekühlt werden muss. Der nächste Schritt ist das Verladen des Flüssiggases auf Tanker und der Transport zum Bestimmungsort. Am Zielort angelangt, muss das Flüssiggas an Land gepumpt, wieder gasförmig gemacht und in das Leitungsnetz eingespeist werden. Dies geschieht in schwimmenden oder im Hafen an Land gebauten LNG-Terminals, in denen das LNG auf Raumtemperatur gebracht wird. Forscher haben vor kurzem die Klimabilanz von Flüssiggas im Vergleich zu Erdgas untersucht. Insgesamt betrachtet zeigte sich dabei, dass nach Europa importiertes Flüssiggas zwar meist eine schlechtere Klimabilanz hat als Pipelinegas. Denn die Verflüssigung und der Transport erzeugen mehr Treibhausgas-Emissionen, außerdem wird das zu LNG verarbeitete Erdgas oft durch Fracking gewonnen, einer besonders umweltschädlichen Fördermethode. Doch auch die Bilanz des Pipelinegases fällt eher schlecht aus, weil die Förderanlagen oft alt und umweltschädlich sind und das Gas über eine Strecke von mehreren tausend Kilometern gepumpt werden muss.

- ☐ a Erdgas, das in flüssiger Form nach Europa transportiert wird, hat gewöhnlich negativere Auswirkungen auf das Klima als Erdgas, das durch Pipelines nach Europa gepumpt wird.
- ☐ b Die Anlagen zur Aufbereitung von Flüssiggas in Erdgas sind auf dem Wasser und an Land.
- ☐ c Pipelinegas ist klimafreundlich.
- ☐ d Die Menge der zur Verflüssigung von Gas benötigten Energie ist an allen Orten gleich.
- ☐ e Die ankommenden Schiffe werden gelöscht und das Flüssiggas wird durch Tankwagen weiterverteilt.
- ☐ f Hydraulische Frakturierung schont die Umwelt.
- ☐ g Bei der Verflüssigung von Gas verbrennt man einen Teil des Gases.
- ☐ h Um das Flüssiggas wieder in einen gasförmigen Zustand zu versetzen, erhöht man seine Temperatur.

Korrektur:

....

....

....

....

....

....

....

....

....

....

....

7 **Vergleichen Sie die beiden Texte. Was ist in Text B falsch wiedergegeben? Markieren Sie die Stellen in Text B und korrigieren Sie die Fehler.**

Text A

Aus verschiedenen Studien ist bereits bekannt, dass Lehrkräfte dazu neigen, von Schülerinnen und Schülern mit einer einfachen Bildungsherkunft von vorneherein weniger Leistungen zu erwarten, was sich dann in entsprechend geringeren schulischen Erfolgen dieser Lernenden niederschlägt. Kaum erforscht wurde aber bisher die Frage, ob alle Lehrkräfte in gleicher Weise diskriminieren oder ob sie je nach ihrer eigenen Bildungsbiografie unterschiedlich auf sozial benachteiligte Lernende reagieren. Wissenschaftler untersuchten nun, ob Lehrkräfte, die selbst aus niedrigeren sozialen Schichten stammten, Lernende mit einem ähnlichen sozialen Hintergrund mehr unterstützten. Dafür wurden Lernende aus den Jahrgangsstufen 9 und 10 vor dem Hintergrund ihrer Bildungsherkunft befragt, ob sich ihre Lehrkräfte besonders für sie interessiert hätten und ihnen besondere Hilfe zukommen ließen. Es stellte sich heraus, dass alle unabhängig von ihrer Bildungsherkunft Unterschiede im Unterstützungsverhalten der Lehrkräfte je nach deren sozialer Herkunft wahrnahmen. Allerdings scheinen sich Lernende der Arbeiterklassen nicht von sozial ähnlichen, sondern von Lehrkräften aus höheren sozialen Schichten besser unterstützt zu fühlen. Das gilt auch für Lernende aus diesen höheren sozialen Schichten. Generell fühlten sie sich unabhängig von ihrer Herkunft von Lehrkräften aus Familien mit Arbeiterhintergrund schlechter unterstützt. Die Wissenschaftler bezeichneten dieses Ergebnis als überraschend und leiteten daraus die Empfehlung ab, lieber alle Lehrkräfte für Bewertungsverzerrungen zu sensibilisieren, anstatt für benachteiligte Schülerinnen und Schüler gezielt „sozial passende“ Lehrkräfte einzusetzen.

Text B

Wie man bereits weiß, trauen Lehrkräfte Schülerinnen und Schülern, deren Eltern keinen akademischen und auch nur zum Teil einen beruflichen Abschluss haben, keine so guten schulischen Leistungen zu. Die Ergebnisse dieser Lernenden bleiben von dieser Erwartung jedoch unbeeinflusst. Nun wollten Forscher herausfinden, ob die Lehrkräfte selbst in Abhängigkeit von ihrem Bildungshintergrund von Seiten der Lernenden benachteiligt werden. Die Wissenschaftler gingen dafür der Frage nach, ob Lehrkräfte mit einer niedrigen sozialen Herkunft Lernenden aus Familien mit einem niedrigen sozioökonomischen Status mehr helfen. Lernende der 9. und 10. Klasse sollten angeben, ob sie durch ihre Lehrkräfte eine besondere Förderung erhielten. Bei der Befragung wurde der Bildungshintergrund der Lernenden berücksichtigt. Es stellte sich heraus, dass sich Lernende aus Nicht-Akademikerfamilien tatsächlich nicht von allen Lehrkräften in derselben Form unterstützt fühlten. Sie gaben an, dass Lehrkräfte mit einem höheren Bildungshintergrund sie besser förderten als solche aus ihrer eigenen sozialen Schicht. Lernende aus Akademikerfamilien stellten hingegen keinerlei Unterschiede seitens der Lehrkräfte ihnen gegenüber fest. Lernende aus allen Schichten gaben an, dass sie von Lehrkräften mit einer höheren Bildungsherkunft mehr Hilfe und Förderung erhielten. Die Forscher schlussfolgerten daraus, mehr Lehrkräfte aus höheren sozialen Schichten einzusetzen, statt für Schülerinnen und Schüler aus niedrigen sozialen Schichten ebensolche Lehrkräfte zu suchen.

Korrektur:

....

....

....

....

....

....

8 **Lesen Sie den folgenden Textausschnitt sowie die paraphrasierte Wiedergabe des Textes darunter. Vervollständigen Sie die Wiedergabe des Textes mit den Elementen im Schüttelkasten. Nicht alle Elemente passen.**

In den hochentwickelten Industrienationen beobachten Wissenschaftlerinnen und Wissenschaftler seit vielen Jahren ein Land-Stadt-Gefälle in der allgemeinen Lebenszufriedenheit der Menschen. Laut zahlreichen Studien sind die Bewohnerinnen und Bewohner in großen Städten im Durchschnitt etwas weniger zufrieden mit ihrer Lebenssituation als auf dem Land. In einer aktuellen Untersuchung liefern Forscher nun einen neuen Erklärungsansatz für das Zufriedenheitsgefälle. Für die Studie wurden etwas mehr als 14 000 Stadt- und Landbewohner in zwölf Ländern befragt. Die Analyse zeigt, dass die Menschen in Städten höhere Ansprüche an ihr Leben haben als die Menschen in ländlichen Räumen. Allerdings werden diese Ansprüche in Städten im Durchschnitt auch eher erfüllt und es scheint dort leichter zu sein, Erfolg, Wohlstand und Status zu erreichen. Dieses Ergebnis klingt zunächst paradox. Denn warum sollte die Lebensfreude der Städterinnen und Städter darunter leiden, dass ihr Streben von Erfolg gekrönt wird? Laut Erklärung der Forscher ist es jedoch vorstellbar, dass die umfangreicheren Möglichkeiten zum sozialen Vergleich sich negativ auf die Lebenszufriedenheit der Stadtbewohnerinnen und -bewohner auswirken.

beeinträchtigt werden | besser bewerten | ein etwas positiveres Urteil | einfacher zu realisieren | höhere Chancen | höhere Erwartungen | in großen Städten | logisch | niedrigere Erwartungen | objektiven Messung | schlechter bewerten | schwerer zu erfüllen | sich mit den Mitmenschen zu vergleichen | sich negativer äußern | subjektiven Einschätzung | weniger Möglichkeiten | widersprüchlich | zum Teil in Städten und zum Teil in kleinen Orten

Schon seit längerer Zeit wird in der Wissenschaft bei den Einwohnerinnen und Einwohnern von Industrieländern ein Unterschied bei der (1) .... der persönlichen Lebensbedingungen festgestellt, wobei die auf dem Land lebenden Menschen durchschnittlich (2) .... abgeben als die Menschen in der Stadt. In einer kürzlich durchgeführten Studie bringen Wissenschaftler jetzt eine neue Erklärung für diese Beobachtung vor. Sie befragten dafür gut 14 000 Personen in zwölf verschiedenen Ländern, die (3) .... leben. Das Ergebnis der Befragung war, dass die Stadtbewohnerinnen und -bewohner (4) .... an das Leben haben. In Städten bestehen indes auch (5) ...., dass diese Erwartungen erfüllt werden, da Wünsche nach Erfolg, finanziellem Wohlergehen und einer guten Stellung in der Gesellschaft dort anscheinend (6) .... sind. Im ersten Moment erscheint dieser Befund (7) ...., da die Zufriedenheit der Städterinnen und Städter nicht dadurch (8) .... sollte, dass sie ihr Ziel erreichen. Die in Städten vorhandenen zahlreichen Möglichkeiten, (9) ...., könnten nach Meinung der Wissenschaftler allerdings dazu führen, dass Städter die eigene Lage (10) ....

9 **Lesen Sie jetzt den zweiten Teil des Textes und paraphrasieren Sie diesen im Anschluss mithilfe der Elemente im Schüttelkasten.**

Schließlich ist Erfolg vor allem ein relatives Phänomen: Wohlhabende Menschen vergleichen sich mit anderen, noch wohlhabenderen Menschen und stellen fest, dass die anderen mehr haben als sie selbst. Die Stadt bietet ihren Bewohnerinnen und Bewohnern mehr Möglichkeiten zum Vergleich. Wer dafür empfänglich ist, schraubt daher seine Ansprüche stets weiter nach oben. Auf dem Land bleiben hingegen, vereinfacht ausgedrückt, nur die Nachbarn als Prüfindex für den eigenen Erfolg und Status. Den Menschen dort wird nicht ständig vorgeführt, dass andere höher auf der sozialen Leiter stehen. Die Forscher weisen allerdings darauf hin, dass die Kausalität nicht klar ist. So ist es zwar möglich, dass Menschen in der Stadt im Vergleich zum Land durch die beschriebenen Faktoren besondere Ambitionen ausbilden und dadurch ihre Zufriedenheit beeinträchtigt wird. Genauso gut kann es aber sein, dass besonders ambitionierte Menschen eher das Land verlassen und in eine Stadt ziehen, weil sie dort mehr erreichen können.

Ansprüche immer weiter erhöhen | durch Einfluss ihrer Umgebung anspruchsvoller und unzufriedener werden | ehrgeizigere Menschen vom Land in Stadt ziehen | feststellen: selbst weniger Vermögen haben | nicht ständig mit Personen konfrontiert sein, die höheren sozialen Status haben | nur Personen von nebenan geben, um eigenen Erfolg und soziale Position zu messen | sich mit noch besser situierten Personen vergleichen | ursächlicher Zusammenhang nicht geklärt sein

Denn Erfolg ist relativ. ...

Die Prüfungsaufgabe kennenlernen

- Für Lesen Teil 2 werden 20 Minuten Bearbeitungszeit empfohlen.
- Sie bekommen einen Text und sieben Aufgaben mit jeweils drei Antwortoptionen. Sie müssen die korrekte Aussage auswählen.
- Die Aufgaben folgen chronologisch dem Verlauf des Textes.

Teil 2 vorgeschlagene Arbeitszeit: 20 Minuten

Sie lesen im Internet einen Artikel über neue Erkenntnisse aus der Gehirnforschung. Wählen Sie bei jeder Aufgabe die richtige Lösung.

Gehirnelektroden könnten Menschen mit Gehirnschäden helfen

Eine einzigartige Form der Hirnstimulation scheint die Fähigkeit von Menschen zu verbessern, sich neue Informationen einzuprägen. Die sogenannte Gedächtnisprothese scheint dabei auch Menschen mit Gedächtnisstörungen zu helfen. In Zukunft könnten fortschrittlichere Versionen der Gedächtnisprothese Menschen, die aufgrund von Hirnverletzungen, Altern oder degenerativen Krankheiten wie Alzheimer Gedächtnisverluste erlitten haben, helfen, sagen amerikanische Neurowissenschaftler.

Die Gedächtnisprothese ahmt die Art und Weise nach, wie das Gehirn Erinnerungen erzeugt. Genauer gesagt bildet sie Vorgänge im Hippocampus nach. Diese seepferdchenförmige Region tief im Gehirn spielt eine entscheidende Rolle beim Gedächtnis. Sie hilft nicht nur bei der Bildung von Kurzzeitgedächtnissen, sondern scheint auch Erinnerungen zur Langzeitspeicherung in andere Regionen zu leiten. Seit mehr als zehn Jahren arbeiten Forscher von der University of Southern California daran, diesen Prozess zu imitieren. Sie versuchen, mithilfe von Gehirnelektroden die elektrischen Aktivitätsmuster zu verstehen, die bei der Kodierung von Erinnerungen auftreten. Die Idee der Forscher ist, dieselben Elektroden zu nutzen, um das Gehirn zu stimulieren.

Um herauszufinden, ob die Methode Menschen mit Gedächtnisschwäche helfen könnte, testeten die Wissenschaftler zwei Versionen der Gedächtnisprothese an 24 Probandinnen und Probanden. Ihnen waren zur Untersuchung ihrer Epilepsie bereits Elektroden implantiert worden. Einige von ihnen hatten auch Hirnverletzungen. Das erste Modell ahmt die Muster der elektrischen Aktivität im Hippocampus nach, die auf natürliche Weise auftreten, sobald die Probandinnen und Probanden erfolgreich Erinnerungen bilden. Das Modell nimmt einen Durchschnitt dieser Muster für jedes Individuum und feuert dann dieses Muster der elektrischen Stimulation ab. Das zweite Modell ahmt die Funktionsweise des Hippocampus noch genauer nach und imitiert die elektrische Aktivität im Gehirn noch präziser.

Um zu testen, wie gut jedes der Modelle funktioniert, baten Hampson und seine Kollegen die Freiwilligen, an Gedächtnistests teilzunehmen. Bei diesen Tests wurde jeder Person ein Bild auf einem Computerbildschirm gezeigt. Nach einer Verzögerung wurde dasselbe Bild erneut gezeigt, zusammen mit einer Auswahl anderer Bilder. Die Person musste sich entscheiden, welches das bereits gezeigte Bild war. Jede Probandin / jeder Proband absolvierte etwa 100 bis 150 dieser kurzen Aufgaben, mit denen das Kurzzeitgedächtnis einer Person getestet werden soll. Zwischen 15 und 90 Minuten später unterzog sich jede Person einem zweiten Test. Diesmal wurden ihr jeweils drei Bilder gezeigt, von denen sie das auswählen sollte, das ihr am bekanntesten vorkam. Dieser Test gibt Aufschluss über das Langzeitgedächtnis einer Person. Die Probandinnen und Probanden führten beide Gedächtnistests zweimal durch: zunächst zur Aufzeichnung des Hippocampus und danach zur Stimulierung der aufgezeichneten Muster, die mit erfolgreich gespeicherten Erinnerungen verbunden sind.

Das Team fand heraus, dass die Gedächtnisprothese die Leistungen der Probandinnen und Probanden bei Gedächtnistests verbesserte. Ihre Ergebnisse waren deutlich höher, wenn sie bei der ersten Präsentation der Bilder das richtige Stimulationsmuster erhalten hatten. Dies zeige, dass die Gedächtnisprothese dazu beiträgt, Erinnerungen im Gehirn zu kodieren. „Wir stellen Verbesserungen zwischen elf und 54 Prozent fest", berichten die Forscher. Die Art der Personalisierung von Hirnstimulationen sei dabei entscheidend. Bisher haben Medizin und Wissenschaft einige Erfolge bei der Behandlung von Krankheiten wie der Parkinson-Krankheit erzielt, indem sie einfach bei allen Personen auf dieselbe Gehirnregion abzielten. Die einzelnen Menschen würden jedoch sehr unterschiedlich reagieren. Durch die Anpassung der Stimulation an das einzelne Gehirn könne die Wirkung wahrscheinlich verbessert werden.

Das zweite Modell, das die Funktionsweise des Hippocampus exakter widerspiegelt, erzielte im Durchschnitt sogar noch bessere Ergebnisse. Aber die größten Verbesserungen wurden bei Personen festgestellt, die zu Beginn des Experiments die schlechteste Gedächtnisleistung hatten. Warum das so ist, ist allerdings unklar. Bei allen Probandinnen und Probanden wurden die Elektroden nach einigen Wochen wieder entfernt, nachdem die Ärzte die Untersuchungen zu ihrer Epilepsie abgeschlossen hatten. Die Forscher hoffen, dass die Verbesserung des Gedächtnisses von Dauer sein wird. Theoretisch könnte die Stimulation, die jede Person erhielt, die Verdrahtung der Neuronen im Hippocampus nachhaltig gestärkt haben. Genau wissen sie das jedoch nicht.

Die Wissenschaftler haben dennoch Hoffnung, dass ihre Gedächtnisprothese eines Tages auf breiter Front zur Wiederherstellung des Gedächtnisses bei Menschen mit Gedächtnisstörungen eingesetzt werden könnte. Sie haben allerdings noch nicht ausgearbeitet, wie die Gedächtnisprothese in der Praxis funktionieren könnte. Denn es wäre nicht sinnvoll, das Gerät ständig laufen zu lassen. Schließlich gibt es viele Lebenserfahrungen, an die sich Menschen mit Gedächtnisstörungen nicht zu erinnern brauchen, wie zum Beispiel den Müll hinauszubringen. Die Prothese könnte aber eventuell zusammen mit einer Art Gerät eingesetzt werden, das erkennt, wann das Gehirn in einen lernbereiten Zustand versetzt werden muss.

9 Die neue Methode soll …
- a den Alterungsprozess aufhalten.
- b die Degeneration des Gehirns verlangsamen.
- c die Gehirnleistung fördern.

10 Was erforschten die Wissenschaftler?
- a Die Aufgaben der verschiedenen Hirnregionen.
- b Die Aufnahme von Information im Gedächtnis.
- c Die Funktion des Hippocampus.

11 Die Versuchspersonen …
- a konnten keine Erinnerungen im Gehirn abspeichern.
- b sollten sich einer Gehirnoperation unterziehen.
- c waren Personen mit einer neurologischen Erkrankung.

12 Zur Überprüfung der Modelle …
- a nahmen die Versuchspersonen an drei Tests teil.
- b sollten die Versuchspersonen jeweils ein Bild wiedererkennen.
- c wurde die Gehirnaktivität stimuliert und dann aufgezeichnet.

13 Was vermuten die Forscher nach den Tests?
- a Die Stimulation des Gehirns unterstützt die Gedächtnisleistung.
- b Hirnstimulation funktioniert besser bei Parkinson-Kranken.
- c Individuell angepasste Hirnstimulation ist besonders effektiv.

14 Die Forscher haben noch keine Gewissheit darüber, ob …
- a die Gedächtnisprothese auch bei starker Vergesslichkeit hilft.
- b die Stärkung des Erinnerungsvermögens erhalten bleiben wird.
- c ihre beiden Modelle gleich effektiv sind.

15 Bei der Verwendung der Gedächtnisprothese ist zu berücksichtigen, dass …
- a die Nutzer freiwillig etwas lernen wollen.
- b Prioritäten gesetzt werden müssen.
- c sie möglichst oft eingesetzt werden sollte.

Die Prüfungsaufgabe Schritt für Schritt lösen

- Die Überschrift gibt Ihnen einen ersten wichtigen Hinweis auf das Thema. Wenn Sie eine schnelle Lesegeschwindigkeit haben, können Sie den ganzen Text zuerst schnell überfliegen, um einen Überblick über den Inhalt zu bekommen. Wenn Sie nicht so schnell lesen können, dann lesen Sie den Text nur abschnittsweise im Anschluss an das Lesen der Aufgaben.
- Lesen Sie die Aufgaben. Bei jeder Aufgabe führen Sie die folgenden Bearbeitungsschritte aus:

  1. **Markieren** Sie in jedem Item die **Schlüsselwörter**. Dadurch machen Sie sich die Bedeutung der Items und die inhaltlichen Unterschiede zwischen den drei Antwortoptionen bewusst. Außerdem helfen Ihnen die Schlüsselwörter dabei, schneller die lösungsrelevanten Textstellen zu finden.
  2. **Suchen** Sie die passende **Textstelle**. Der Text ist in sieben Abschnitte unterteilt. Im Allgemeinen gehört zu jedem Textabschnitt eine Aufgabe. Die Aufgaben sind in der Reihenfolge des Textes angeordnet.
  3. **Vergleichen** Sie die **Textstelle** mit den **Items** und entscheiden Sie, welches der drei Items dem Inhalt des Textes entspricht.

- Lesen Sie den Text zuerst selektiv, um die Textstelle zu finden, die die Information zur Lösung Ihrer Aufgabe enthält. Die relevante Textstelle lesen Sie dann detailliert.
- Der Inhalt der Items ist im Text häufig anders formuliert. Achten Sie daher auf Synonyme und Umschreibungen.
- Manchmal stehen in einer Antwortoption dieselben Wörter wie im Text. Das kann ein Hinweis darauf sein, dass diese Option nicht die richtige Lösung ist.

Der Text in Lesen Teil 2 enthält viele Informationen und erscheint Ihnen vielleicht sehr anspruchsvoll. Zur Lösung der Aufgaben brauchen Sie aber nicht jedes Wort zu verstehen.

- In der Prüfung werden nur die Lösungen auf dem Antwortbogen bewertet. Wenn Sie Ihre Lösungen zunächst auf dem Aufgabenblatt markieren, dürfen Sie nicht vergessen, sie auf den Antwortbogen zu übertragen. Für Lesen Teil 2 können Sie Ihre Lösungen jetzt hier markieren:

Teil 2			
	a	b	c
9	☐	☐	☐
10	☐	☐	☐
11	☐	☐	☐
12	☐	☐	☐
13	☐	☐	☐
14	☐	☐	☐
15	☐	☐	☐

Die Lösung verstehen

Aufgabe 9

1. Markieren Sie die Schlüsselwörter in den Items.
Schlüsselwörter: „neue", „Methode"; a) „Alterungsprozess", „aufhalten"; b) „Degeneration", „Gehirns", „verlangsamen"; c) „Gehirnleistung", „fördern"
2. Suchen Sie die passende Textstelle.
Eine einzigartige Form der Hirnstimulation scheint die Fähigkeit von Menschen zu verbessern, sich neue Informationen einzuprägen. Die sogenannte Gedächtnisprothese scheint dabei auch Menschen mit Gedächtnisstörungen zu helfen. In Zukunft könnten fortschrittlichere Versionen der Gedächtnisprothese Menschen, die aufgrund von Hirnverletzungen, Altern oder degenerativen Krankheiten wie Alzheimer Gedächtnisverluste erlitten haben, helfen [...]
3. Vergleichen Sie die Textstelle mit den Items und entscheiden Sie, welches der drei Items den Informationen im Text entspricht.
Item a: Falsch. Die neue Methode soll Menschen mit Gedächtnisverlusten, die beispielsweise durch das Altern verursacht wurden, zu einer besseren Gedächtnisleistung verhelfen. Die Methode kann den Vorgang des Alterns aber nicht stoppen.
Item b: Falsch. Die neue Methode hat keinen Einfluss auf das Fortschreiten von degenerativen Gehirnerkrankungen. Sie soll nur die Gedächtnisleistung von Menschen verbessern, die von diesen Erkrankungen betroffen sind.
Item c: Richtig. Durch die neue Methode sollen Menschen sich Informationen besser merken können, die Leistung ihres Gehirns in diesem Bereich soll also gestärkt und gefördert werden.

Aufgabe 10

1. Schlüsselwörter: „erforschten", „Wissenschaftler"; a) „Aufgaben", „Hirnregionen"; b) „Aufnahme", „Information", „Gedächtnis"; c) „Funktion", „Hippocampus"
2. Passende Textstelle:
Diese seepferdchenförmige Region tief im Gehirn spielt eine entscheidende Rolle beim Gedächtnis. Sie hilft nicht nur bei der Bildung von Kurzzeitgedächtnissen, sondern scheint auch Erinnerungen zur Langzeitspeicherung in andere Regionen zu leiten. Seit mehr als zehn Jahren arbeiten Forscher von der University of Southern California daran, diesen Prozess zu imitieren. Sie versuchen, mithilfe von Gehirnelektroden die elektrischen Aktivitätsmuster zu verstehen, die bei der Kodierung von Erinnerungen auftreten.
3. Vergleich von Text und Items:
Item a: Falsch. Im Text werden verschiedene Hirnregionen genannt, die bei der Speicherung von Informationen beteiligt sind. Es werden aber nicht die Aufgaben dieser Regionen untersucht, sondern die genauen Abläufe beim Speichern.
Item b: Richtig. Die Wissenschaftler wollen herausfinden, durch welche Prozesse Erinnerungen entstehen, d. h. Informationen im Gedächtnis abgespeichert werden.
Item c: Falsch. Die Funktion der Hirnregion Hippocampus ist den Wissenschaftlern schon bekannt, sie wird nicht erforscht.

Aufgabe 11

1. Schlüsselwörter: „Versuchspersonen"; a) „keine", „Erinnerungen", „abspeichern"; b) „Gehirnoperation", „unterziehen"; c) „neurologischen", „Erkrankung"
2. Passende Textstelle:

Um herauszufinden, ob die Methode Menschen mit Gedächtnisschwäche helfen könnte, testeten die Wissenschaftler zwei Versionen der Gedächtnisprothese an 24 Probandinnen und Probanden. Ihnen waren zur Untersuchung ihrer Epilepsie bereits Elektroden implantiert worden.

3. Vergleich von Text und Items:

Item a: Falsch. Die Versuchspersonen hatten eine Gedächtnisschwäche. Das heißt, sie konnten Erinnerungen abspeichern, ihre Fähigkeit dazu war nur nicht gut.

Item b: Falsch. Die Operation hatte schon stattgefunden, als den Versuchspersonen Elektroden ins Gehirn eingepflanzt worden waren. Die Operation stand nicht noch bevor.

Item c: Richtig. Die Versuchspersonen litten an Epilepsie, sie hatten also eine neurologische Erkrankung.

Aufgabe 12

1. Schlüsselwörter: „Überprüfung", „Modelle"; a) „Versuchspersonen", „drei", „Tests"; b) „Versuchspersonen", „Bild", „wiedererkennen"; c) „Hirnaktivität", „stimuliert", „aufgezeichnet"
2. Passende Textstelle:

Bei diesen Tests wurde jeder Person ein Bild auf einem Computerbildschirm gezeigt. Nach einer Verzögerung wurde dasselbe Bild erneut gezeigt, zusammen mit einer Auswahl anderer Bilder. Die Person musste sich entscheiden, welches das bereits gezeigte Bild war. … Zwischen 15 und 90 Minuten später unterzog sich jede Person einem zweiten Test. Diesmal wurden ihr jeweils drei Bilder gezeigt, von denen sie das auswählen sollte, das ihr am bekanntesten vorkam.

3. Vergleich von Text und Items:

Item a: Falsch. Für die Versuchspersonen gab es insgesamt nur zwei Tests, nicht drei.

Item b: Richtig. Bei beiden Tests sollten die Versuchspersonen sich jeweils an ein Bild erinnern, das ihnen zuvor gezeigt worden war.

Item c: Falsch. Die Aktivität des Hippocampus, also die Hirnaktivität, wurde zuerst – beim ersten Testdurchlauf – aufgezeichnet und danach – beim zweiten Testdurchlauf – stimuliert.

Aufgabe 13

1. Schlüsselwörter: „vermuten", „Forscher"; a) „Stimulation", „unterstützt", „Gedächtnisleistung"; b) „Hirnstimulation", „besser", „Parkinson-Kranken"; c) „angepasste", „Hirnstimulation", „besonders", „effektiv"
2. Passende Textstelle:

Bisher haben Medizin und Wissenschaft einige Erfolge bei der Behandlung von Krankheiten wie der Parkinson-Krankheit erzielt, indem sie einfach bei allen Personen auf dieselbe Gehirnregion abzielten. Die einzelnen Menschen würden jedoch sehr unterschiedlich reagieren. Durch die Anpassung der Stimulation an das einzelne Gehirn könne die Wirkung wahrscheinlich verbessert werden.

3. Vergleich von Text und Items:

Item a: Falsch. Dass die Stimulation des Gehirns, also die Gedächtnisprothese, die Gedächtnisleistung unterstützt, wird von den Wissenschaftlern nicht vermutet, sondern sie haben das bereits herausgefunden und wissen das.

Item b: Falsch. Über Parkinson-Kranke wird nur gesagt, dass bei Menschen mit dieser Erkrankung die Hirnstimulation schon erfolgreich angewendet wurde. Es steht aber nicht im Text, dass die Methode bei dieser Gruppe besser funktioniert als bei anderen Gruppen.

Item c: Richtig. Im Text heißt es, eine individuell angepasste Hirnstimulation könne die Wirkung wahrscheinlich verbessern. Hier wird in der indirekten Rede die Meinung der Wissenschaftler wiedergegeben. Das Adverb „wahrscheinlich" drückt aus, dass die Wissenschaftler sich aber nicht absolut sicher sind, sondern nur vermuten, dass es so ist.

Aufgabe 14
1. Schlüsselwörter: „Forscher", „keine", „Gewissheit"; a) „Gedächtnisprothese", „starker", „Vergesslichkeit", „hilft"; b) „Stärkung", „Erinnerungsvermögens", „erhalten", „bleiben"; c) „beide", „Modelle", „gleich", „effektiv"
2. Passende Textstelle:
Die Forscher hoffen, dass die Verbesserung des Gedächtnisses von Dauer sein wird. Theoretisch könnte die Stimulation, die jede Person erhielt, die Verdrahtung der Neuronen im Hippocampus gestärkt haben. Genau wissen sie das jedoch nicht.
3. Vergleich von Text und Items:
Item a: Falsch. Die Forscher haben nach dem Einsatz der Gedächtnisprothese die größte Verbesserung der Gedächtnisleistung bei den Probandinnen und Probanden mit dem schlechtesten Gedächtnis festgestellt. Das heißt, die Methode hilft sehr gut bei starker Vergesslichkeit.
Item b: Richtig. Die Forscher haben festgestellt, dass die Gedächtnisprothese das Erinnerungsvermögen der Probandinnen und Probanden verbessert und sie hoffen, dass dieser verbesserte Zustand dauerhaft sein wird. Sie wissen aber nicht, ob es tatsächlich so sein wird.
Item c: Falsch. Die Forscher haben bei ihren Experimenten herausgefunden, dass das zweite Modell zu besseren Ergebnissen führt als das erste.

Aufgabe 15
1. Schlüsselwörter: „Verwendung", „Gedächtnisprothese"; a) „Nutzer", „freiwillig", „lernen"; b) „Prioritäten", „gesetzt"; c) „oft", „eingesetzt"
2. Passende Textstelle:
Denn es wäre nicht sinnvoll, das Gerät ständig laufen zu lassen. Schließlich gibt es viele Lebenserfahrungen, an die sich Menschen mit Gedächtnisstörungen nicht zu erinnern brauchen, wie zum Beispiel den Müll hinauszubringen. Die Prothese könnte aber eventuell zusammen mit einer Art Gerät eingesetzt werden, das erkennt, wann das Gehirn in einen lernbereiten Zustand versetzt werden muss.
3. Vergleich von Text und Items:
Item a: Falsch. Im Text ist impliziert, dass die Gedächtnisprothese nur dann zum Einsatz kommen sollte, wenn es um wichtige Erfahrungen geht, die es wert sind, dass man sich daran erinnert. Es wird aber nicht gesagt, dass die Freiwilligkeit, etwas lernen zu wollen, ein Kriterium für den Einsatz ist.
Item b: Richtig. Die Gedächtnisprothese sollte nicht rund um die Uhr für das Erinnern an alles, was man macht, eingesetzt werden. Bei unwichtigen Erfahrungen braucht man sie nicht. Es muss also entschieden werden, woran sich ein Mensch erinnern sollte und woran nicht, man muss abwägen und Prioritäten setzen.
Item c: Falsch. Die Gedächtnisprothese soll nicht möglichst oft eingesetzt werden, sondern nur bei wichtigen Lebenserfahrungen.

Modul Lesen, Teil 3

Beschreibung dieses Prüfungsteils

Was für eine Textsorte lesen?	Sie lesen einen längeren Pressekommentar über ein kontroverses Thema. Die Themen stammen aus den Bereichen Arbeitswelt, Hochschule und Gesellschaft.
Was ist Ihre Aufgabe?	Dem Text sind acht Sätze entnommen. Sie rekonstruieren den Text, indem Sie die Sätze den Lücken im Text zuordnen.
Was wird vorgegeben?	Ihnen stehen zehn Sätze a bis j zur Auswahl. Zwei der zehn Sätze passen in keine Lücke und können nicht zugeordnet werden.
Wie lesen Sie?	Sie lesen suchend und sorgfältig-genau. Sie nutzen die Textstruktur und inhaltliche Verknüpfungen, um den Text zu rekonstruieren.
Was müssen Sie tun, um diesen Prüfungsteil zu lösen?	Sie entscheiden, welche der Sätze a bis j in die Lücken passen.
Wie lange dauert dieser Prüfungsteil?	Für diesen Prüfungsteil sollten Sie etwa 20 Minuten einplanen. Der Text hat eine Länge von ca. 530 Wörtern ohne die Sätze aus den Lücken.
Wie wird dieser Prüfungsteil bewertet?	Für jede richtige Antwort erhalten Sie einen Punkt, insgesamt also acht Punkte.

Um den Text richtig zu rekonstruieren, ist es hilfreich, verschiedene Lesetechniken anzuwenden:

- Vermutungen zum Textinhalt anstellen
- Einen Text überfliegen und einen Standpunkt erkennen
- Ironie und rhetorische Fragen erkennen
- Hauptaussagen von Textabschnitten erkennen
- Verknüpfungen erkennen
- Synonyme und Umschreibungen erkennen

Im Folgenden können Sie diese Techniken üben.

Vermutungen zum Textinhalt anstellen

Mithilfe der Überschriften und der Unterschrift stellen Sie Vermutungen zum Textinhalt an. Dabei sollten Sie auch überlegen, welche unterschiedlichen Standpunkte es zu dem Thema des Textes geben könnte.

1 **Lesen Sie die folgenden Überschriften und Unterzeilen aus der Presse. Beantworten Sie jeweils die folgenden Fragen.**

BAFÖG

Die Hilfe, die keine mehr ist

Das Bafög, eine der besten Ideen des bundesdeutschen Sozialstaats überhaupt, steckt tief in der Krise – und das liegt nicht daran, dass es am Geld fehlt.

BEWERBUNGSGESPRÄCHE

Warum niemand über die Lücke im Lebenslauf Auskunft geben muss

Was auch immer einen Menschen dazu bewogen oder gezwungen hat, dem Kapitalismus eine Zeit lang nicht zu dienen: es geht den Arbeitgeber nichts an.

AB AUFS LAND

Landarztquote statt Numerus clausus – ein Allheilmittel gegen den Ärztemangel?

Seit einiger Zeit haben auch Abiturientinnen und Abiturienten ohne Einser-Abitur die Möglichkeit, an einen begehrten Studienplatz in Humanmedizin zu kommen. Sie verpflichten sich, nach dem Studium auf dem Land zu praktizieren.

Einen Text überfliegen und einen Standpunkt erkennen

Beim ersten Lesen überfliegen Sie den Text und erkennen den Standpunkt der Autorin oder des Autors sowie die wichtigsten Argumente. Das hilft Ihnen später beim Ergänzen der fehlenden Sätze. Beachten Sie die Lücken und die vorgeschlagenen Sätze zunächst nicht.

Ziel eines Kommentars ist es, die Leserinnen und Leser von einem Standpunkt zu überzeugen oder sie zum Nachdenken oder zum Überdenken der eigenen Position anzuregen. Der Standpunkt der Autorin oder des Autors zieht sich wie ein roter Faden durch den Text und wird teils explizit, teils implizit deutlich. Redemittel zur Meinungsäußerung und wertende Ausdrücke helfen Ihnen, die Meinung zu erkennen.

2 **Überfliegen Sie den folgenden Text mit Lücken. Beantworten Sie stichwortartig die drei Fragen zum Text auf der nächsten Seite. Lesen Sie noch nicht die Lösungsvorschläge in Übung 3.**

BAFÖG

Die Hilfe, die keine mehr ist

Das Bafög, eine der besten Ideen des bundesdeutschen Sozialstaats überhaupt, steckt tief in der Krise – und das liegt nicht daran, dass es am Geld fehlt.

Kommentar von Paul Munzinger

Das Bafög hatte in dieser Woche Geburtstag. „Wenn wir das Bafög nicht hätten", sagt die Bundesbildungsministerin, „müssten wir es erfinden." **1 ...** Wenn die Zahlen so ernüchternd sind, kommt einfach keine Feierstimmung auf. Das Bafög, eine der besten Ideen des bundesdeutschen Sozialstaats überhaupt, steckt tief in der Krise – und sein Geburtstag ist eher Anlass für eine Trauerfeier.

Die Zahl der jungen Leute, die die Förderung beziehen, ist um ein Drittel eingebrochen – vor 10 Jahren war es noch fast eine Million, heute sind es nur noch 640 000. Elf Prozent der Studierenden erhalten heute Bafög, Anfang der Siebzigerjahre war es noch fast jeder Zweite. **2 ...** Das Bundesausbildungsförderungsgesetz, 1971 unter Willy Brandt eingeführt, soll jungen Leuten eine ihrer „Neigung, Eignung und Leistung entsprechende Ausbildung" ermöglichen, auch wenn dafür ihr Geld nicht reicht. **3 ...** Das gilt gerade für Deutschland, wo statt Neigung, Eignung und Leistung noch viel zu oft die Herkunft über Bildung entscheidet.

Doch ein Ausbildungsförderungsgesetz, das immer weniger Menschen in Ausbildung erreicht, erfüllt seinen Anspruch nicht mehr. Es ist nicht etwa so, dass es an Geld mangeln würde oder dass die Förderung zu niedrig wäre. **4 ...** Das Hauptproblem ist, dass der Kreis der Menschen zu eng gezogen ist, die Bafög erhalten dürfen: Die Förderung endet mit der „Regelstudienzeit" – die Mehrheit aber wird in dieser Zeit nicht fertig. Die Förderung endet spätestens mit dem 35. Geburtstag – wer erst arbeitet und dann ein Studium aufnimmt, fällt häufig aus der Förderung heraus.

Und dann knausert der Staat schon bei Familien, die die Ausbildung eines Kindes längst nicht unterstützen können. Bei einer Studentin unter 25 Jahren, die alleine lebt und keine Geschwister hat, beginnt das Bafög zu sinken, wenn die Eltern etwa 2000 Euro netto im Monat verdienen – gemeinsam. **5 ...** Immer lauter wird deshalb die Forderung, das Bafög vom Einkommen der Eltern abzukoppeln. Studierende sind schließlich erwachsen und „keine Anhängsel einer elterlichen Bedarfsgemeinschaft", wie das etwa die FDP formuliert. **6 ...** Doch wenn der Staat alle Studierenden unterstützen wollte, übernähme er sich – und am Ende bliebe zu wenig für die übrig, die ohne Bafög tatsächlich nicht studieren könnten. Auch dann hätte das Gesetz seinen Anspruch verfehlt.

Vor einer Reform kann sich nach der Bundestagswahl keine Koalition drücken. Diese sollte sich von der Regelstudienzeit lösen, die Altersgrenze abschaffen und die Freibeträge beim Einkommen der Eltern regelmäßig erhöhen. **7 ...** Dann könnte es schon zum nächsten runden Geburtstag des Bafög nicht nur warme Worte geben sondern auch gute Zahlen.

1. Um welches Problem geht es?

2. Welchen Standpunkt vertritt der Verfasser?

3. Welche Lösung schlägt er vor?

3 **Lesen Sie den Text noch einmal. Welcher Satz a, b oder c passt in die jeweilige Lücke? Kreuzen Sie an. Beachten Sie: Der Satz muss dem Standpunkt des Autors entsprechen.**

Lücke 1
- a Das stimmt. Und deshalb gibt es Grund zu feiern.
- b Eine völlig falsche Einschätzung.
- c Wie wahr! Aber es hilft nichts.

Lücke 2
- a Das sind nicht einfach nur miese Werte.
- b Diese Entwicklung hat man kommen sehen.
- c Diese Zahlen sind überraschend.

Lücke 3
- a Dieses Ziel ist heute so richtig wie damals.
- b Dieses Ziel war schon damals eine Illusion.
- c Heutzutage müssen andere Ziele ins Auge gefasst werden.

Lücke 4
- a Das ist nur eins von vielen Problemen.
- b Die Kostenfrage war schon immer das Haupthindernis.
- c Entscheidend ist dabei etwas ganz anderes.

Lücke 5
- a Das ist angesichts der aktuellen Finanzlage besser als nichts.
- b Das ist realitätsfremd.
- c Das ist sicher nicht unrealistisch.

Lücke 6
- a Bei näherem Hinsehen scheint dieser Vorschlag gar nicht so unvernünftig.
- b Das mag einleuchtend klingen.
- c Dies ist auf jeden Fall ein richtiger Ansatz.

Lücke 7
- a Die ersten Initiativen in diese Richtung waren durchaus vielversprechend.
- b Doch auch wenn all das kurzfristig auf den Weg gebracht würde, so ist es doch schon fast zu spät.
- c Und das muss deutlich entschiedener geschehen, als es zuletzt die Bundesbildungsministerin getan hat.

Ironie und rhetorische Fragen erkennen

Bei kontroversen Themen verwenden Autorinnen und Autoren gerne Stilmittel wie Ironie, Übertreibungen und rhetorische Fragen. Darauf sollten Sie achten.

4 **Was sind die Merkmale von Ironie und einer rhetorischen Frage? Kreuzen Sie an.**

		Ironie	Rhetorische Frage
1	Man erwartet Zustimmung zu seiner Position.	☐	☒
2	Man sagt das Gegenteil, von dem, was man eigentlich meint.	☐	☐
3	Die Äußerung wirkt witzig und originell, manchmal aber auch zynisch oder sarkastisch.	☐	☐
4	Sie dient dazu, Argumente zu stützen und zum Nachdenken anzuregen.	☐	☐
5	Zum Verständnis braucht man Hintergrundwissen, z. B. über die Einstellung der Autorin oder des Autors.	☐	☐

5 **Auf einer Webseite für Studierende finden Sie eine Diskussion zum Thema „Mithilfe der Landarztquote zum Medizinstudium". Lesen Sie zuerst die die Einleitung. Welche Standpunkte könnte es zu diesem Thema geben? Welche Argumente erwarten Sie?**

Landarztquote

Hilft uns die Landarztquote?

Trotz Ärztemangels werden in Deutschland nicht genug Ärztinnen und Ärzte ausgebildet. Je nach Hochschule benötigt man für die Zulassung zum Medizinstudium einen Notendurchschnitt im Abitur zwischen 1,0 und 1,2. In einigen Bundesländern gibt es seit kurzem die sogenannte „Landarztquote". Den Anfang machte das Land Nordrhein-Westfalen, wo inzwischen ca. 8 Prozent der Studienplätze in Medizin unabhängig vom Abiturdurchschnitt an Bewerberinnen und Bewerber vergeben werden, die sich bereit erklären, nach Abschluss des Studiums für mindestens 10 Jahre in medizinisch unterversorgten Gebieten zu arbeiten.
Wie denkt ihr darüber? Was ist eure Meinung?

6 **Lesen Sie die Forumsbeiträge und entscheiden Sie: Begrüßt die/der Schreibende die Landarztquote (+) oder nicht (-)? Markieren Sie die Textstellen, in denen Ironie und rhetorische Fragen vorkommen.**

1 [-] **Josy**
Ich bin über die Landarztquote ins Medizinstudium gekommen, weil ich mit meinem Notenschnitt von 2,0 niemals einen Studienplatz bekommen hätte. Damals war ich überglücklich, dass es diese Möglichkeit gab. Inzwischen habe ich die Erfahrung machen müssen, dass man erst im Laufe des Studiums herausfindet, wo die eigenen Interessen und Stärken liegen. Wer weiß denn schon, was man in einem Jahr, geschweige denn in zehn Jahren machen möchte?

2 [ ] **medicus25**
Wer über die Landarztquote einen Studienplatz erhalten hat, aber nach dem Abschluss des Studiums doch nicht auf dem Land arbeiten will, hat die Möglichkeit sich gegen Zahlung von 250.000 Euro gewissermaßen „freizukaufen". Eine geniale Idee – schließlich haben Studierende problemlos während des Studiums so viel Geld sparen können.

3 ☐ **Kalli_aus_Kallmünz** Meine Freundin hat über die Landarztquote einen Studienplatz erhalten und ist sich der Konsequenzen ihrer Entscheidung durchaus bewusst. Ich bin nicht sehr glücklich darüber, weil für mich ein Leben auf dem Land nicht infrage kommt. Aber muss nicht auch eine medizinische Versorgung auf dem Land gewährleistet sein?
4 ☐ **StefStef** Wie lange dauert ein Medizinstudium? Die Regelstudienzeit beträgt 12 Semester, bei vielen Studierenden dauert es aber noch länger. Bis dahin sind viele Landärzte längt im Ruhestand und ihre Praxen verweist. Können wir wirklich jahrelang warten, bis die jungen Mediziner und Medizinerinnen, die über die Landarztquote an einen Studienplatz kamen, bereitstehen? Für den Ärztemangel auf dem Land muss eine schnellere Lösung her.
5 ☐ **Youssef** Ob die Abiturnote von 1,0 zuverlässig darüber Auskunft erteilt, ob jemand ein guter Arzt oder eine gute Ärztin sein wird, kann bezweifelt werden. Hier müsste man sicherlich ganz andere Auswahlkriterien heranziehen. Dass man nun versucht, zwei Fliegen mit einer Klappe zu schlagen, scheint auf den ersten Blick sinnvoll. Doch kann man viel Engagement von einem jungen Arzt erwarten, der eigentlich viel lieber in der Stadt wäre und nur darauf wartet, dass die zehn Jahre um sind? Da habe ich meine Bedenken.
6 ☐ **Lebensretter_95** Wozu noch Landarztpraxen? Spätestens seit Corona wissen wir, dass man auch über Videochat gut medizinisch beraten wird. Eine ideale Lösung für die ältere Landbevölkerung, die nun online vom Arzt in der Stadt betreut werden kann – wenn die Internetverbindung stabil ist und die Enkel Oma und Opa beibringen, wie Zoom und Teams funktionieren. Aber jetzt mal im Ernst: Es ist ein Skandal, dass in unserem Land keine flächendeckende Versorgung da ist. Angesichts dessen ist jede Maßnahme recht.

Hauptaussagen von Textabschnitten erkennen

Beim zweiten Lesen: Sie lesen den Text abschnittweise und beantworten jeweils die Frage: Worum geht es in diesem Abschnitt?

7 **Lesen Sie den folgenden Text über Bewerbungsgespräche. Ordnen Sie jedem Abschnitt eine Überschrift zu. Eine Überschrift passt nicht.**

a Anforderungen der modernen Arbeitswelt
b Beispiele für Tätigkeiten während beruflicher Auszeiten
c Forderung nach einem anderen Umgang mit Bewerberinnen und Bewerbern
d Gründe für die Forderung nach lückenlosen Lebensläufen
e ~~Kritik an Ratgeberbüchern~~
f Negative Folgen für Angestellte und Arbeitgeber
g Umgang mit Auszeiten in Bewerbungsgesprächen

BEWERBUNGSGESPRÄCHE

Warum niemand über die Lücke im Lebenslauf Auskunft geben muss

Was auch immer einen Menschen dazu bewogen oder gezwungen hat, dem Kapitalismus eine Zeit lang nicht zu dienen: es geht den Arbeitgeber nichts an.

1 Kritik an Ratgeberbüchern

Wer eine dieser unerträglichen Karrierebibeln liest, die Menschen trainieren und optimieren, damit sie möglichst stromlinienförmig durch die Arbeitswelt rutschen, findet dort ein Kapitel nach dem anderen über eine Frage, die noch nicht komplett durchoptimierte Menschen umtreibt: Wie erkläre ich meine „Lücke im Lebenslauf"?

2 ……………………

Natürlich ist es nicht so, dass Menschen, die eine Lücke im Lebenslauf haben, während dieser Lücke nicht gelebt haben. Sie haben vielleicht ein Kind bekommen oder die alte Mutter gepflegt. Vielleicht waren sie krank, mit Covid-19 und Long Covid oder mit einer Depression oder sonst irgendetwas. Vielleicht haben sie mehrere Ausbildungen oder Studienfächer ausprobiert. Oder sie wollten fremde Länder kennenlernen oder zu sich selbst finden im Schweigekloster. Vielleicht, vielleicht, vielleicht.

3 ……………………

Was auch immer es war, das Menschen dazu bewogen oder gezwungen hat, dem Kapitalismus eine Zeit lang nicht zu dienen – es geht Arbeitgeber nichts an. Wenn Bewerberinnen und Bewerber im Bewerbungsgespräch selbst ansprechen, was sie während der Auszeit gemacht haben, sollten Personaler offen und interessiert nachfragen und zuhören. Doch niemand sollte gezwungen werden, darüber zu sprechen. Die Frage nach der „Lücke im Lebenslauf" sollte verboten werden. Nicht per Gesetz, der Gesetzgeber muss nicht alles und jedes regeln, aber doch in internen Regelwerken, die sich Firmen selbst geben.

4 ……………………

In Zeiten des Fachkräftemangels und in Zeiten, in denen sich die Arbeitswelt wandelt weg von strikten Hierarchien und hin zu mehr Flexibilität, sollten Personalabteilungen ihre Haltung in Vorstellungsgesprächen überdenken. Es sind die Unternehmen, die sich bemühen müssen. Im Grunde sind sie die Bewerber um die Gunst ihrer potenziellen neuen Mitarbeiterinnen und Mitarbeiter. Das heißt auch, dass sie ein bisschen mehr Demut an den Tag legen und zukünftige Teammitglieder nicht unter Rechtfertigungsdruck setzen sollten. In einer Studie der Personalberater Staufenbiel-Institut und Kienbaum gaben 46 Prozent der Unternehmen an, dass Lebenslauf-Lücken ohne Erklärung eine Bewerberin / einen Bewerber auf jeden Fall disqualifizieren – was für ein Fehler!

5 ……………………

Es würde Menschen entlasten, wenn sie wüssten, dass eine Lücke im Lebenslauf kein Makel ist. Denn es tut gut, sein Leben nicht nach den Anforderungen der Arbeitswelt durchzuplanen. Es kann besonders junge Menschen unter Stress setzen, wenn sie sich nie eine Pause gönnen dürfen, wenn nach der Schulzeit das Praktikum und danach das Studium und das Aufbaustudium im Ausland und das noch bessere Praktikum und das Trainee-Programm und so weiter folgen müssen – die jungen Erwachsenenjahre statt als Zeit des Ausprobierens als direkter Weg in den Burn-out. Menschen, die schon vor dem Jobantritt ausgebrannt sind vor lauter Selbstoptimierung, sind keine guten Mitarbeiterinnen und Mitarbeiter, auch wenn sie im Bewerbungsgespräch funkeln und glitzern.

6 ……………………

Wer allzu lebenslaufoptimiert gelebt hat, ist sowieso vermutlich nicht fit für die wirklichen Herausforderungen des Lebens, auch des Berufslebens. Brüche führen dazu, dass Menschen mit Wandel besser umgehen können und an Komplexität gewinnen. Und wenn eines in der künftigen Arbeitswelt sicher ist, dann sind es der Wandel und die Komplexität.

Verknüpfungen erkennen

Beim Ergänzen der Lücken achten Sie auf Verknüpfungen von Sätzen und Abschnitten. Diese Verknüpfungen werden durch Konnektoren oder Verbindungsadverbien hergestellt. Auch sogenannte Verweiswörter verbinden Sätze und Abschnitte zu einem zusammenhängenden Text. Zu den Verweiswörtern gehören Pronomen, Adverbien, Präpositionalpronomen und Präpositionen (z. B. trotz, wegen).

8 **Was gehört zusammen? Lesen Sie zuerst die Textabschnitte 1 bis 10. Ergänzen Sie dann die passenden Sätze a bis j. Achten Sie auf die markierten Ausdrücke.**

Rückkehr zur Atomkraft?

1 Als die EU-Kommission kürzlich die Atomenergie als klimafreundliche Energie einstufte, war das für Befürworter der Atomkraft ein Grund zur Freude. Ganz andere Reaktionen löste dieser Beschluss bei den Gegnern aus. Ihre Befürchtung ist: Je länger die Atomkraftwerke laufen, desto mehr verzögert sich der Ausbau der erneuerbaren Energien. ...j...

2 Eine Sorge, die mehr als gerechtfertigt ist, zumal schon seit geraumer Zeit von einer „Renaissance" der Atomkraft die Rede ist. Weltweit wächst nämlich das Interesse an sogenannten Mini-Reaktoren. Darunter versteht man Kraftwerke, die nach Art eines Baukastensystems in größeren Mengen hergestellt und am gewünschten Ort zusammengebaut werden können. ....

3 Solche Mini-Reaktoren erzeugen zwar weniger Strom, aber ihre Befürworter halten sie für eine ideale Ergänzung der erneuerbaren Energien. ....

4 Viele Politiker:innen sehen in den Mini-Reaktoren Übergangslösungen zur Deckung des steigenden Energiebedarfs, bis die erneuerbaren Energien ausgereift sind. Das klingt im Prinzip sinnvoll. ....

5 Um den Energiebedarf zu decken, müssten außerdem viele Mini-Reaktoren gebaut werden. Jeder einzelne kommt zwar mit weniger radioaktivem Material aus, würde also im Falle eines Unfalls weniger Radioaktivität an die Umwelt abgeben. ....

6 Doch die Angst vor nuklearen Unfällen ist groß. In einigen Ländern haben die Ereignisse von Fukushima im Jahre 2010 zu einem Umdenken in der Energiepolitik geführt. ....

7 Seitdem fördert Deutschland einerseits den Ausbau erneuerbarer Energien, andererseits werden Braun- und Steinkohle sowie Erdgas weiterhin zur Stromerzeugung verfeuert. ....

8 Und es stellt sich noch eine weitere Frage: Was ist mit der Elektromobilität, die in wenigen Jahren die Verbrennungsmotoren auf unseren Straßen verdrängen soll? Oder mit den Wärmepumpen in unseren Häusern? Der Strombedarf wird dann nämlich steigen. Einfach den Strom von unserem Nachbarn Frankreich, der 70 Prozent seines Strombedarfs durch Atomenergie deckt, importieren? ....

9 Fakt ist: Die Bundesregierung will auch in Zeiten der Energieknappheit weder zurück zur Atomkraft noch neue Kohlekraftwerke bauen. ....

10 Doch hat der Verzicht auf Atomstrom seinen Preis: Beim Ausbau der erneuerbaren Energien muss nicht nur ein gewaltiger Schritt zugelegt werden, sondern wir müssen auch bereit sein, für Mobilität und häusliche Energieversorgung tiefer in die Tasche zu greifen. ....

a Als Reaktion auf dieses Unglück beschloss die damalige Bundesregierung den Ausstieg aus der Atomenergie.
b Angesichts der zunehmenden Erderwärmung stellt sich die Frage, wie lange wir uns den Einsatz dieser Klimakiller noch leisten können.
c Darüber sollten wir uns freuen.
d Sicher nicht, denn es wäre sowohl verlogen als auch unverantwortlich.
e Es ändert aber nichts an der Tatsache, dass auch dabei gefährliche radioaktive Abfälle produziert werden.
f Jedoch nimmt durch die Summe der Reaktoren das Sicherheitsrisiko wiederum zu.
g Klimaschutz gibt es schließlich nicht zum Nulltarif.
h Diese könnten nämlich zugeschaltet werden, wenn Windräder oder Wasserkraftwerke wegen der Wetterverhältnisse die Energieversorgung nicht ausreichend decken.
i So werden Kosten gespart und die Reaktoren können schneller ans Netz gehen als herkömmliche Atomkraftwerke.
j Stattdessen könnten nun Milliarden von Euro in eine zwar klimaneutrale, aber keineswegs umweltfreundliche Technologie fließen.

9 **Wie kann man Sätze und Textabschnitte verknüpfen? Ergänzen Sie die Tabelle mit Beispielsätzen aus Übung 8.**

Verknüpfungen	Beispiel
Verbindungsadverbien	So werden Kosten gespart und die Reaktoren können schneller ans Netz gehen als herkömmliche Atomkraftwerke.
Präpositionalpronomen	
Personalpronomen	
Demonstrativpronomen	
Umschreibungen, Synonyme	

Synonyme und Umschreibungen erkennen

Zur Vermeidung von Wiederholungen verwenden Autorinnen und Autoren Synonyme und Umschreibungen. Das Erkennen dieser Wörter und Ausdrücke hilft Ihnen, die passenden Sätze für die Lücken zu finden.

10 **Lesen Sie den Auszug aus einem Artikel über Lateinkenntnisse im Studium. Auf welche Aussagen im Text beziehen sich die fett gedruckten Ausdrücke? Markieren Sie.**

Bis weit in die Neuzeit hinein galt Latein als Lingua franca der Wissenschaft. Spuren **dieser Tradition** finden sich noch heute in Studienordnungen wieder. So müssen an vielen Hochschulen Lehramtsstudierende in den Geisteswissenschaften, die in der Schule kein Latein gelernt haben, neben den Veranstaltungen in ihren eigentlichen Fächern auch heute noch Lateinkurse belegen und eine entsprechende Prüfung ablegen. **Das Festhalten am sogenannten „Latinum“** wird schon seit Jahrzehnten heftig kritisiert, da in zwei Semestern der Stoff von mehreren Jahren schulischen Lateinunterrichts nachgeholt werden muss. Es ist jedoch nicht nur **die Mehrbelastung der Studierenden**, die Gegner als problematisch betrachten. Vielmehr werden grundsätzliche Zweifel am praktischen Nutzen von Lateinkenntnissen für zukünftige Lehrer:innen geäußert. Schließlich liegen für die meisten studienrelevanten Texte in lateinischer Sprache Übersetzungen ins Deutsche vor. **Diese Argumentation** führte zumindest in Nordrhein-Westfalen dazu, dass zukünftige Deutsch-, Englisch- oder Französischlehrer:innen keine Lateinkenntnisse mehr nachweisen müssen. Befürworter:innen des Latinums verweisen (…)

11 **Lesen Sie den Text über englischsprachige Lehrveranstaltungen an deutschen Hochschulen. Ergänzen Sie die Ausdrücke aus dem Schüttelkasten. Achten Sie auf die Aussagen vor der Lücke.**

auf diese Weise | aus diesen Überlegungen | der Zugang zum deutschen Arbeitsmarkt | derartige Maßnahmen | die dort erworbene Sprachkompetenz | diese Anschaulichkeit | diese Internationalisierung | ~~dieser Trend~~ | ein weiterer Aspekt | ein wichtiges Argument | eine solche Befürchtung | Entwicklungen in diese Richtung

Auf Englisch, please?

Die Zahl der deutschen Hochschulen, an denen Lehrveranstaltungen auf Englisch stattfinden, nimmt stetig zu. Inzwischen sind es über 2000 englischsprachige Studiengänge, wobei es nicht nur gebührenpflichtige private Hochschulen sind, die Bachelor- und Masterstudiengänge auf Englisch anbieten.

Englisch ist heutzutage die Lingua franca der Wissenschaft. Wer als Wissenschaftler:in auch international Beachtung finden will, muss Forschungsergebnisse auf Englisch publizieren. Das gilt insbesondere für die technischen Fächer und die Naturwissenschaften. Inzwischen wird sogar auf nationalen Kongressen mit ausschließlich deutschsprachigen Teilnehmer:innen bisweilen Englisch gesprochen. (1) ……Dieser Trend…… führt dazu, dass Englisch zunehmend Einzug in den Lehrbetrieb der Hochschulen findet. Englischsprachige Studiengänge ziehen nicht nur internationale Studierende an, für die das Erlernen der deutschen Sprache auf C-Niveau eher abschreckend wirkt, sondern auch deutsche Studierende versprechen sich bessere Chancen auf dem nationalen und internationalen Arbeitsmarkt.

An der Frage, ob das sinnvoll ist und in Zukunft nicht noch mehr englischsprachige Studiengänge angeboten werden sollen, scheiden sich die Geister. Befürworter verweisen gerne darauf, dass es gerade (2) …………………………………………… ist, die deutsche Hochschulen für ausländische Talente so attraktiv macht. Neben den geringen oder fehlenden Studiengebühren ist das sicherlich (3) …………………………………………… für den Studienort Deutschland. Doch muss die Verdrängung der Landessprache an den Hochschulen auch kritisch beleuchtet werden.

Die meisten Studierenden, die ihr Abitur an einer gymnasialen Oberstufe in Deutschland gemacht haben, sind des Englischen mächtig. Doch reicht (4) …………………………………………… aus, um einer Vorlesung zu folgen oder an einer wissenschaftlichen Diskussion im Seminar teilzunehmen? Im Vorteil sind sicherlich Studierende, die sich während der Schulzeit Auslandsaufenthalte oder Sprachkurse leisten konnten. Doch auch dann sind Zweifel angebracht. Laut Studien aus skandinavischen Ländern lernen Studierende grundsätzlich weniger gut, wenn sie nicht in ihrer Muttersprache unterrichtet werden.

(5) .... darf nicht außer Acht gelassen werden: Sprache dient nicht allein der Weitergabe und Aufnahme von Informationen. Unsere Alltagssprache prägt auch unser Denken. Mit ihrer Hilfe bilden Wissenschaftler:innen Bilder, Metaphern und Hypothesen. Nur (6) .... lassen sich wissenschaftliche Erkenntnisse für alle klar und verständlich vermitteln. (7) .... würde verloren gehen, wenn Studierende nicht mehr in ihrer Alltagssprache lernen können.

Durch eine Zurückdrängung des Deutschen als Lehr- und Wissenschaftssprache wird nach Ansicht des Arbeitskreises „Deutsch als Wissenschaftssprache“ der gesamtgesellschaftliche Bildungsauftrag der Hochschulen in Frage gestellt. (8) .... ist durchaus gerechtfertigt. Die Wissenschaft würde sich isolieren, Misstrauen gegenüber wissenschaftlichen Erkenntnissen würde in noch stärkerem Maße zunehmen. (9) .... konnte man während der Corona-Pandemie beobachten und zwar dann, wenn seriöse Quellen nicht zur Kenntnis genommen werden, sondern stattdessen Informationen aus zweiter Hand ungefragt weitergegeben und übernommen werden.

Und das vielbeschworene Argument von den Vorzügen der Internationalisierung für ausländische Studierende hält bei genauerer Betrachtung auch nicht stand. Die ausschließliche Verwendung des Englischen an deutschen Hochschulen würde es den dauerhaft in Deutschland Bleibenden unmöglich machen, Deutsch auf einem akademischen Niveau zu erwerben und außerhalb der Universität Karriere zu machen. (10) .... wäre zumindest in sprachlicher Hinsicht sehr erschwert. Erste Probleme ergeben sich schon im Studium, wenn Betriebspraktika insbesondere in stark anwendungsbezogenen Fächern wie z. B. Agrarwissenschaften oder Maschinenbau absolviert werden müssen.

(11) .... darf nun nicht gefolgert werden, dass diese Entwicklung fatal und das Englische als Wissenschaftssprache grundsätzlich abzulehnen sei. Das wäre naiv und realitätsfremd. Doch nicht zuletzt um allen Schulabgänger:innen ein Studium zu ermöglichen, muss Deutsch eine zentrale Rolle im Studium spielen. Selbstverständlich könnte und sollte es englischsprachige Anteile geben. Gleichzeitig müssen Sprachkurse und Auslandsaufenthalte von deutschen Studierenden mehr als bisher gefördert werden. (12) .... bringen nämlich mehr als Veranstaltungen in schlimmstem Pidgin-Englisch von fachlich zweifelhafter Qualität. Mehrsprachigkeit sollte das Ziel sein.

Die Prüfungsaufgabe kennenlernen

- Für den Prüfungsteil Lesen 3 werden 20 Minuten Bearbeitungszeit empfohlen.
- Sie lesen einen Text, in dem acht Sätze fehlen. Sie rekonstruieren den Text, indem Sie aus zehn zur Auswahl stehenden Sätzen den jeweils passenden Satz aussuchen. Für zwei Sätze gibt es keine passende Lücke.
- Zu dieser Aufgabe gibt es ein Beispiel. Lesen Sie immer auch das Beispiel.
- Um die Aufgabe zu lösen, müssen Sie die Textstellen vor und nach der Lücke genau lesen. Achten Sie dabei sowohl auf den Inhalt als auch auf Verbindungsadverbien und Verweiswörter sowie Synonyme und Umschreibungen.

Teil 3 vorgeschlagene Arbeitszeit: 20 Minuten

Sie lesen in einer Tageszeitung einen Kommentar.
Welche Sätze passen in die Lücken? Zwei Sätze passen nicht.

Die Vier-Tage-Woche ist richtig

Die meisten Deutschen träumen davon, weniger zu arbeiten. Beispiel 0 Voraussetzung ist, dass Politik, Gewerkschaften und Firmen zusammen helfen.

Die Deutschen kennen Belgien bisher vor allem wegen der Pommes, der Comics und der EU-Bürokratie. Jetzt führt das Nachbarland eine Vier-Tage-Woche ein – und die Bundesbürgerinnen und -bürger sind begeistert. Eine große Mehrheit will die Arbeitstage reduzieren, so eine Umfrage. **16 ...** Es wäre schön, wenn sich mit politischer Hilfe entsprechende Modelle auch bei uns verbreiten – aber mit Rücksicht darauf, dass Firmen nicht alles leisten können.

Der Wunsch nach einer Vier-Tage-Woche wurzelt in mehreren Ursachen. In der modernen Wirtschaftswelt verdichtet sich Arbeit. Der Stress wächst. Digitale Programme erlauben, bei Büro- und Servicejobs die Leistung zu messen wie zuvor nur in der Fabrik. **17 ...** Auch grenzenlose Erreichbarkeit durch Smartphone und Laptop trägt dazu bei, Beschäftigte auszulaugen. Neben der Arbeitswelt verändern sich auch die Arbeitnehmer. Immer häufiger gehen Vater und Mutter einem Beruf nach. Das macht es schwerer, Erwerbsarbeit, Kinder und Haushalt zu bewältigen. Auch kümmern sich immer mehr Deutsche um ältere Angehörige. **18 ...** Für sie ist der Job wichtig, aber seltener als in früheren Generationen ist er alles für sie.

Aus all diesen Gründen kann es helfen, einen Tag weniger die Woche zu arbeiten. **19 ...** Es schenkt zwar Flexibilität, Beschäftigte können ihre Arbeitszeit auf vier statt fünf Tage verteilen. Das kann etwas bringen, wenn man sich um die Großeltern kümmert oder einen zusätzlichen Tag ausspannen will. Doch dafür muss man bei Belgiens Modell länger in die Firma – etwa an den übrigen vier Tagen zehn statt acht Stunden. **20 ...** Und die Kita hat auch selten so lange auf.

Beschäftigte haben mehr davon, wenn eine Vier-Tage-Woche damit kombiniert wird, dass sie insgesamt weniger arbeiten. Diese Arbeitszeitverkürzung ist nicht utopisch, sondern der langfristige Trend. Als vor mehr als 200 Jahren die Industrialisierung begann, schufteten Fabrikarbeiter zehn bis zwölf Stunden täglich. Nach dem Ersten Weltkrieg setzten Arbeiterparteien den Acht-Stunden-Tag durch. **21 ...** Der Ökonom John Maynard Keynes sagte schon 1930 voraus, dass Maschinen immer mehr Arbeit übernehmen und die Menschen bald nur zwei Wochentage in die Firma gehen – eine Ära „der Freizeit und des Überflusses“.

Bis dahin dauert es aber noch. Schon eine Vier-Tage-Woche mit weniger Arbeitsstunden durchzusetzen, wird nicht einfach. Die Firmen müssen umorganisieren und für den fünften Tag Ersatz schaffen. Wer angesichts der globalen Konkurrenz nicht mutwillig Jobs in Deutschland vernichten will, nimmt auf ihre Belange Rücksicht. **22 …** Außerdem hemmt der zunehmende Fachkräftemangel die Firmen, kürzeren Arbeitszeiten zuzustimmen. Von sich aus führen nur vereinzelt Firmen Vier-Tage-Wochen ein.

Wie können Beschäftigte also auf kürzere Arbeitszeit hoffen? Ein Weg ist natürlich Teilzeit. **23 …** Ein anderer Weg ist, dass Gewerkschaften weniger Arbeit für ganze Branchen vereinbaren. Idealerweise klopfen sie dabei mit den Firmen ab, wie sich die Arbeitszeit reduzieren lässt, ohne Jobs zu vernichten, und die Beschäftigten sogar einen Teil des wegfallenden Lohns bekommen. So hat die IG Metall im Tarifvertrag des letzten Jahres eine Vier-Tage-Woche als Option für Betriebe durchgesetzt.
Heute ist aber nur noch jeder zweite Beschäftigte von einem Tarifvertrag erfasst. Damit es mehr Vier-Tage-Wochen gibt, müsste der Staat Tarifverträge fördern – und Arbeitszeitmodelle unterstützen. Und es müssten wohl mehr Beschäftigte einer Gewerkschaft beitreten. Jeder Verein ist nur so mächtig wie seine Mitgliederzahl.

Beispiel:

0 Das ist durchaus möglich.

a Dadurch ließe sich die Arbeitszeit aller Beschäftigen verringern.

b Darin drückt sich eine tiefe Sehnsucht aus, Beruf und Leben besser zu vereinbaren.

c Das dürfte viele Arbeitnehmerinnen und Arbeitnehmer noch mehr schlauchen.

d Solange diese Tätigkeiten weiter oft schlechter bezahlt und mit beruflichen Nachteilen verbunden sind, werden aber viele Arbeitnehmerinnen und Arbeitnehmer zögern.

e In vielen Branchen ist das heute schon Standard.

f Seither konnten Gewerkschaften die Arbeitszeit für viele Branchen weiter reduzieren.

g So nehmen die Anforderungen zu.

h Das belgische Modell nutzt aber nur eingeschränkt.

i Und bei jüngeren Beschäftigten hat sich die Einstellung verändert.

j Das gilt auch dafür, dass sie für weniger Stunden nicht genauso viel Lohn zahlen wollen.

Die Prüfungsaufgabe Schritt für Schritt lösen

- **Vor dem Lesen**: Lesen Sie zuerst die Überschrift und die Unterzeile. Um welches Problem geht es in diesem Text? Welche Standpunkte gibt es zu diesem Problem?
- **Beim ersten Lesen**: Überfliegen Sie den Text. Welcher Standpunkt wird vertreten?
- Lesen Sie die zehn Sätze und markieren Sie Schlüsselwörter, die Hinweise auf den Inhalt geben. Markieren Sie – wenn vorhanden – auch Verbindungsadverbien und Verweiswörter.
- **Beim zweiten Lesen**: Lesen Sie den Text abschnittweise. Worum geht es in dem jeweiligen Abschnitt? Was sind die Hauptaussagen?
- Lesen Sie auch die Passagen, in denen sich keine Lücke befindet. Hier können Aussagen stehen, die Ihnen das Auffinden des passenden Satzes erleichtert.
- Lesen Sie die Sätze **vor** und **nach der Lücke** besonders genau und achten Sie auch auf Synonyme und Umschreibungen.
- Wählen Sie dann den passenden Satz.
- Überprüfen Sie zum Schluss, wenn Sie noch Zeit haben, ob die von Ihnen nicht zugeordneten Sätze wirklich nicht passen. Das geht in der Regel schnell, weil Sie den Textinhalt jetzt schon gut verstanden haben.

Zur Lösung der Aufgaben brauchen Sie nicht jedes Wort im Text zu verstehen. Es ist aber wichtig, dass Sie die Hauptaussagen eines Abschnitts erfassen.

Wenn Sie für eine Lücke nicht sofort den passenden Satz finden, lesen Sie weiter und ergänzen Sie die folgenden Lücken. Wenn am Ende nur noch drei Sätze übrig sind, fällt es Ihnen leichter, die fehlende Lücke zu ergänzen.

- In der Prüfung werden nur die Lösungen auf dem Antwortbogen bewertet. Wenn Sie Ihre Lösungen zunächst auf dem Aufgabenblatt markieren, dürfen Sie nicht vergessen, sie auf den Antwortbogen zu übertragen. Für Lesen Teil 3 können Sie Ihre Lösungen jetzt hier markieren:

Teil 3

	a	b	c	d	e	f	g	h	i	j
16	☐	☐	☐	☐	☐	☐	☐	☐	☐	☐
17	☐	☐	☐	☐	☐	☐	☐	☐	☐	☐
18	☐	☐	☐	☐	☐	☐	☐	☐	☐	☐
19	☐	☐	☐	☐	☐	☐	☐	☐	☐	☐
20	☐	☐	☐	☐	☐	☐	☐	☐	☐	☐
21	☐	☐	☐	☐	☐	☐	☐	☐	☐	☐
22	☐	☐	☐	☐	☐	☐	☐	☐	☐	☐
23	☐	☐	☐	☐	☐	☐	☐	☐	☐	☐

Die Lösung verstehen

Lücke 16

➔ Welche Informationen stehen vor der Lücke?
In Belgien wird die Zahl der Arbeitstage von fünf auf vier reduziert. Auch in Deutschland würden die Menschen gerne an weniger Tagen arbeiten.
➔ Welche Informationen stehen nach der Lücke?
Die Autorin oder der Autor äußert den Wunsch, dass das auch in Deutschland geschieht.
Satz b passt: Hier wird der Grund genannt, warum Menschen die Zahl der Arbeitstage reduzieren wollen. Sie wollen Beruf und Privatleben besser vereinbaren. Beachten Sie: Es geht an dieser Stelle um die Zahl der Wochenarbeitstage, nicht um die wöchentliche Arbeitszeit.

Lücke 17

➔ Welche Informationen stehen vor der Lücke?
In der modernen Arbeitswelt nehmen Arbeitsbelastung und Stress zu. Der Leistungsdruck steigt, weil die Leistung gemessen werden kann.
➔ Welche Informationen stehen nach der Lücke?
Berufstätige sind dank der Technik ständig erreichbar.
Satz g passt: Die Arbeitswelt verändert sich. Als Folge wird von Berufstätigen mehr verlangt als früher. Die Anforderungen nehmen also zu.

Lücke 18

➔ Welche Informationen stehen vor der Lücke?
Es ist schwierig, Beruf und familiäre Verpflichtungen miteinander zu vereinbaren.
➔ Welche Informationen stehen nach der Lücke?
Anders als früher ist der Beruf nicht mehr das Wichtigste im Leben.
Satz i passt: Mit „sie" sind die jüngeren Beschäftigten gemeint. Sie haben eine andere Einstellung zur Arbeit. Das ist ein weiterer Grund für den Wunsch nach veränderten Arbeitszeiten. Der Ausdruck „frühere Generationen" verweist darauf, dass es im Satz vorher um die heutige (jüngere) Generation geht.

Lücke 19

➔ Welche Informationen stehen vor der Lücke?
Die Reduzierung der Arbeitstage ist sinnvoll.
➔ Welche Informationen stehen nach der Lücke?
Die Reduzierung der Arbeitstage erlaubt Flexibilität, Berufstätige können sich um Familienangehörige kümmern und haben einen Tag mehr zum Ausspannen. Der Nachteil ist aber, dass man in Belgien täglich zehn statt acht Stunden arbeiten muss.
Satz h passt: Der Grund, warum das belgische System nicht nur Vorteile hat, wird durch Satz h eingeleitet.

Lücke 20

➔ Welche Informationen stehen vor der Lücke?
Das belgische System führt dazu, dass man zehn statt acht Stunden täglich arbeiten muss.
➔ Welche Informationen stehen nach der Lücke?
Kindertagesstätten (Kitas) schließen in der Regel vor Ende der Arbeitszeit der Eltern. Berufstätige Eltern, die länger arbeiten, haben demnach Schwierigkeiten bei der Kinderbetreuung.
Satz c passt: Durch die Mehrarbeit sind Berufstätige vermutlich noch erschöpfter als vorher.

Lücke 21

➔ Welche Informationen stehen vor der Lücke?

Die 4-Tage-Woche ist sinnvoll, wenn auch die tägliche Arbeits*zeit* verringert würde. Früher arbeiteten die Menschen zehn bis zwölf Stunden pro Tag. Dann wurde die tägliche Arbeitszeit auf acht Stunden reduziert.

➔ Welche Informationen stehen nach der Lücke?

In Zukunft wird man vermutlich noch weniger arbeiten.

Satz f passt: Hier geht es um die Reduzierung der Arbeitszeit im Laufe der Geschichte.

Lücke 22

➔ Welche Informationen stehen vor der Lücke?

Die Umsetzung der Vier-Tage-Woche ist schwierig, denn die Firmen müssen konkurrenzfähig bleiben.

➔ Welche Informationen stehen nach der Lücke?

Es gibt nicht genug Fachkräfte.

Satz j passt: Um konkurrenzfähig zu bleiben, können Firmen nicht den gleichen Lohn zahlen, wenn weniger gearbeitet wird.

Lücke 23

➔ Welche Informationen stehen vor der Lücke?

Es geht um die Frage, wie man die Arbeitszeit verringern kann. Eine Möglichkeit ist Teilzeitarbeit.

➔ Welche Informationen stehen nach der Lücke?

Es wird eine Alternative zur Teilzeitarbeit genannt. Die Gewerkschaften sollten zusammen mit den Firmen neue Arbeitszeiten vereinbaren, ohne dass Arbeitsplätze vernichtet werden.

Satz d passt: „Diese Tätigkeiten" bezieht sich auf „Teilzeitarbeit". Hier wird erklärt, welche Nachteile Teilzeitarbeit hat.

Anmerkung:

Satz a passt nicht, weil nicht *alle* Beschäftigten in Teilzeit arbeiten möchten.

Satz e passt nicht, weil dieses Arbeitszeitmodell in Belgien gerade erst eingeführt wird, in Deutschland aber noch nicht verbreitet ist.

Modul Lesen, Teil 4

Beschreibung dieses Prüfungsteils

Was für eine Textsorte lesen Sie?	Sie lesen in einer Fachzeitschrift drei Beiträge von Expertinnen und Experten zu Themen aus Gesellschaft und Wissenschaft.
Was ist Ihre Aufgabe?	Dazu gibt es sieben Aussagen. Fünf davon müssen Sie den drei Texten zuordnen. Zwei Aussagen passen nicht.
Wie lesen Sie?	Bei diesem Prüfungsteil geht es um ein detailliertes Textverständnis. Sie sollen den Texten die Informationen entnehmen, die den sieben Aussagen entsprechen.
Was müssen Sie tun, um diesen Prüfungsteil zu lösen?	Sie müssen sieben Aussagen in den Texten suchen, erkennen und zuordnen. Pro Text passen mindestens eine, maximal drei Aussagen. Für zwei Aussagen gibt es keine Textentsprechung. Das Beispiel bezieht sich immer auf den Anfang von Text a.
Wie lange dauert dieser Prüfungsteil?	Sie sollten etwa 15 Minuten für die Bearbeitung verwenden. Die Textlänge der einzelnen Beiträge beträgt circa 140 Wörter, insgesamt etwa 430 Wörter.
Wie wird dieser Prüfungsteil bewertet?	Für jede richtige Antwort erhalten Sie einen Punkt, insgesamt also 7 Punkte.

Bei diesem Prüfungsteil müssen Sie entscheiden, welche Aussage zu welcher Expertin / welchem Experten passt.

- Hierfür müssen Sie die drei Texte sehr genau lesen und erkennen, wann eine Aussage mit dem Inhalt eines Textes übereinstimmt. Die Schwierigkeit ist hier, dass die Inhalte aus den drei Texten nicht wörtlich wiedergegeben werden, sondern durch Paraphrasen oder Synonyme.
- Zwei Aussagen können keinem der Texte zugeordnet werden. Hier müssen Sie erkennen, welche Inhalte sich in keinem der drei Texte wiederfinden.

Synonyme bestimmen

1 **Welche Ausdrücke haben die gleiche oder eine sehr ähnliche Bedeutung? Ersetzen Sie die unterstrichenen Wörter durch geeignete Synonyme.**

abwandeln | ~~sich angegriffen fühlen von~~ | übertreten | einbrechen | empfindlich | Auswirkungen haben | herabsetzen | unkalkulierbar | lenken | Plan | einräumen | Ausdehnung

1 Im Zuge des Klimawandels sehen sich Bewohnerinnen und Bewohner in Küsten- und Ufernähe von Flüssen zunehmend gravierenden Überschwemmungen ausgesetzt.

Im Zuge des Klimawandels fühlen sich Bewohnerinnen und Bewohner in Küsten- und Ufernähe von Flüssen zunehmend von gravierenden Überschwemmungen angegriffen.

2 Allerdings scheint der Bau weiterer Dämme und Kanäle in diesem Fall eher kontraproduktiv, da dadurch der Gewässerverlauf zu stark verändert wird.

3 Diese Maßnahmen sind nicht nur zu teuer, sondern sie sind auch nicht anpassungsfähig an Schnelligkeit und Ausmaß der durch den Klimawandel hervorgerufenen und unberechenbar gewordenen Flutungen.

4 So ist mittlerweile ein neues Konzept im Hochwasserschutz, so paradox es klingen mag, das Zulassen einer gesteuerten Überflutung.

5 Das bedeutet, dass den Flüssen in ihrem Verlauf wieder bestimmte Überschwemmungsbereiche zugestanden werden.

6 Diese Pufferzonen können dann bei Hochwasser im oberen Verlauf eines Flusses verhindern, dass der Wasserstand die kritische Marke überschreitet und diese sensiblen Bereiche unter Wasser setzt.

7 Diese Maßnahmen zeitigen gleich mehrere positive Folgen: zum einen wird das Hochwasserrisiko verringert, die Umwelt kann sich in den Niederungen erholen und zum anderen wird die Bevölkerung von den Wassermassen, die sonst da eindringen, wo sie nicht sollen, verschont.

2 **Schreiben Sie die Sätze mithilfe der in Klammern vorgegebenen Wörter um. Achten Sie auf die Satzstruktur.**

1 Es braucht neue Konzepte für einen besseren Schutz gegen Hochwasser.
(man / benötigen / um … zu)

Man benötigt neue Konzepte, um …

2 Ein „Weiter so" kann bedrohte Regionen in Zukunft nicht mehr ausreichend schützen.
(Schutz / bieten / genügend)

3 Umwelt und Anrainer profitieren gleichermaßen von den Maßnahmen zur Renaturierung von Flüssen. (beide / Nutzen / haben)

4 Starre Konzepte sind hinderlich für einen gelungenen, zukünftigen Katastrophenschutz.
(behindern / Zukunft)

Paraphrasieren

3 Haben die Sätze a und b jeweils die gleiche Bedeutung? Kreuzen Sie an. Wenn nicht, markieren Sie die Unterschiede.

			gleich
1	a	Für die Zunahme der Überschwemmungen in den Fluss- und Küstenregionen ist im Wesentlichen der Klimawandel verantwortlich.	☐
	b	Man geht davon aus, dass der Mensch verantwortlich ist für die Änderung der klimatischen Bedingungen in küstennahen Gebieten und an Flussläufen.	
2	a	Der weitere Ausbau von Deichen und Dämmen zum Schutz vor Hochwasser gilt als veraltete und starre Maßnahme.	☐
	b	Schutzdämme zu errichten, um Hochwasser fernzuhalten, ist ein überholtes Konzept.	
3	a	Der Hochwasserschutz beschreitet in den letzten Jahren neue Wege zur Sicherung besonders betroffener Gebiete.	☐
	b	Um besonders vom Hochwasser bedrohte Landschaftsstriche zu schützen, werden seit Neustem eine ganze Reihe innovativer Maßnahmen ergriffen.	
4	a	Eine Maßnahme zur Eindämmung von Überschwemmungen ist die Renaturierung der Flussläufe, zurück in ihr altes Bett.	☐
	b	Es wird versucht, Überflutungen einzudämmen, indem Flüsse wieder ihrem naturgegebenen Verlauf zurückgeführt werden.	
5	a	Von dem neuen Konzept des Hochwasserschutzes profitieren nicht nur die Landschaften in der Nähe von Flüssen und Küsten, sondern auch die Bewohnerinnen und Bewohner in den angrenzenden Stadtbereichen.	☐
	b	Zeitgemäßer Hochwasserschutz bedeutet nicht nur Schutz von fluss- und küstennahen Regionen, sondern auch Schutz der Bevölkerung in den grenznahen Metropolen.	

4 Lesen Sie die folgenden Sätze 1 bis 6. Zu jedem Satz gibt es zwei Varianten a und b. Nur eine davon paraphrasiert den Ausgangssatz. Kreuzen Sie an.

1 Die Haltung von Tieren erfordert große Flächen an Weideland und zudem Ackerflächen für den Anbau von deren Futter.

- a Die Haltung von Tieren verschlingt große Flächen für die Nutzung als Weide und Acker für Futteranbau.
- b Für die Nutzung von Tieren schafft man ausreichende Flächen zum Weiden und den Anbau von Futter.

2 Für die Ausdehnung dieser Nutzflächen werden häufig Wälder gerodet und dadurch die klimaschädlichen Auswirkungen verstärkt.

- a Zugunsten von Wäldern und Nutzflächen werden das Klima schädigende Auswirkungen in Kauf genommen.
- b Die Ausweitung von Nutzflächen lässt zunehmend Wälder verschwinden und intensiviert so die negativen, klimatischen Folgeerscheinungen.

3 Zusätzlich zu den von den Tieren erzeugten Treibhausgasen fehlen der Umwelt die abgeholzten Bäume als Kohlenstoffbinder.

a Dadurch, dass die Tiere Treibhausgase produzieren, fehlen den gerodeten Bäumen Kohlenstoffe für die Umwelt.
b Sowohl die Emissionen der Tiere als auch das Fehlen der Bäume belasten die Umwelt.

4 Etwa ein Drittel der Emissionen der klimaschädlichen Treibhausgase geht so auf die Herstellung von Nahrungsmitteln zurück.

a Für nahezu 30 % der klimaschädigenden Emissionen ist die Produktion von Lebensmitteln verantwortlich.
b Durch die Herstellung von Nahrungsmitteln geht ein Drittel der klimaschädlichen Emissionen und Treibhausgase verloren.

5 Die Suche nach Alternativen zum Konsum von Fleisch ist daher nur folgerichtig und notwendig.

a Es wird folglich versucht, den Fleischkonsum notwendig zu machen.
b Eine Forschung nach Ersatz für den Konsum von Fleisch ist folglich notwendig.

6 Mittlerweile sind in einigen Ländern Lebensmittel, die aus einer nährstoff- und proteinreichen Biomasse hergestellt wurden, auf dem Markt.

a Nahrungsmittel aus nahrhaftem, mikrobiellem Protein werden bereits in einigen Ländern verkauft.
b Einige Länder stellen schon nährstoff- und proteinreiche Lebensmittel aus Biomasse her.

5 **Schreiben Sie die folgenden Sätze um. Die Bedeutung bleibt dabei gleich.**

1 Die mikrobielle Masse wird aus Pilzkulturen, die fermentiert wurden, erzeugt.

Zur Erzeugung ...... mikrobieller Masse ...... werden
...... fermentiert.

2 Sollte dieses mikrobielle Protein ein grundlegender Teil unserer Ernährung werden, so würden sich schon innerhalb der kommenden Jahrzehnte die Entwaldung und die damit verbundenen CO_2-Emissionen halbieren.

Bei einer Ernährung, deren grundlegender Teil ...... ist,
würden schon ...... die
Entwaldung und ....
um die Hälfte ....

3 Die Produktion des mikrobiellen Proteins benötigt deutlich weniger landwirtschaftliche Fläche, weil ihre Pilzzellen in beheizten Bioreaktoren wachsen und nur Zucker als Basis brauchen.

Aufgrund der Herstellung des mikrobiellen Proteins aus Pilzzellen, die ......
......, wird deutlich
...... benötigt.

Hauptaussagen identifizieren

6a Lesen Sie die Aussagen a bis f und unterstreichen Sie die Schlüsselwörter.

a Samen sollten nicht in heller oder feuchter Umgebung gelagert werden.

b Aus vielen Resten von Früchten und Gemüsen lassen sich neue Pflanzen ziehen.

c Eine einfache Methode zur Pflanzenvermehrung ist das Teilen.

d Im Frühjahr werden die gezogenen Keimlinge in die Erde gesetzt.

e Keimen funktioniert nur in wirklich frischem Wasser.

f Durch dieses Verfahren wird der Abfall reduziert.

6b Lesen Sie die beiden Texte und unterstreichen Sie die wichtigsten Informationen.

Text 1

Auch im eigenen Garten ist Nachhaltigkeit angesagt und der Trend geht dahin, Samen aus Pflanzen zu sammeln oder die Pflanzen auf anderem Wege zu vermehren. Das schont nicht nur die Umwelt, weil nicht im groß angelegten Stil neue Pflanzen ausgesät und gezogen werden müssen, sondern auch den eigenen Geldbeutel. Die Vermehrung der anständigen Pflanzen im heimischen Garten ist besonders bei Stauden und Gräsern einfach: Sie lassen sich entweder per Hand oder Spaten teilen und Hobbygärtner*innen erhalten so neue Sprösslinge seiner Pflanzen. Zusätzlich zum Besitz einer neuen Pflanze wird erreicht, dass die bestehende Ausgangspflanze sich durch diese Kur verjüngt und wieder kräftiger wächst oder blüht. Die zweite Möglichkeit ist das Sammeln von Samen aus den Blüten, die dann in kleinen, braunen Tütchen an einem dunklen und trockenen Platz überwintern und im Frühjahr frisch ausgesät werden können, Dieses einfache Verfahren funktioniert auch bei Gemüsesorten wie Paprika, Zucchini, Kürbis und vielen anderen mehr.

Text 2

Recycling auch bei Gemüseresten, keine Abfälle mehr in die Biotonne? Das ist möglich? Lassen sich tatsächlich aus Resten unterschiedlicher Gemüsesorten neue, frische Pflanzen ziehen? Tatsächlich ist das möglich und denkbar einfach: Man nimmt einfach den unteren Teil des Gemüsestamms, den man sonst entsorgen würde, und stellt ihn in ein Glas mit frischem Wasser. Regelmäßiges Wechseln des Wassers ist allerdings eine notwendige Bedingung für den Erfolg. Wenn der Gemüserest keimt, zeigen sich kleine, weiße Wurzeln am unteren Ende. Dann kann der Keimling in ein Beet gesetzt werden und wachsen. Diese Vorgehensweise funktioniert hervorragend bei Lauchzwiebeln, Stangensellerie und Salat, aber auch bei Obstsorten mit Kern. Auf diese Weise können Sie als Verbraucher nicht nur richtig Geld sparen, Sie haben zudem noch den Spaß, Ihre Pflanzen wachsen zu sehen und frisches Gemüse oder Obst auf Ihrem Teller vorzufinden. Und nebenbei vermeiden Sie auch noch Abfall. Ein Gewinn auf der ganzen Linie.

6c Ordnen Sie die Aussagen aus 6a den Texten 1 und 2 zu.

Text 1: a, ...

Text 2: ....

7 **Welche Aussage ist richtig? Lesen Sie den Text und kreuzen Sie die richtigen Aussagen an.**

Recyceln ist out, Upcyceln ist in. Erstaunlich, wie schnell sich Sichtweisen und Methoden in Bezug auf Umweltschutz heutzutage ändern bzw. weiterentwickeln. Abfall wird ab jetzt also nicht mehr nur in billige Gartenmöbel, Straßenbelag oder andere minderwertige Objekte umgewandelt, sondern direkt für die Herstellung von Markenartikeln verwendet und damit aufgewertet. Früher nannte man diesen Prozess Verwertung und er war reserviert für Tüftler und Heimwerker, die alte, kaputte und ausrangierte Alltagsgegenstände reparierten oder einer neuen Nutzung zuführten. Heute nehmen bereits einige namhafte Industriezweige und Hersteller diesen anfallenden Müll zurück und stellen aus ihm zum Beispiel hochwertige, luxuriöse Möbel, exklusive Mode oder andere schicke Produkte her. Produkte, die dem Ursprungsprodukt überlegen sind. Es lohnt sich offensichtlich. Auch für Lebensmittel gilt dies, so können zum Beispiel auf der Basis von Bioabfall teure, essbare Pilze gezüchtet werden. Kein Material soll mehr verloren gehen. Alles ist wertvoll und lässt sich noch wertvoller gestalten.

a Upcyclen heißt ein neuer Trend im Zusammenhang mit umweltschützenden Maßnahmen.
b Seit Neuestem werden Abfallprodukte nicht nur wieder verwertet, sondern in ihrer Nutzung aufgewertet.
c Die meisten Industrien und Handwerksbetriebe nutzen Upcycling schon als Geschäftsmodell.
d Auch das Pilzezüchten ist eine neue Variante des Upcyclings und dient der Abfallwirtschaft.
e Die Idee hinter dem Upcycling ist das Schonen von Ressourcen und das Vermeiden von Abfall.

Negative Aussagen identifizieren

8 **Unterstreichen Sie die Negationen in den Aussagen. Welche Aussage ist dem Inhalt nach dennoch positiv zu bewerten, welche negativ? Markieren Sie mit + (positiv) bzw. mit - (negativ).**

1 Diese einfache Methode der Pflanzenvermehrung belastet Ihren Geldbeutel nicht. ☐
2 Recycelte Objekte waren oft nicht so konkurrenzfähig zu ihren neuen Varianten. ☐
3 Aus Abfallprodukten werden nicht mehr minderwertige, sondern sehr hochwertige Objekte hergestellt. ☐
4 Nicht alle Produkte lassen sich bisher recyceln oder upcyceln. ☐
5 Durch Upcyceln soll in Zukunft kein Material mehr verloren gehen. ☐

Die Prüfungsaufgabe kennenlernen

- Für das Lesen Teil 4 werden 15 Minuten Bearbeitungszeit empfohlen.
- Sie lesen drei kurze Beiträge aus der Wissenschaft.
- Zu den Texten bekommen Sie sieben Aussagen, von denen nur fünf zu den Texten passen.
- Sie müssen bei jeder Aussage entscheiden, ob sie zu einem der Texte passt oder nicht, und sie entsprechend zuordnen.
- Die Items folgen den Texten nicht chronologisch.

Teil 4 vorgeschlagene Arbeitszeit: 15 Minuten

Sie lesen in einer Fachzeitschrift Beiträge von Wissenschaftlerinnen und Wissenschaftlern.
Wählen Sie bei jeder Aussage: Wer äußert das? Zwei Aussagen passen nicht.
Wählen Sie in diesem Fall 0.

Beispiel:

0 Für Roboter braucht ein Arbeitgeber nur einmal Geld auszugeben **Lösung: a**

24 Androide Roboter können bestimmte Leerstellen auf dem Arbeitsmarkt füllen.

25 Androide Roboter sind nahezu überall in der Gesellschaft vorstellbar.

26 Androide Roboter können den Menschen vielleicht einmal körperlich bedrohen.

27 Androide Roboter, die bestimmte Tanzschritte vollführten, gab es auch schon vor ein paar Jahren.

28 Indem sie ihnen Arbeitsplätze wegnehmen, gefährden androide Roboter die Menschen.

29 Die Menschen werden sich an androide Roboter in ihrem alltäglichen Leben gewöhnen.

30 Die androiden Roboter sind mit ihrer Entwicklung immer kleiner geworden.

Teil 4

DIE ZUKUNFT IST ANGEKOMMEN

Humanoide Robotik in unserem Alltag

a Juliane Geldermann, Politikwissenschaftlerin
Es ist doch wunderbar in der Arbeitswelt bei der täglichen Routine Hilfe zu bekommen, die sich um immer wiederkehrende, langweilige, teils nervige Prozesse kümmert. Es braucht nur eine einmalige Investition, keinen teuren Arbeitsplatz und Personalmangel kann so auch behoben werden. Androide Roboter sind dann z. B. in Behörden im Einsatz, um Kundinnen und Kunden zu informieren und zu lenken, so dass sie z. B. zuerst eine Nummer ziehen, in einem Wartebereich auf ihren Aufruf warten, dann die Wege zu den Dienstzimmern finden. Zusätzlich beschäftigt sich der Roboter mit den Kindern der Wartenden und verkürzt ihnen spielend die Wartezeit. Natürlich ist der Umgang mit so einem menschenähnlichen Roboter zunächst ein bisschen Science-Fiction, aber mit der Zeit werden diese sprechenden, beweglichen Maschinen für uns genauso normal sein wie die Automaten im Zahlungsverkehr, bei der Ticketausgabe oder beim Einchecken am Flughafen.

b David Scheller, Dozent für Soziologie
Roboter sind aus unserer Produktion und Fertigung in industriellen Prozessen nicht wegzudenken. Sie erledigen komplizierte, komplexe, sogar gefährliche Aufgaben und entlasten den Menschen. Sie sind als Maschinen erkennbar. Anders verhält es sich mit den androiden Robotern, diesen den Menschen ähnlichen Maschinenwesen, die in den 2000ern das erste Mal in unserer Gesellschaft aufgetaucht sind und sich seither auf dem Vormarsch befinden. Sie hören auf Namen, auch dies ein Zeichen ihrer Ähnlichkeit mit Menschen, die dazu führen kann, dass wir diese wie selbige behandeln und fehlinterpretieren. Androide Roboter erobern gerade soziale Bereiche wie Pflege, Verkauf, auch das Bankenwesen. So sehr sie auch unsere Welt erleichtern, so darf keinesfalls außer Acht gelassen werden, dass von der künstlichen Intelligenz der neuen Generationen dieser Roboter auch die Gefahr ausgehen kann, dass sie sensible, gespeicherte Daten missbrauchen können. Eines nicht so fernen Tages werden sie uns vielleicht sogar physisch gefährlich.

c Cem Teszli, Professor für Informatik
Die Technologie der Robotik ist äußerst spannend und voller Möglichkeiten. Faktisch ist der Einsatz von androiden Robotern in so ziemlich allen Bereichen des menschlichen Lebens möglich. So können sie mittlerweile ihre visuelle Umweltwahrnehmung mit dem Tastsinn kombinieren. Zudem besitzen sie die Fähigkeit zu lernen, auf bestimmte Herausforderungen spontan und sinnvoll zu reagieren. Möglich ist dies durch ein neues Steuerungssystem, das auf einem neuronalen Netzwerk basiert. Es kombiniert zum Beispiel Informationen des Kamerasystems mit denjenigen der Sensoren in den Beinen. Sie sind also lern- und anpassungsfähig. Die Entwicklung schreitet tatsächlich rasant voran. Noch vor ein paar Jahren war unser androider Versuchsroboter ein circa zwei Meter großer Geselle, über 700 kg schwer mit einem Bewegungsablauf, der an den Electro Dance der späten Neunziger erinnerte, sprechen konnte er nicht. Heutzutage passen Prozessor, Akku und Bewegungskameras in eine etwa 120 cm große Figur, die sich geschmeidig bewegt, den Kopf drehen und sprachlich adäquat reagieren kann.

Die Prüfungsaufgabe Schritt für Schritt lösen

1 Lesen Sie die Aussagen und markieren Sie die Schlüsselwörter.

- Lesen Sie das **Beispiel**. Es weist auf den Zusammenhang von Aussage und korrekter Textstelle hin.
- Falls Sie einzelne Wörter in einer Aussage nicht genau verstehen, dann versuchen Sie diese aus dem Kontext zu erschließen. Wenn Ihnen das nicht möglich ist, gehen Sie zügig weiter zur nächsten Aussage. Es ist wichtig, dass Sie während Ihrer Vorbereitungszeit alle Items lesen und markieren.

2 Lesen Sie jetzt die Texte und markieren Sie dabei die passenden Textstellen.

- Konzentrieren Sie sich beim Lesen auf die **Schlüsselwörter**, die Sie in den Aussagen markiert haben. Achten Sie auf **Synonyme** und **Umschreibungen**.
- Der **Inhalt** der Texte behandelt das gleiche **Thema** unter jeweils anderen Aspekten. Versuchen Sie bereits aus den Items zu **erschließen**, um welchen Aspekt es sich handeln könnte. Aktivieren Sie dabei gegebenenfalls Ihr **Vorwissen** zum Thema und den entsprechenden **Wortschatz**.
- Denken Sie daran: Aussagen, die einem der drei Texte zugeordnet werden können, enthalten im Allgemeinen eine Paraphrasierung der Information. Aussagen, die keinem der drei Texte zugeordnet werden können, enthalten eine Information, die in den Texten nicht vorkommt.
- Falls Sie manche Wörter in den Texten nicht verstehen, versuchen Sie diese durch den Kontext zu erschließen. Ansonsten gehen Sie weiter. Beantworten Sie alle Aufgaben.
- In der Prüfung werden nur die Lösungen auf dem Antwortbogen bewertet. Wenn Sie Ihre Lösungen zunächst auf dem Aufgabenblatt markieren, dürfen Sie nicht vergessen, sie auf den Antwortbogen zu übertragen. Für Lesen Teil 4 können Sie Ihre Lösungen jetzt hier markieren:

Teil 4

	a	b	c	0
24	☐	☐	☐	☐
25	☐	☐	☐	☐
26	☐	☐	☐	☐
27	☐	☐	☐	☐
28	☐	☐	☐	☐
29	☐	☐	☐	☐
30	☐	☐	☐	☐

Die Lösung verstehen

Aufgabe 24
Die Schlüsselwörter sind: „füllen", „bestimmte Leerstellen", „Arbeitsmarkt"
In den Texten steht dazu:
Es braucht nur eine einmalige Investition, keinen teuren Arbeitsplatz und Personalmangel kann so auch behoben werden.
Sie erledigen komplizierte, komplexe, sogar gefährliche Aufgaben und entlasten den Menschen.
Weder Text b noch c weisen Entsprechungen oder Umschreibungen zu den Begriffen „bestimmte Leerstellen" und „Arbeitsmarkt" auf. In Text b wird nur von der Art ihrer Arbeiten gesprochen, nicht aber von Stellen. Sie entfallen somit.
In Text a wird durch die Wörter „Personalmangel" und „Arbeitsplatz" ein Kontext zu Stellen und Markt hergestellt und gesagt, dass Roboter bei immer wiederkehrenden, langweiligen, teils nervigen Prozessen in der Arbeitswelt helfen können. Text a ist deshalb die richtige Antwort.

Aufgabe 25
Die Schlüsselwörter sind: „nahezu überall", „Gesellschaft", „vorstellbar"
In den Texten steht dazu:
… diesen den Menschen ähnlichen Maschinenwesen, die in den 2000ern das erste Mal in unserer Gesellschaft aufgetaucht sind und sich seither auf dem Vormarsch befinden
Faktisch ist der Einsatz von androiden Robotern in fast allen Bereichen des menschlichen Lebens denkbar.
Text a sagt nichts zu Robotern in irgendwelchen gesellschaftlichen Bereichen und entfällt von Vornherein. In Text b taucht zwar der Begriff „Gesellschaft" und eine Umschreibung für Roboter als „diesen den Menschen ähnlichen Maschinenwesen" auf, aber lediglich im Zusammenhang mit ihrem Erscheinen allgemein, es fehlt der Zusatz, wo genau sie eingesetzt wurden und ob überhaupt schon. Text b ist also auch nicht die richtige Option. In Text c steht, dass es denkbar ist, den Roboter in allen Bereichen der Gesellschaft, sprich, des gesamten menschlichen Lebens einzusetzen. „Denkbar" ist ein Synonym für „vorstellbar" und „nahezu überall" wird durch „in fast allen Bereichen" umschrieben. Text c ist daher richtig.

Aufgabe 26
Die Schlüsselwörter sind: „Roboter", „Menschen", „körperlich", „bedrohen"
In den Texten steht dazu:
Natürlich ist der Umgang mit so einem menschenähnlichen Roboter zunächst ein bisschen Science-Fiction
Eines nicht so fernen Tages werden sie uns vielleicht sogar physisch gefährlich.
… eine etwa 120 cm große Figur, die sich geschmeidig bewegt, den Kopf drehen und sprachlich adäquat reagieren kann.
In Text a kann der Begriff mit Science-Fiction zunächst vielleicht eine bedrohliche Assoziation hervorrufen, die aber nachfolgend entkräftet wird. Text a ist also nicht die richtige Option. Text c spricht lediglich von einer sich bewegenden und sprechenden Figur, die reagieren kann; auch hier gibt es keine bedrohliche Komponente. Text b dagegen spricht konkret von einer möglichen, körperlichen, also „physischen" Gefahr. Text b ist damit die richtige Lösung.

Aufgabe 27
Die Schlüsselwörter sind: „Roboter", „Tanzschritte", „gab es ", „vor ein paar Jahren"
In den Texten steht dazu:
… aber mit der Zeit werden diese sprechenden, beweglichen Maschinen für uns genauso normal sein wie die Automaten …
… eine etwa 120 cm große Figur, die sich geschmeidig bewegt, den Kopf drehen und sprachlich adäquat reagieren kann.
… mit einem Bewegungsablauf, der an den Electro Dance der späten Neunziger erinnerte

In allen drei Texten wird über die Fähigkeit des Roboters zur Bewegung gesprochen, in Text c wird sogar ein Vergleich der Art der Bewegung zum „Electro Dance“ aus den neunziger Jahren hergestellt. Aber in keinem Text wird tatsächlich vom Tanz eines Roboters berichtet oder von seiner Fähigkeit, bestimmte Tanzschritte auszuführen. Zu Item 27 gibt es also keine Lösung und ist mit 0 zu kennzeichnen.

Aufgabe 28
Die Schlüsselwörter sind: „Arbeitsplätze“, „wegnehmen“, „gefährden“, „Menschen“
In den Texten steht dazu:
Es braucht nur eine einmalige Investition, keinen teuren Arbeitsplatz und Personalmangel kann so auch behoben werden
... dass von der künstlichen Intelligenz der neuen Generationen dieser Roboter auch die Gefahr ausgehen kann, dass sie sensible, gespeicherte Daten missbrauchen können
In Text a kommt zum Ausdruck, dass ein Arbeitskräftemangel im Bereich von Routinearbeiten durch Roboter behoben werden kann. Das heißt aber, dass Arbeitsplätze an sich nicht betroffen sind. Text a deckt diese Aussage also nicht ab. Sowohl in Text b als auch in Text c sind die Aussagen hinsichtlich einer Anwendung von Robotern zu allgemein. Keiner der Texte enthält eine die Aussage, welche die Bedrohung von Arbeitsplätzen seitens der Roboter widerspiegelt. Keine Option ist hier richtig. Item 28 ist mit 0 zu kennzeichnen.

Aufgabe 29
Die Schlüsselwörter sind: „Menschen“, „werden sich gewöhnen“, „androide Roboter“, „alltäglichem Leben“
In den Texten steht dazu:
... aber mit der Zeit werden diese sprechenden, beweglichen Maschinen für uns genauso normal sein wie die Automaten im Zahlungsverkehr ...
Sie hören auf Namen, auch dies ein Zeichen ihrer Ähnlichkeit mit Menschen, die dazu führen kann, dass wir diese wie selbige behandeln und fehlinterpretieren.
Text c entfällt bei dieser Betrachtung insgesamt, da hier nur von den Robotern selbst und ihren Fähigkeiten, ihrem Aussehen gesprochen wird, nicht aber von einer Beziehung zu den Menschen.
Text b spricht zwar von der Ähnlichkeit der Roboter mit Menschen, sagt aber nichts dazu, ob die Menschen sich an sie gewöhnen werden. Diese Aussage kommt in Text a vor, durch die Aussage, dass sie (die Roboter) für uns Menschen bald so selbstverständlich sein werden wie die Automaten, die es zum Beispiel im Zahlungsverkehr bereits gibt. Text a ist also die richtige Lösung.

Aufgabe 30
Die Schlüsselwörter sind: „androide Roboter“, „immer“, „kleiner geworden“
In den Texten steht dazu:
Zusätzlich beschäftigt sich der Roboter mit den Kindern der Wartenden und verkürzt ihnen spielend die Wartezeit
Noch vor ein paar Jahren ... Versuchsroboter ein circa zwei Meter großer Geselle.... Heutzutage passen Prozessor, Akku und Bewegungskameras in eine etwa 120 cm große Figur
Text b entfällt von Vornherein. Hier finden sich keine Informationen zu Aussehen, Größe oder Ähnlichem von Robotern. Text a sagt, dass Roboter Kinder bespaßen, was aber nicht bedeutet, dass sie die gleiche Größe haben. Text c bietet die Lösung, denn hier wird von der Größe eines Roboters gesprochen, der früher über zwei Meter maß und jetzt nur noch etwa 120 cm groß ist. Text c enthält also die richtige Lösung.

Modul Hören, Teil 1

Beschreibung dieses Prüfungsteils

Was für einen Text hören Sie?	Sie hören einen informativen, monologischen Podcast im Radio oder Internet, in dem Bücher, Sendungen, Filme, Ausstellungen o. Ä. vorgestellt werden. Die Sendung ist immer in drei Teile gegliedert.
Was ist Ihre Aufgabe?	Die im Podcast vorgestellten Bücher, Filme o. Ä. sollen Beschreibungen und Werturteilen zugeordnet werden. Die drei Textabschnitte sind in etwa gleich lang und stammen aus einem Themengebiet aus Gesellschaft, Kultur, Wissenschaft o. Ä.
Was wird vorgegeben?	Sie bekommen sechs Aussagen mit jeweils drei Antwortoptionen.
Wie hören Sie?	Bei diesem Prüfungsteil geht es um ein detailliertes Hören. Sie sollen Einzelinformationen in der Podcast-Sendung verstehen.
Was müssen Sie tun, um diesen Prüfungsteil zu lösen?	Sie ordnen die sechs Aussagen den im Podcast beschriebenen Büchern, Filmen etc. zu. Jedem Abschnitt der Podcast-Sendung werden mindestens ein und maximal drei Items zugeordnet.
Wie lange dauert dieser Prüfungsteil?	Vor dem Hören haben Sie 60 Sekunden Zeit, um die Aufgaben zu lesen. Die Textlänge der einzelnen Kurzbeiträge beträgt circa 140, insgesamt etwa 420 Wörter. Sie hören den Text einmal.
Wie läuft der Prüfungsteil ab?	Vor dem Hören: • Aussagen lesen und verstehen • Schlüsselwörter markieren Während des Hörens: • die entsprechende Aussage in dem gehörten Beitrag wiedererkennen • die Aussagen dem richtigen Beitrag zuordnen • und markieren Nach dem Hören: • Lösungen auf dem Antwortbogen eintragen
Wie wird dieser Prüfungsteil bewertet?	Für jede richtige Antwort erhalten Sie einen Punkt, insgesamt also 6 Punkte.

Bei diesem Prüfungsteil müssen Sie entscheiden, welche Aussage welchem Abschnitt des Podcasts zugeordnet wird. Hierfür müssen Sie erkennen, welche Aussage mit dem Inhalt einer der Beiträge übereinstimmt. Die Schwierigkeit ist dabei, dass die Inhalte aus den drei Beiträgen in den Aussagen nicht wörtlich wiedergegeben werden, sondern durch Paraphrasen oder Synonyme. Diese zu erkennen, können Sie im Folgenden üben.

Synonyme bestimmen

1 **Welche Ausdrücke können synonym zu den unterstrichenen verwendet werden? Kreuzen Sie an.**

1 Die menschengemachte globale Erderwärmung macht auch vor den Meeren nicht halt und so werden Nessel- und andere Meerestiere, besonders aber die Korallenriffe bedroht und zerstört.

a angegriffen und ausgelöscht
b bekämpft und beseitigt

2 Aus diesem Grund haben sich die australischen Künstlerinnen Margaret und Christine Wertheim diesem Thema gewidmet und ein spektakuläres Werk geschaffen, das momentan im Museum Frieder Burda in Baden Baden unter dem Titel „Wert und Wandel der Korallen" präsentiert wird.

a unterworfen
b verschrieben

3 Die beiden Zwillingschwestern, Jahrgang 1958, erschufen eine fabelhafte, kunterbunte, künstliche Untermeereswelt mit Korallen und Riffen.

a erstellten
b erfassten

4 Ihre Installationen wurden mithilfe von etwa 20 000 Mitarbeiter*innen in fünfzig Städten und Ländern gehandarbeitet, und zwar gehäkelt.

a mit Unterstützung von
b mit Kraft von

5 Verschiedene Farben, Garne, Formen und Techniken kamen zum Einsatz, um die Drahtgeflechte für die künstlichen Korallen zu ummanteln und diese Welt abzubilden.

a kamen zum Dienst
b wurden angewandt

6 In ihrem Kunstwerk verbinden sich so traditionelle Handarbeit und mathematische Berechnungen und Präzision für die Formen der Korallen und Riffe.

a paaren sich
b begleiten sich

7 Das ökologische Postulat, diese bedrohte Meereswelt zu erhalten und zu schützen, ist dabei allgegenwärtig und schwingt in der gesamten Ausstellung mit.

a überall anwesend
b übermächtig

2a Welcher Ausdruck hat dieselbe oder eine ähnliche Bedeutung? Ordnen Sie zu.

1 haltmachen vor + D	a verschonen
2 präsentieren	b instand halten
3 schaffen	c herausklingen
4 ummanteln	d zustande bringen
5 erhalten	e einfassen
6 mitschwingen	f ausstellen

2b Setzen Sie den passenden Ausdruck a bis f aus Übung 2a ein.

1 Wunsch und Ziel der Künstlerinnen ist es, dass die bedrohte Unterwasserwelt in Zukunft von den Emissionen der Menschen .... bliebe.

2 In Baden Baden wird zurzeit das Installationswerk der Wertheim Schwestern ....

3 .... werden ihre künstlichen Korallenriffe mit gehäkelten Bändern, Schnüren und Formen.

4 In allen Ausstellungsräumen .... das ökologische Anliegen der Künstlerinnen ....

5 Zusammen mit 20 000 Mitwirkenden weltweit haben die Künstlerinnen eine großartige, bewegende Installation ....

6 Die gesamte Ausstellung ist eine Forderung an die Menschen, die einmalige Welt der Korallen ....

Paraphrasieren

In den meisten Fällen werden die sechs Aussagen bei Hören Teil 1 den Inhalt aus dem Podcast paraphrasieren, d. h. sie werden denselben Inhalt mit anderen Wörtern und ggf. mit einer anderen Satzstruktur wiedergeben. In einem ersten Schritt können Sie hier üben, den Inhalt zwar wortwörtlich, aber mit veränderter Satzstruktur wiederzugeben. In Übung 4 fokussieren Sie dann die Bedeutungsunterschiede.

3 Schreiben Sie die folgenden Sätze bei gleicher Bedeutung um.

1 Die Clique begibt sich trotz des plötzlichen Todes einer ihrer Freunde auf die geplante Bergtour.

.... Trotzdem

....

2 Doch diese Tour wird alles andere als zwanglos und locker, denn unerwartete Spannungen unter den Freunden tun sich plötzlich auf.

.... sorgen dafür, dass ....

....

3 Was in ihrem Alltag unter Verschluss gehalten wird, explodiert nun auf dieser Tour und niemand bleibt emotional unberührt und gelassen.

Auf dieser Tour .... das, ...

....

4 Welche Sätze haben die gleiche Bedeutung? Markieren Sie.

			gleich
1	a	Der Fernsehfilm „Eine harte Tour" beschreibt vor fantastischer Alpenkulisse und in tragikomischem Ton die Beziehungsgeflechte eines langjährigen Freundeskreises.	☐
	b	Alpenpanorama und tragikomischer Wortwitz machen den Film „Eine harte Tour" fürs Fernsehen zur Analyse einer Beziehungsgeschichte von Freunden.	
2	a	Seit der Trennung eines der Protagonisten von seiner Frau versuchen die anderen Freunde, die Gruppe in einem schwierigen Akt der Balance zwischen neuer Freundin und seiner Ex zusammenzuhalten.	☐
	b	Seitdem der Hauptakteur sich von seiner Frau scheiden ließ, obliegt es dem Freundeskreis, diesen trotz ehemaliger Frau und neuer Freundin zusammenzustellen.	
3	a	Als dieser stirbt, planen sie, die ursprünglich von ihm vorgeschlagene, gemeinsame Tour zu machen und ihm in der Kapelle am Gipfel ein Fotodenkmal zu setzen.	☐
	b	Als dieser aus dem Leben scheidet, entscheiden sie sich, den von ihm angedachten Ausflug zusammen zu machen und oben am Berg sein Foto in der Kapelle zum Gedenken aufzustellen.	
4	a	Doch welche der beiden Frauen aus seinem Leben soll sie begleiten?	☐
	b	Doch welche der zwei Gefährtinnen aus seinem Leben wollen sie mitnehmen?	
5	a	Die Frage wird ihnen durch das plötzliche Erscheinen seiner Freundin abgenommen.	☐
	b	Die Frage erübrigt sich für sie durch das spontane Auftauchen seiner Lebensgefährtin.	
6	a	Doch auch die Exfrau taucht unerwartet später an der oberen Berghütte auf.	☐
	b	Doch ebenso kommt seine ehemalige Frau darauffolgend oben auf der Hütte am Berg abhanden.	
7	a	Dort kommt es dann zum Showdown und nicht nur diese Beziehung wird seziert.	☐
	b	Da kommt es zu einem Eklat und nicht nur dieses Liebesverhältnis wird auseinandergenommen.	
8	a	Auch die Ehen der drei anderen Paare werden beleuchtet und kommen auf den Prüfstand.	☐
	b	Ebenso werden die Beziehungen der drei weiteren Paare bestaunt und definiert.	
9	a	Was wird das mit ihrer jahrelangen Freundschaft machen?	☐
	b	Was passiert nun mit ihrer über Jahre dauernden Freundschaft?	
10	a	Die Schlussszene beim Abstieg gibt die Antwort darauf. Unbedingt ansehen!	☐
	b	Die letzte Szene zeigt das Heruntergehen vom Berg und soll dringend zur Beantwortung aller Fragen gesehen werden.	

Hauptaussagen identifizieren

5a Lesen Sie die Aussagen und unterstreichen Sie die Schlüsselwörter.

- ☐ 1 Diese Serie war bisher die teuerste für das deutsche Fernsehen.
- ☐ 2 Der Ermittler hat selbst Schwierigkeiten mit seinem Leben.
- ☐ 3 Die Serie hält sich minutiös an die bekannte Romanvorlage.
- ☐ 4 Eine der Hauptfiguren lebte und wirkte zunächst in einer anderen Stadt.
- ☐ 5 Zentrales Thema sind die zahllosen Morde im Berlin der zwanziger Jahre.

▶ 1 **5b Welche Aussagen sind richtig? Hören Sie und kreuzen Sie die richtigen Informationen in 5a an.**

6a Lesen Sie die Aussagen und unterstreichen Sie die Schlüsselwörter.

1 Der Zuschauer folgt dem Geschehen in rasantem Tempo.
2 Zentrales Thema ist das Erwachsenwerden mit all seinen Problemen.
3 Schauplatz dieser Serie ist der östliche Teil Berlins.
4 Die Beziehungen der Protagonisten zerbrechen an ihren unterschiedlichen politischen Sichtweisen.
5 Die Serie spricht stärker eine jüngere Zielgruppe an.
6 Die Zeitspanne der Serie bezieht sich auf eine politisch bedeutsame Periode der deutsch-deutschen Geschichte.

▶ 2 **6b Welche Aussage passt? Hören Sie und ordnen Sie zu.**

	Serie 1	Serie 2
1 Der Zuschauer folgt dem Geschehen in rasantem Tempo.	☐	☐
2 Zentrales Thema ist das Erwachsenwerden mit all seinen Problemen.	☐	☐
3 Schauplatz dieser Serie ist der östliche Teil Berlins.	☐	☐
4 Die Beziehungen der Protagonisten zerbrechen an ihren unterschiedlichen, politischen Sichtweisen.	☐	☐
5 Die Serie spricht stärker eine jüngere Zielgruppe an.	☐	☐
6 Die Zeitspanne der Serie bezieht sich auf eine politisch bedeutsame Periode der deutsch-deutschen Geschichte.	☐	☐

Bedeutung von Aussagen identifizieren

7 **Welche Verben haben eine positive (+), welche eine negative (-), welche eine neutrale (/) Bedeutung? Markieren Sie.**

1 Die große Wirtschaftskrise zu Zeiten der Weimarer Republik verunsicherte [–] die Menschen stark und sie wünschten sich Veränderungen.
2 Biberkopf taumelte [ ] orientierungslos durch sein Leben und geriet immer wieder in Schwierigkeiten.
3 Die Serie *Babylon Berlin* ist eine deutsche Fernsehproduktion, die auch international große Erfolge feiert [ ].
4 Die Serie *Weissensee* umfasst [ ] einen Zeitraum von mehreren Jahren vor und nach dem Fall der innerdeutschen Mauer.
5 Als sich die Kinder der beiden politisch so unterschiedlichen Familien ineinander verlieben, erschüttert [ ] das die Lebensgrundlagen beider Familien.
6 Die Serie *Berlin Berlin* wurde nicht nur in Deutschland, sondern auch im Ausland ausgestrahlt [ ].

8 **Welches Schlagwort passt zum Inhalt des Satzes? Kreuzen Sie an.**

1 Der Fernsehfilm „Eine harte Tour" beschreibt vor fantastischer Alpenkulisse und in tragikomischem Ton die Beziehungsgeflechte eines langjährigen Freundeskreises.

a Tragikomödie   b Landschaftsbild

2 Seit der Trennung eines der Protagonisten von seiner Frau versuchen die anderen Freunde, die Gruppe in einem schwierigen Akt der Balance zwischen neuer Freundin und seiner Ex zusammenzuhalten.

a Gleichgewicht   b Zusammenhalt

3 Als die Hauptfigur aus dem Leben scheidet, entscheiden sich die Freunde den von ihm angedachten Ausflug zusammen zu machen und oben am Berg sein Foto in der Kapelle zum Gedenken aufzustellen.

a Erinnerungstour   b Gemeinsamkeit

4 Die Frage, welche der beiden Frauen sie mit auf ihre Tour nehmen sollen, wird ihnen durch das plötzliche Erscheinen der Freundin abgenommen.

a Entscheidung   b vollendete Tatsache

Die Prüfungsaufgabe kennenlernen

- Sie hören drei kurze Beiträge aus einem Podcast zu Themen aus Gesellschaft, Kultur, Wissenschaft oder Ähnlichem. Die Beiträge umfassen insgesamt circa 420 Wörter.
- Zu den gehörten Beiträgen bekommen Sie sechs Aussagen, die Sie zuordnen müssen. Sie müssen bei jeder Aufgabe entscheiden, welche Aussage zu welchem Beitrag passt. Pro Item passen mindestens eine, maximal drei der Aussagen.
- Bei diesem Aufgabentyp sollen Sie zeigen, dass Sie Einzelinformationen verstehen.
- Die Items folgen den Hörbeiträgen **nicht** chronologisch.

Teil 1

3 Sie hören einen Podcast über interessante Sendereihen im Fernsehen.
Sie hören den Text **einmal.** Wählen Sie bei jeder Aufgabe, zu welcher Sendereihe die Aussage passt.
Lesen Sie jetzt die Aufgaben 1 bis 6. Dazu haben Sie 60 Sekunden Zeit.

Beispiel:

0 Diese Sendereihe ist bereits seit einem halben Jahrhundert erfolgreich.

a Sendereihe 1 – Terra X   b Sendereihe 2 – Planet Erde   ☒ c Sendereihe 3 – Expeditionen ins Tierreich

1 Das Publikum dringt tiefer als zuvor in die faszinierende Welt der Tiere und Pflanzen ein.

a Sendereihe 1   b Sendereihe 2   c Sendereihe 3

2 Es werden auch Sonderthemen zur Tier- und Pflanzenwelt behandelt.

a Sendereihe 1   b Sendereihe 2   c Sendereihe 3

3 Diese Dokumentationsreihe definierte filmisch einen neuen technischen Standard.

a Sendereihe 1   b Sendereihe 2   c Sendereihe 3

4 Nicht alles dreht sich ausschließlich um Tiere und Pflanzen.

a Sendereihe 1   b Sendereihe 2   c Sendereihe 3

5 Durch Nachstellen und Nachahmen werden hier aktuelle und historische Situationen bildhaft präsentiert.

a Sendereihe 1   b Sendereihe 2   c Sendereihe 3

6 Komplexe natur- und kulturwissenschaftliche Themen werden gut verständlich dargestellt.

a Sendereihe 1   b Sendereihe 2   c Sendereihe 3

Die Prüfungsaufgabe Schritt für Schritt lösen

1 Lesen Sie die Aufgaben und markieren Sie die Schlüsselwörter.

- Falls Sie einzelne Wörter in einer Aufgabe nicht genau verstehen, versuchen Sie diese aus dem Kontext zu erschließen, wenn nicht, gehen Sie zügig weiter zur nächsten Aufgabe. Es ist wichtig, dass Sie während Ihrer Vorbereitungszeit alle Items lesen und markieren.

2 Hören Sie jetzt die Beiträge.

- Konzentrieren Sie sich beim Hören auf die **Schlüsselwörter**, die Sie in den Aufgaben markiert haben. Achten Sie dabei auf **Synonyme** und **Umschreibungen**.
- Die drei Beiträge stammen immer aus demselben Themengebiet. Jeder Beitrag beleuchtet einen anderen Aspekt des Themas.
- Denken Sie daran: Die Aussagen enthalten im Allgemeinen eine **Paraphrasierung** der Information aus dem Beitrag.
- Falls Sie manche Wörter in den Beiträgen nicht verstehen, bleiben Sie ruhig und hören Sie trotzdem weiter konzentriert zu, sonst verlieren Sie den Anschluss. Beantworten Sie am Ende alle Aufgaben, auch wenn Sie sich nicht ganz sicher sind.
- In der Prüfung übertragen Sie am Ende des Moduls Hören die Lösungen auf den Antwortbogen. Hierfür bekommen Sie drei Minuten Zeit. Ihre Lösungen für Hören Teil 1 können Sie jetzt hier markieren:

Teil 1

	a	b	c
1	☐	☐	☐
2	☐	☐	☐
3	☐	☐	☐
4	☐	☐	☐
5	☐	☐	☐
6	☐	☐	☐

Die Lösung verstehen

Aufgabe 1
Die Schlüsselwörter sind: „Publikum", „dringt tiefer", „in", „faszinierende Welt der Tiere und Pflanzen"
In den Beiträgen hören Sie dazu:
(...) und ermöglicht den Zuschauerinnen und Zuschauern dadurch einen völlig neuen Blickwinkel. Sie beobachten nicht nur, sie tauchen regelrecht ein in die fantastischen Landschaften und Lebenswelten der Tiere und sind näher dran an Flora und Fauna als bisher.

Weder Text a noch c weisen Entsprechungen oder Umschreibungen zu den Begriffen „Zuschauer" und „dringt ein in", „Welt der Tiere und Pflanzen" auf. In Beitrag a wird nur von Tierdokumentationen gesprochen, nicht aber von Zuschauern oder Betrachtern, die sich ihnen nähern.
In Beitrag c wird zwar von „Tieren in ihrer natürlichen Umgebung" gesprochen, aber ebenfalls nicht von dem Betrachter, der ganz nahe an sie herankommt. Beide entfallen somit.
In Beitrag b wird durch die Wörter „Zuschauerinnen und Zuschauer" „tauchen regelrecht ein", „fantastischen Landschaften und Lebenswelten der Tiere" und „sind näher dran an Flora und Fauna" eine Entsprechung zu den Schlüsselwörtern aus Aufgabe 1 gegeben. Beitrag b ist deshalb die richtige Antwort.

Aufgabe 2
Die Schlüsselwörter sind: „Sonderthemen", „Tier- und Pflanzenwelt", „behandelt"
In den Beiträgen hören Sie dazu:
Einzelne Folgen der Serie beschäftigen sich aber auch mit ausgewählten, besonderen Themen, so den ältesten Bäumen, geheimnisvollen Gärten weltweit, der Welt der Tiger (...).

In Beitrag a heißt es, „reicht das Spektrum von Natur- und Tierdokumentationen" über „besondere Geschichtsphänomene", „Wissenschaftsthemen" u. Ä., das heißt, hier werden ohnehin eine Vielzahl von unterschiedlichen Themenbereichen behandelt, aber keines davon wird als Sonderthema gehandelt.
Beitrag b gibt zwar Beispiele zu den behandelten Themen wie „Extreme der Wüsten", „reiche Weideländer", weist diese Themen aber auch nicht als Spezialthemen aus.
Dies geschieht aber in Beitrag c: „Einzelne Folgen der Serie beschäftigen sich mit ausgewählten, besonderen Themen, so ..." „Werden ... behandelt" wird umschrieben mit „beschäftigen sich", „ausgewählten, besonderen Themen" entspricht „Sonderthemen". Beitrag c ist somit die richtige Lösung.

Aufgabe 3
Die Schlüsselwörter sind: „Dokumentationsreihe", „filmisch", „neuen technischen Standard"
In den Beiträgen hören Sie dazu:
Als diese vor mehr als zehn Jahren konzipiert wurde, setzte sie neue technische Maßstäbe in der Sparte der Naturdokumentationen.

Sowohl in Beitrag a („einer seit vielen Jahren im ZDF ausgestrahlten Dokumentationsreihe") als auch in c („Sie läuft bereits seit rund fünfzig Jahren erfolgreich im Fernsehen") wird lediglich berichtet, seit wann diese Serien laufen, nicht aber, ob sie etwas Neues darstellten.
Nur in Beitrag b wird darauf hingewiesen, dass diese Serie „neue technische Maßstäbe" „setzte". So ist Beitrag b die richtige Antwort.

Aufgabe 4
Die Schlüsselwörter sind: „nicht alles", „dreht sich" und „Tiere und Pflanzen"
In den Beiträgen hören Sie dazu:
Das Spektrum dieser Sendereihe reicht von Natur- und Tierdokumentationen über besondere Geschichtsphänomene, alte und aktuelle Wissenschaftsthemen, Kunst, Archäologie, bis hin zur Astronomie und fiktiven Aspekten.

In Beitrag b wird über die „absolute Einzigartigkeit", „die vielen verschiedenen Gesichter", „die unbedingte Schönheit unserer Erde" gesprochen, in Beitrag c über „Leben und Verhalten einheimischer Tiere in ihrer natürlichen Umgebung", eine „Naturfilmreihe". Alle Themen drehen sich um reale Ökosysteme und die Biosphäre auf unserer Erde.
Lediglich Beitrag a behandelt auch Aspekte außerhalb unserer realen Sphäre, nämlich die „Astronomie" und „fiktive Aspekte". Damit ist Beitrag a die richtige Lösung.

Aufgabe 5
Die Schlüsselwörter sind: „Nachstellen und Nachahmen", „aktuelle und historische Situationen", „bildhaft präsentiert"
In den Beiträgen hören Sie dazu:
Filmisch üppig inszeniert landen die Zuschauerinnen und Zuschauer dann an bedeutsamen Plätzen der Menschheitsgeschichte, die sie auch in einer Simulation in die jeweilige Zeit zurückversetzen, (...)

In Beitrag b wird der Zuschauer in verschiedene Räume, z. B. „in den allgegenwärtigen Lebensraum Stadt" versetzt, nicht aber in der Zeit. Damit scheidet dieser Beitrag aus.
Beitrag c erwähnt explizit als zentrales Thema „die Vermittlung von zoologischem und botanischem Wissen". Hier wird ebenfalls nichts Geschichtliches, Archäologisches, Historisches o. Ä. erwähnt. Beitrag c kommt damit auch nicht in Frage.
Beitrag a ist die richtige, denn die Ausdrücke „Simulation" und „Plätze der Menschheitsgeschichte" weisen auf das „Nachstellen" und „Nachahmen" von historischen Situationen hin.

Aufgabe 6
Die Schlüsselwörter sind: „natur- und kulturwissenschaftliche Themen", „gut verständlich", „dargestellt"
In den Beiträgen hören Sie dazu:
Diese Reihe ist eine gelungene Verbindung von leicht verständlicher Information und einprägsamen Bildern.

Beitrag b spricht zwar davon, dass diese Reihe den Zuschauerinnen und Zuschauern einen völlig neuen Blickwinkel ermöglicht, nicht aber davon, dass komplexe Informationen gut verständlich präsentiert werden. Beitrag b entfällt somit.
Beitrag c erwähnt, dass die Serie dem Publikum „aufwändig produziertes Filmmaterial" liefert, stellt aber ebenfalls keine Verbindung her zwischen der Präsentation und der Aufnahme durch das Publikum. Dies geschieht nur in Beitrag a durch „eine gelungene Verbindung von leicht verständlicher Information", also dem, was gesagt wird und der Zuschauer verstehen kann, kombiniert „und einprägsamen Bildern", was so viel bedeutet, dass der Zuschauer dem Gezeigten leicht folgen kann. Beitrag a ist also richtig.

Modul Hören, Teil 2

Beschreibung dieses Prüfungsteils

Was für einen Text hören Sie?	Sie hören ein längeres Interview mit einer Expertin oder einem Experten, einer Persönlichkeit aus der Wissenschaft, Kultur, Politik o. Ä.
Was ist Ihre Aufgabe?	Sie hören ein Gespräch und lösen neun Aufgaben. Jede Aufgabe entspricht einer Aussage zum Hörtext. Sie müssen entscheiden, ob die jeweilige Aussage stimmt, nicht stimmt oder ob dazu nichts gesagt wird.
Was wird vorgegeben?	Sie bekommen neun Aufgaben mit jeweils drei Antwortoptionen.
Wie hören Sie?	Bei diesem Prüfungsteil geht es um detailliertes Hören. Sie müssen Aussagen und Einzelinformationen zu Fachthemen verstehen.
Was müssen Sie tun, um diesen Prüfungsteil zu lösen?	Sie müssen erkennen, ob die in den Aufgaben genannten Aussagen und Einzelinformationen dem Inhalt des Interviews entsprechen oder ob es keine Information dazu im Interview gibt.
Wie lange dauert dieser Prüfungsteil?	Vor dem Hören haben Sie 60 Sekunden Zeit, um die Aufgaben zu lesen. Die Textlänge beträgt circa 620 Wörter. Sie hören den Text zweimal.
Wie läuft der Prüfungsteil ab?	Vor dem Hören: • Aussagen lesen • Schlüsselwörter markieren • Thema erfassen Während des Hörens: • auf Schlüsselwörter achten • die richtige Antwortoption markieren Nach dem Hören: • Lösungen auf dem Antwortbogen eintragen
Wie wird dieser Prüfungsteil bewertet?	Für jede richtige Antwort erhalten Sie einen Punkt, insgesamt also 9 Punkte.

Bei diesem Prüfungsteil müssen Sie Aussagen mit einem gehörten Interview vergleichen und entscheiden, ob die jeweilige Aussage stimmt, nicht stimmt oder ob dazu nichts gesagt wird. Aussagen, die stimmen, enthalten im Allgemeinen eine Paraphrase der Information, die Sie im Interview hören. Das heißt, der gleiche Inhalt wird mit anderen Worten ausgedrückt. Aussagen, die nicht stimmen, enthalten eine Negation der Information im Interview. Aussagen, zu denen nichts gesagt wird, enthalten eine Information, die im Interview nicht vorkommt.

Synonyme und Paraphrasen erkennen

1 Haben die Sätze die gleiche Bedeutung? Markieren Sie.

gleich

1 a Dass wir einen Baum „Baum“ nennen, ist reine Konvention.
b Einen Baum als „Baum“ zu bezeichnen, beruht auf sozialer Übereinkunft. ☐

2 a Nur bei wenigen Wörtern hängen Zeichen und Bedeutung zusammen.
b Bei den meisten Wörtern ist die Beziehung zwischen Lautbild und bezeichnetem Objekt willkürlich. ☐

3 a Doch ein bekanntes Phänomen, der sogenannte Bouba-Kiki-Effekt, stellt die verbreitete Lehrmeinung in Frage.
b Durch das Phänomen des Bouba-Kiki-Effekts wurde ein neuer Nachweis für diese Denkungsart erbracht. ☐

4 a In einem Experiment von Sprachforschern ordneten die meisten Probanden das Wort „Bouba“ einer runden Form und das Wort „Kiki“ einer gezackten Form zu.
b In einem sprachwissenschaftlichen Experiment stellte man eine Übereinstimmung bei der Zuordnung des Wortes „Bouba“ zu einer runden und des Wortes „Kiki“ zu einer spitzen Form durch die Mehrheit der Versuchspersonen fest. ☐

5 a Der Bouba-Kiki-Effekt scheint in einer crossmodalen Entsprechung von gesprochenen Wörtern und visuellen Formen zu wurzeln.
b Es macht den Eindruck, als gehe der Bouba-Kiki-Effekt auf eine Vereinigung verschiedener Sinnesmodalitäten zurück. ☐

2 Verändern Sie den zweiten Satz so, dass er die gleiche Bedeutung wie der erste Satz hat.

1 a Die Theorie der Klangsymbolik wird von einer weiteren aktuellen Studie untermauert.
b Eine andere kürzlich durchgeführte Untersuchung entkräftet die Theorie der Klangsymbolik.

....

2 a Versuchspersonen sollten Aufnahmen der Wörter „groß“ und „klein“ in ihnen unbekannten Sprachen hören und raten, welches Wort „groß“ und welches Wort „klein“ bedeutete.
b Probandinnen und Probanden sollten die Wörter „groß“ und klein“ in Sprachen hören, derer sie kaum mächtig waren, und Auskunft zur Bedeutung der Wörter geben.

....

3 a Die Versuchspersonen rieten öfter die korrekte Bedeutung, wenn eine Sprache weit verbreitet war.
b Die Probandinnen und Probanden lagen bei Sprachen mit wenigen Sprechern häufiger richtig.

....

4 a In großen Sprachgemeinschaften sei es schwieriger, sich zu verständigen, erklären die Forscherinnen. Die Klangsymbolik erleichtere dann die Kommunikation.
b Laut der Wissenschaftlerinnen ist in viel gesprochenen Sprachen die Kommunikation erschwert. In dieser Situation sei die Klangsymbolik ein Handicap.

....

3a Umschreiben Sie die folgenden Aussagen aus einem Interview.

a Arbeit und Aufgaben haben für die meisten von uns antidepressive Effekte.
Bei den meisten Menschen beugen Beschäftigung und Anforderungen Depressionen vor.

b Dennoch steigen seit Jahren die Krankmeldungen aufgrund von jobbedingten psychischen Erkrankungen.
....

c Inzwischen haben sie den Spitzenplatz bei den Fehlzeiten erreicht.
....

d Wir wissen aus Studien, dass die Depressionsrate mit der Komplexität der Umwelt steigt.
....

e Komplexe Arbeitsbedingungen sind nicht nur körperlich, sondern vor allem psychisch belastend.
....

f Wenn Lob, Anerkennung und positive Rückmeldungen fehlen, kann das ebenfalls eine Depression begünstigen.
....

3b Was glauben Sie: Um welches Thema geht es in dem Interview, aus dem die Aussagen stammen?

Es geht um ....

▶ 4 **4 Hören Sie Ausschnitte aus einem Interview. Von welchen Begriffen hören Sie Umschreibungen bzw. inhaltliche Entsprechungen? Kreuzen Sie an.**

Ausschnitt 1

- a anspruchsvollere Berufswelt
- b Risiko der Arbeitslosigkeit
- c mehr Gemütskrankheiten
- d besseres Gesundheitssystem
- e kontinuierlicher Wandel

Ausschnitt 2

- a Termindruck
- b Schwächung des Immunsystems
- c Zunahme bei Herzkrankheiten
- d Konflikte mit Kolleginnen und Kollegen
- e Verhärtung der Muskeln

Ausschnitt 3

- a gutes Betriebsklima
- b bessere Bezahlung
- c Mitsprache bei der Arbeitsgestaltung
- d positives Feedback
- e betriebliche Zusatzleistungen

5 5 **Lesen Sie drei Paraphrasierungen und hören Sie dann einen weiteren Ausschnitt aus dem Interview. Welche Paraphrasierung entspricht dem Inhalt des Interview-Ausschnitts? Warum passen die anderen beiden nicht?**

a Jeder Mensch hat einen anderen Charakter. Wir sind auf vielfältige Weise durch biologische und soziale Aspekte geprägt. Oft sind wir uns dieser Eigenheiten nicht bewusst. Unsere Veranlagung wirkt sich unterschiedlich aus, wenn wir berufliche oder private Krisen durchleben. Manche Menschen sind dann überfordert durch die Veränderungen in ihrem Leben, und es können psychische Krankheiten entstehen.

b Wir sind alle unterschiedlich. Von Geburt an vorhandene Merkmale und auch die Einflüsse unserer Umgebung bestimmen unser Naturell. Häufig spielt sich das auf einer unbewussten Ebene ab. Im Falle einer ungünstigen beruflichen Situation wird diese Prägung allerdings bedeutsam. Bei manchen Menschen treten dann psychische Probleme auf.

c Jede Person hat ihr eigenes Wesen. Sowohl die genetischen Anlagen als auch die soziale Umwelt machen uns zu dem, was wir sind. Vieles an unserem Verhalten passiert, ohne dass wir es bewusst steuern. Wenn man dann im Berufsleben mit zu hohen Anforderungen konfrontiert ist, kann man nicht richtig damit umgehen. Infolgedessen können sich seelische Krankheiten entwickeln.

6 6 **Lesen Sie einen letzten Ausschnitt aus dem Interview und hören Sie drei Wiedergaben des Inhalts. Welche Version entspricht dem Ausschnitt?**

Erste Anzeichen für eine beginnende Depression sind schlechter Schlaf, dass man nur noch an die Arbeit denkt und sich an nichts mehr erfreuen kann. Wenn ich solche Muster bei mir bemerke, sollte ich zuerst mit Freundinnen und Freunden und der Partnerin / dem Partner darüber reden. Und mich selbst fragen: Ist das Gefühl jeden Tag da? Oder nur am Montag? Wann bekomme ich schlechte Laune, wann wird sie besser? Die Selbstbeobachtung ist enorm wichtig. Wir alle haben schlechte Phasen oder Einbrüche, das ist völlig normal. Aber wenn sie regelmäßig oder immer vorkommen und ich mich jeden Tag zur Arbeit schleppe, sollte ich etwas ändern.

☐ Version 1 ☐ Version 2 ☐ Version 3

7 7 **Hören Sie ein Interview über die psychologischen Folgen des Klimawandels. Ergänzen Sie die Antworten mit den Elementen im Schüttelkasten.**

Auseinandersetzungen | abweichende Ansichten | ein Teil | einen Anstieg | Gruppendenken | herabzusetzen | kollektiver | Maßstab | negative Folgen | Wir-Gefühl | „Wir-gegen-sie"-Dynamik

Antwort 1: Wenn Menschen sich persönlich bedroht fühlen, dann beeinflusst das ihr Denken und Handeln: Es wird .... Das bedeutet, dass es für die Menschen wichtiger wird, ... einer bestimmten Gruppe zu sein. In einer Studie mit Studierenden in England und Deutschland haben wir .... bei autoritären Einstellungen festgestellt, wenn die Personen an .... des Klimawandels in ihrem eigenen Land denken.

Antwort 2: Es handelt sich dabei um ein ...., das aus drei Teilen besteht: Erstens aus der Auffassung, dass nur das richtig ist, was in der eigenen Umgebung als .... gilt. Zweitens aus der Unterordnung unter gesellschaftliche Autoritäten, und drittens aus autoritärer Aggression. Damit meinen wir zum Beispiel die Bereitschaft, Personen, die .... haben, zu bestrafen. Ein Ergebnis unserer ersten Studie war, dass Probanden, die Angst vor der Veränderung des Klimas haben, dazu neigen, gesellschaftliche Gruppen ...., die sie als systemgefährdend betrachten.

Antwort 3: Dafür spricht einiges. Gruppen entwickeln ihr .... auch über die Betonung des Kontrasts zu anderen Gruppen. Diese Handlungsweise ist nicht immer schlecht. .... zwischen verschiedenen Gruppen bringen manchmal sozialen Wandel voran. Eine .... ist dabei aber nicht unbedingt nötig, da Personen auch die Menschheit insgesamt als ihre Gruppe betrachten und sich damit identifizieren können.

Negationen erkennen

▷ 8 8 **Hören Sie die Ausschnitte. Welche Aussage gibt den gehörten Inhalt nicht korrekt wieder: Aussage a oder Aussage b? Markieren Sie.**

1 [a] Das Sprachenlernen erfolgt häufig auf klassische Weise.
[b] Körperliche Bewegung hat keinen Einfluss auf den Erwerb neuer Wörter.

2 [a] Die Probandinnen und Pobanden mussten sich für eine Studie neue Wörter ausdenken.
[b] Die Forscher spielten den Probandinnen und Pobanden unbekannte Wörter vor.

3 [a] Der Lernerfolg der Versuchspersonen wurde von den Forschern schriftlich überprüft.
[b] Bezeichnungen für Objekte behielten die Versuchspersonen besser als andere Wörter.

4 [a] Menschen in jedem Alter lernen besser mithilfe visueller Darstellungen.
[b] Handbewegungen und Visualisierungen unterstützen Kinder beim Lernen.

5 [a] Jegliche Form von Bewegung beim Lernen verbessert das Gedächtnis gleichermaßen.
[b] Beim Lernen von Wortschatz sind verschiedene Hirnregionen miteinander verbunden.

▷ 9 9 **Hören Sie abschnittsweise ein Interview über die Bedeutung der mentalen Einstellung für Sportlerinnen und Sportler und lesen Sie die Aussagen. Welche Aussage ist eine Negation (= stimmt nicht)? Zu welcher Aussage gibt es keine Information (= dazu wird nichts gesagt)? Notieren Sie.**

			stimmt nicht	dazu wird nichts gesagt
1	a	Sportler der Spitzenklasse können ihre Leistung durch Gehirntraining steigern.	☐	☒
	b	Für Hobbysportler spielt die innere Haltung keine Rolle.	☒	☐
2	a	Golfspieler reflektieren häufiger ihre spielerische Leistung.	☐	☐
	b	Profisportler sind mit denselben geistigen Anforderungen konfrontiert.	☐	☐
3	a	Je länger die Vorbereitungsphase ist, desto höher ist die Treffsicherheit beim Werfen.	☐	☐
	b	Sportlerinnen mit einer Neigung zum Grübeln zögern länger vor dem Werfen.	☐	☐
4	a	Golfspieler sollen durch regelmäßiges Training den Bewegungsablauf perfektionieren.	☐	☐
	b	Der Experte empfiehlt Skifahrern, sich vor dem Rennen das Risiko zu verdeutlichen.	☐	☐
5	a	Sportler sollten hinderliche Gedanken möglichst ignorieren.	☐	☐
	b	Selbstgespräche sind oft effektiver als Gespräche mit anderen Personen.	☐	☐
6	a	Die langsamsten Läufer haben laut dem Experten das größte Durchhaltevermögen.	☐	☐
	b	Der Experte rät Läufern, sich an der Geschwindigkeit der Mitlaufenden zu orientieren.	☐	☐

Die Prüfungsaufgabe kennenlernen

- Sie hören ein Interview mit einer Persönlichkeit aus der Wissenschaft von circa 620 Wörtern.
- Zu dem Interview bekommen Sie neun Aufgaben mit jeweils drei Antwortoptionen. Sie müssen bei jeder Aufgabe entscheiden, ob die Aussage stimmt, nicht stimmt oder ob dazu nichts gesagt wird. Die Option „dazu wird nichts gesagt" ist einmal oder maximal zweimal die Lösung.
- Bei diesem Aufgabentyp sollen Sie zeigen, dass Sie Aussagen und Einzelinformationen verstehen.
- Die Items folgen chronologisch dem Textverlauf.
- Sie hören den Text zweimal.

Teil 2

10 Sie hören ein Radiointerview mit einer Persönlichkeit aus der Wissenschaft.
Sie hören den Text **zweimal**. Wählen Sie bei jeder Aufgabe die richtige Lösung.
Lesen Sie jetzt die Aufgaben 7 bis 15. Dazu haben Sie 60 Sekunden Zeit.

7 Herr Forgas nennt Beispiele für nützliche und hinderliche negative Gefühle.

a stimmt b stimmt nicht c dazu wird nichts gesagt

8 Herr Forgas fand heraus, dass ein vorübergehender negativer Gemütszustand die Wahrnehmung schärft.

a stimmt b stimmt nicht c dazu wird nichts gesagt

9 Eine positive Gemütslage steigert laut Herrn Forgas die Tatkraft.

a stimmt b stimmt nicht c dazu wird nichts gesagt

10 Herr Forgas kritisiert, dass Glück als Normalzustand betrachtet wird.

a stimmt b stimmt nicht c dazu wird nichts gesagt

11 Herr Forgas glaubt, dass jede Person glücklich werden kann.

a stimmt b stimmt nicht c dazu wird nichts gesagt

12 Heutzutage akzeptieren wir ein breiteres Gefühlsspektrum als früher.

a stimmt b stimmt nicht c dazu wird nichts gesagt

13 Eine krankhafte Gemütsstörung kann die geistige Leistungsfähigkeit beeinträchtigen.

a stimmt b stimmt nicht c dazu wird nichts gesagt

14 Angst lässt sich oft nicht erklären.

a stimmt b stimmt nicht c dazu wird nichts gesagt

15 Gemütslagen sind laut Herrn Forgas relativ stabil.

a stimmt b stimmt nicht c dazu wird nichts gesagt

Die Prüfungsaufgabe Schritt für Schritt lösen

1 Lesen Sie die Aufgaben und markieren Sie die Schlüsselwörter. Dafür haben Sie 60 Sekunden Zeit.

- Das **Thema** des Interviews und das Fachgebiet des Experten werden Ihnen auf dem Aufgabenblatt *nicht* genannt. Sie können es aber aus den Items **erschließen**, denn beim Lesen und Markieren bekommen Sie Informationen über den Inhalt des Gesprächs. So können Sie auch Ihr **Vorwissen** zum Thema und den entsprechenden **Wortschatz aktivieren**.
- Falls Sie einzelne Wörter in einer Aufgabe nicht genau verstehen, dann überlegen Sie nicht lange, sondern lesen Sie die nächste Aufgabe. Es ist wichtig, dass Sie während der Vorbereitungszeit alle Items lesen und markieren.
- Beachten Sie: Ob eine Aussage richtig oder falsch ist, richtet sich nur danach, was im Interview gesagt wird. Es geht nicht um Ihre persönliche Meinung oder Ihr Wissen zum Thema.

2 Hören Sie jetzt das Interview und markieren Sie dabei die korrekten Antwortoptionen.

- Gleich zu Beginn des Interviews wird das Fachgebiet der interviewten Person genannt.
- Sie hören das Interview zweimal. Aufgaben, bei deren Antwort Sie schon sicher sind, können Sie beim ersten Hören direkt markieren. Bei Aufgaben, bei denen Sie sich noch nicht sicher sind, können Sie möglicherweise zumindest eine Option streichen. Dann müssen Sie sich beim zweiten Hören nur noch zwischen zwei Optionen entscheiden.
- Konzentrieren Sie sich beim Hören auf die Schlüsselwörter, die Sie markiert haben. Achten Sie auf Synonyme und Umschreibungen im Interview.
- Denken Sie daran: Aussagen, die stimmen, enthalten im Allgemeinen eine Paraphrasierung der Information, die Sie im Interview hören. Aussagen, die nicht stimmen, enthalten eine falsche Information und widersprechen dem Text. Aussagen, zu denen nichts gesagt wird, enthalten eine Information, die im Interview nicht vorkommt.
- Markieren Sie auf jeden Fall eine Antwortoption, auch wenn Sie nichts verstanden haben. Ihre Chancen stehen immerhin 1:3. Für falsche Antworten gibt es keinen Abzug.
- Falls Sie manche Wörter im Interview nicht verstehen, dann lassen Sie sich dadurch nicht vom Zuhören ablenken, sondern folgen Sie weiter der Aufnahme.
- In der Prüfung übertragen Sie am Ende des Moduls Hören die Lösungen auf den Antwortbogen. Hierfür bekommen Sie drei Minuten Zeit. Ihre Lösungen für Hören Teil 2 können Sie jetzt hier markieren:

Teil 2	a	b	c
7	☐	☐	☐
8	☐	☐	☐
9	☐	☐	☐
10	☐	☐	☐
11	☐	☐	☐
12	☐	☐	☐
13	☐	☐	☐
14	☐	☐	☐
15	☐	☐	☐

Die Lösung verstehen

Aufgabe 7
Die Schlüsselwörter sind: „Beispiele", „nützliche", „hinderliche", „negative", „Gefühle"
Im Interview wird dazu gesagt:
Alle Gefühle haben einen Zweck: Angst hilft, Gefahren zu vermeiden. Wut hilft, Widrigkeiten zu überwinden. Ekel hilft, sich von giftigen Substanzen fernzuhalten. Der evolutionäre Nutzen von schlechter Laune ist schwieriger zu verstehen, aber auch schlechte Laune hat einen Sinn.

Im Interview werden mehrere Arten von negativen Gefühlen genannt: Angst, Wut, Ekel und schlechte Laune. All diese negativen Gefühle haben jedoch einen Nutzen, keines davon ist hinderlich.
Das heißt, Item 7 widerspricht der Information des Interviews und stimmt daher nicht, die Lösung ist Option b.

Aufgabe 8
Die Schlüsselwörter sind: „vorübergehender", „negativer", „Gemütszustand", „Wahrnehmung", „schärft"
Im Interview wird dazu gesagt:
Unsere Forschung zeigt, dass kurzzeitige schlechte Laune positive Folgen hat, weil sie verändert, wie wir denken. Menschen sind aufmerksamer und erinnern sich besser an Dinge. Sind wir schlecht gelaunt, fällen wir genauere und sorgfältigere Urteile und kommunizieren besser. Schlechte Laune kann uns helfen, Herausforderungen zu bewältigen.

Im Interview finden sich Synonyme für die Schlüsselwörter im Item: „kurzzeitige schlechte Laune" entspricht „vorübergehender negativer Gemütszustand", „aufmerksamer sein" wird umschrieben mit „die Wahrnehmung schärfen".
Professor Forgas erklärt, dass schlechte Laune, die nur kurze Zeit andauert, einen positiven Effekt auf unser Denken hat. Eine dieser positiven Folgen ist, dass wir aufmerksamer sind.
Item 8 enthält die gleiche Information, die Lösung ist also Option a.

Aufgabe 9
Die Schlüsselwörter sind: „positive", „Gemütslage", „steigert", „Tatkraft"
Im Interview wird dazu gesagt:
Positive Stimmungen signalisieren eine sichere und vertraute Situation. Sie machen uns oft kreativer, unternehmungslustiger und selbstbewusster. Eine glückliche Stimmung sagt Ihnen: Die gegenwärtige Situation ist sicher, haben Sie den Mut, etwas zu versuchen!

Im Interview hören Sie „positive Stimmungen" und „eine glückliche Stimmung" als Synonyme für „eine positive Gemütslage". Die im Interview gehörten Wörter „unternehmungslustiger" und „den Mut haben, etwas zu versuchen" werden im Item umschrieben mit „die Tatkraft steigern".
Professor Forgas erklärt, dass Menschen, die in einer positiven Stimmung sind, aus diesem Grund unternehmungslustiger sind und den Mut haben, etwas auszuprobieren.
In Item 9 ist die gleiche Information enthalten. Die Lösung ist daher Option a.

Aufgabe 10
Die Schlüsselwörter sind: „kritisiert", „Glück", „Normalzustand", „betrachtet"
Im Interview wird dazu gesagt:
Es gibt diese falsche Erwartung, dass wir glücklich sein sollten und dass dieses Glück leicht erreichbar wäre. Glück gilt als der Standard, als das Ausgangsgefühl.

Der im Interview gehörte Satz „Glück gilt als der Standard, als das Ausgangsgefühl" wird im Item umschrieben mit „als Normalzustand betrachtet".
Professor Forgas bezeichnet die Meinung, dass Menschen glücklich sein sollten und dass Glück als normale Gegebenheit betrachtet wird, als falsche Erwartung. Das heißt, er kritisiert diese Meinung.
Item 10 gibt diese Information korrekt wieder, die Lösung ist Option a.

Aufgabe 11
Die Schlüsselwörter sind: „glaubt", „jede", „Person", „glücklich", „werden"
Im Interview heißt es:
Unsere heutige Kultur ist auf Hedonismus, Vergnügen und Glücklichsein ausgerichtet. Das ist teilweise die Folge von Werbung und dem Versprechen des sofortigen Glücks durch Konsum: Man muss nur auf eine Party gehen, eine Reise machen oder ein neues Auto kaufen und schon ist man glücklich. Natürlich ist es nicht so einfach. Aber wir haben diese Kultur des vermeintlich erreichbaren Glücks geschaffen.

Professor Forgas erklärt hier, dass es keine leichte und schnelle Methode gibt, glücklich zu werden. Er sagt aber nichts dazu, ob Menschen überhaupt glücklich werden können.
Die Lösung ist daher Option c.

Aufgabe 12
Die Schlüsselwörter sind: „Heutzutage", „akzeptieren", „breiteres", „Gefühlsspektrum"
Im Interview wird dazu gesagt:
… wir sollten nicht alle negativen Gefühle als abnormal abstempeln. Dadurch entsteht das Gefühl, dass mit uns etwas nicht stimmt, wenn wir schlecht drauf sind. Früher gab es diese Norm nicht. Die meisten griechischen Tragödien oder Shakespeares Dramen handeln von Ereignissen, die unvermeidbar, unkontrollierbar und negativ sind und befassen sich mit der Frage, wie man mit ihnen fertig wird. Aber in der modernen Gesellschaft werden die Legitimität und der Nutzen von negativen Stimmungen oft geleugnet.

Im Interview wird verglichen, wie die Menschen in der Vergangenheit negative Gefühle und Ereignisse wahrgenommen haben und wie sie sie heutzutage betrachten. Früher wurden negative Vorkommnisse und Stimmungen als normaler Teil des Lebens gesehen. Im Gegensatz dazu werden sie heute als unnormal abgelehnt. Das Spektrum der Gefühle, das von uns akzeptiert wird, hat sich also verkleinert.
Item 12 widerspricht der Information des Interviews, die Lösung ist Option b.

Aufgabe 13
Die Schlüsselwörter sind: „krankhafte", „Gemütsstörung", „geistige", „Leistungsfähigkeit", „beeinträchtigen"
Im Interview wird dazu gesagt:
Wir müssen zwischen vorübergehend schlechter Stimmung und Depression unterscheiden. Depressionen sind eine ernsthafte Krankheit, die sich negativ auf kognitive Prozesse auswirken kann.

Im Interview hören Sie Synonyme für die Schlüsselwörter im Item: „Depressionen" entspricht „krankhafte Gemütsstörung", „sich negativ auf kognitive Prozesse auswirken" entspricht „die geistige Leistungsfähigkeit beeinträchtigen".
Professor Forgas differenziert an dieser Stelle zwischen schlechter Laune und Depressionen und erklärt, dass Depressionen die Vorgänge im Gehirn bei der Verarbeitung von Informationen negativ beeinflussen können.
Das Item gibt die Information des Interviews korrekt wieder, die Lösung ist also Option a.

Aufgabe 14
Die Schlüsselwörter sind: „Angst", „oft", „nicht", „erklären"
Im Interview wird dazu gesagt:
Schlechte Laune ist eine Stimmung. Sie entsteht oft unbewusst und bleibt lange. Anders als Emotionen wie Angst und Wut. Diese sind intensiv, kurzlebig und meist bewusst: Man weiß, was man fühlt und warum.

Hier wird im Interview zwischen schlechter Laune einerseits und Angst und Wut andererseits differenziert. Im Unterschied zur unbewusst entstehenden schlechten Laune ist Angst laut Professor Forgas meistens bewusst. Wenn man Angst hat, weiß man, dass man dieses Gefühl hat und auch, warum man es hat. Man kennt also den Grund für die Angst, man kann die Angst erklären.
Das Item widerspricht der Information des Interviews, die Lösung ist daher Option b.

Aufgabe 15
Die Schlüsselwörter sind: „Gemütslagen", „relativ", „stabil"
Im Interview wird dazu gesagt:
Unsere Stimmungen schwanken ständig, wir erleben an jedem Tag abwechselnd gute und schlechte Stimmungen und hinterfragen nicht die Ursache dafür.

Im Interview hören Sie „Gemütslagen" als Synonym für „Stimmungen". Außerdem hören Sie „schwanken ständig" und „an jedem Tag abwechselnd", was die entgegengesetzte Bedeutung von „stabil" hat.
Professor Forgas beschreibt hier, dass unsere Stimmungen fortlaufend wechseln und wir jeden Tag positive und negative Stimmungen durchleben. In der Aufgabe steht genau das Gegenteil.
Das Item stimmt also nicht, die Lösung ist Option b.

Modul Hören, Teil 3

Beschreibung dieses Prüfungsteils

Was für einen Text hören Sie?	Sie hören ein längeres Gespräch bzw. eine längere Diskussion mit einer Moderatorin bzw. einem Moderator, die / der zwei Expertinnen oder Experten zu einem aktuellen Thema aus dem Bereich Gesellschaft oder Wissenschaft befragt.
Was ist Ihre Aufgabe?	Sie lösen acht Aufgaben. Sie müssen entweder zu einer Frage die richtige Antwort a, b oder c markieren oder zu einem Satzanfang die richtige Fortsetzung a, b oder c markieren.
Was wird vorgegeben?	Sie bekommen acht Aufgaben mit jeweils drei Antwortoptionen.
Wie hören Sie?	Bei diesem Prüfungsteil geht es um globales und detailliertes Hören. Sie müssen Hauptaussagen und Meinungen verstehen.
Was müssen Sie tun, um diesen Prüfungsteil zu lösen?	Sie müssen erkennen, ob die in den Aufgaben genannten Hauptaussagen und Meinungen dem Inhalt des Interviews entsprechen.
Wie lange dauert dieser Prüfungsteil?	Sie hören den Hörtext in vier Abschnitten. Zu jedem Abschnitt gibt es zwei Aufgaben. Vor jedem Abschnitt haben Sie 30 Sekunden Zeit, um die Aufgaben zu lesen. Die Textlänge beträgt circa 710 Wörter. Sie hören den Text einmal.
Wie läuft der Prüfungsteil ab?	Vor dem Hören: • Aussagen lesen • Schlüsselwörter markieren • Thema erfassen Während des Hörens: • auf Schlüsselwörter achten • die richtige Antwortoption markieren Nach dem Hören: • Lösungen auf dem Antwortbogen eintragen
Wie wird dieser Prüfungsteil bewertet?	Für jede richtige Antwort erhalten Sie einen Punkt, insgesamt also 8 Punkte.

Bei diesem Prüfungsteil müssen Sie Aussagen aus einem gehörten Interview ergänzen und aus jeweils drei Auswahlantworten die passende Antwort auswählen. Der Inhalt des Interviews ist in den Auswahlantworten im Allgemeinen in Form einer Paraphrasierung wiedergegeben.

Vorwissen aktivieren

Sie hören ein Gespräch mit mehreren Personen über ein aktuelles Thema. Das genaue Thema wird oben auf dem Aufgabenblatt genannt. Bei der Lösung der Aufgaben hilft es Ihnen, wenn Sie schon vor dem Hören des Gesprächs Ihr Vorwissen zum Thema aktivieren und Vermutungen darüber anstellen, worüber die Personen sprechen könnten.

1 **Welche Inhalte könnte man bei den folgenden Themen erwarten? Notieren Sie Stichpunkte.**

Gesunde Ernährung	Künstliche Intelligenz	Energieversorgung

2 **Welche Antworten könnte eine Ernährungsberaterin auf die folgenden Fragen geben? Notieren Sie Ihre Vermutungen.**

Frage 1: Alle Menschen wissen, dass sie mehr Obst und Gemüse essen sollen. Trotzdem konsumieren viele Fast Food oder Süßigkeiten. Wie lässt sich das erklären?

....

....

....

Frage 2: Müssen die Menschen vor allem ihre Einstellung ändern, um ein gesundes Essverhalten zu entwickeln?

....

....

....

Frage 3: Wie wichtig sind gute Vorsätze und Willenskraft, um sich gesund zu ernähren?

....

....

....

3 **Lesen Sie nun die Antwortoptionen auf die Fragen 1 bis 3. Vergleichen Sie sie mit Ihren eigenen Antworten in 2.**

Markieren Sie vor dem Hören immer die Schlüsselwörter in den Aufgaben.

1 Alle Menschen wissen, dass sie mehr Obst und Gemüse essen sollen. Trotzdem konsumieren viele Fast Food oder Süßigkeiten. Wie lässt sich das erklären?
- a Die Menschen finden gesunde Ernährung unbefriedigend.
- b Die Menschen haben feste Vorstellungen über Ernährung.
- c Die Menschen mögen kein Obst und Gemüse.

2 Müssen die Menschen vor allem ihre Einstellung ändern, um ein gesundes Essverhalten zu entwickeln, oder spielen noch andere Aspekte eine Rolle?
- a Die eigene Haltung ist ausschlaggebend für unser Ernährungsverhalten.
- b Unsere Ernährungsgewohnheiten hängen von subjektiven und objektiven Faktoren ab.
- c Unsere Essgewohnheiten werden durch unser engeres soziales Umfeld bestimmt.

3 Wie wichtig sind gute Vorsätze und Willenskraft im Hinblick auf gesunde Ernährung?
- a Die Handlungsmacht des Einzelnen wird häufig überbewertet.
- b Menschen neigen dazu, ihre eigene Willensstärke zu überschätzen.
- c Mit ausreichender Entschlossenheit können Menschen ihr Essverhalten ändern.

11 4 **Hören Sie nun den ersten Abschnitt des Interviews und markieren Sie in Übung 3 jeweils die richtige Antwort a, b oder c.**

Unbekannte Wörter aus dem Kontext erschließen

Ihr Vorwissen über das Thema kann Ihnen dabei helfen, unbekannte Wörter beim Hören zu erschließen. Überlegen Sie, was das Wort im jeweiligen Zusammenhang bedeuten könnte.

12 5 **Hören Sie den zweiten Abschnitt des Interviews und lösen Sie die Aufgaben 4 und 5. Einige Wörter sind nicht gut zu hören. Versuchen Sie, die Bedeutung aus dem Kontext zu erschließen.**

4 Inwiefern beeinflussen äußere Faktoren die Ernährung?
- a Bei der Arbeit bevorzugen viele Personen ungesunde Snacks.
- b Die Kosten der Produkte beeinflussen die Ernährung der Menschen.
- c Menschen mit geringem Einkommen können sich nicht genug Essen leisten.

5 Welche Methoden gibt es, um sich im Alltag gesünder zu ernähren?
- a Durchorganisierte Menschen sollten mehr auf ihre innere Stimme hören.
- b Instinktiv handelnde Personen sollten den Einkauf besser organisieren.
- c Instinktiv agierende Menschen sollten sich auf die Nahrungsaufnahme konzentrieren.

13 6 **Hören Sie nun den zweiten Abschnitt des Interviews noch einmal. Jetzt sind alle Wörter gut verständlich. Überprüfen Sie Ihre Antworten in Übung 5.**

Paraphrasen erkennen

Die Informationen des Interviews sind in den Antwortoptionen im Allgemeinen mit anderen Wörtern wiedergegeben. Üben Sie deshalb, denselben Inhalt in einer unterschiedlichen sprachlichen Formulierung wiederzuerkennen.

7 **Welche Formulierungen haben die gleiche Bedeutung? Ordnen Sie zu.**

1 soziale Differenzierungen ausdrücken
2 zum oberen Segment der Gesellschaft gehören
3 traditionelle Konsummuster verfolgen
4 tierische Produkte konsumieren
5 ein enges Verhältnis zu Tieren pflegen
6 die Nutztierhaltung romantisieren

a Fleisch, Fisch und Eier essen
b eine innige Beziehung zu Tieren haben
c Teil der Oberschicht sein
d die Viehwirtschaft verklären
e verschiedene gesellschaftliche Positionen zeigen
f dieselben Produkte verwenden wie in der Vergangenheit

8 **Schreiben Sie eigene Paraphrasen. Verwenden Sie die Elemente aus dem Schüttelkasten.**

als Zeichen eines hohen Lebensstandards betrachtet werden | der Verzehr von Fleisch | der Verzehr von Fleischprodukten | deutlich zu erkennen sein | von der Herstellung von Fleischwaren getrennt sein | heutzutage | kein Fleisch essen | landwirtschaftlich genutzten Tieren menschliche Züge zusprechen | Einige Menschen, die keine tierischen Produkte konsumieren | sich von anderen gesellschaftlichen Schichten abheben | wirtschaftliche Unterschiede in der Bevölkerung | zeigen möchten: moralisch höherstehend sein

1 Die ökonomische Ungleichheit der Gesellschaft ist ausgeprägt.

....

2 Der Verzicht auf Fleisch ist eine Form der sozialen Abgrenzung.

....

3 Fleischkonsum wurde als Ausdruck von Wohlstand gesehen.

....

4 Manche Menschen, die sich vegan ernähren, möchten moralische Überlegenheit demonstrieren.

....

5 Der Fleischkonsum ist entkoppelt von der Fleischproduktion.

....

6 In der heutigen Gesellschaft vermenschlichen wir das Nutztier.

....

9 **Welcher Satz hat dieselbe Bedeutung: a oder b? Markieren Sie.**

1 Die Frequenz im europäischen Stromsystem liegt bei 50 Hertz.

a Der Strom im europäischen Stromnetz schwingt mit einer Frequenz von 50 Hertz.
b Für das europäische Stromnetz wird eine Frequenz von 50 Hertz empfohlen.

2 Damit die Frequenz stabil bleibt, muss die Stromerzeugung stets dem Bedarf angepasst werden.

a Um Abweichungen von der Normfrequenz zu vermeiden, muss der Stromverbrauch kontrolliert werden.
b Um Frequenzschwankungen zu vermeiden, muss das Angebot auf die Nachfrage abgestimmt werden.

3 Die Kraftwerke erhöhen kurzfristig ihre Leistung und kompensieren damit die fehlende elektrische Energie.

a Die Elektrizitätswerke reagieren schnell und flexibel und speisen die benötigte Strommenge ins Netz ein.
b Die Stromerzeugungsanlagen passen die Stromproduktion an und stellen bei Bedarf zusätzliche elektrische Energie bereit.

4 Die Stromproduktion aus erneuerbaren Energien schwankt mit der Verfügbarkeit der natürlichen Energiequellen.

a Die Menge des Stroms aus regenerativen Energien hängt davon ab, ob Wind weht und die Sonne scheint.
b Der Anteil des Stroms aus nachhaltigen Energieträgern richtet sich danach, wie viele Windräder ans Stromnetz angeschlossen sind.

5 Bei Überkapazitäten werden Solar- und Windenergieanlagen vom Netz genommen.

a Wenn mehr Strom produziert als abgenommen wird, drosseln Solaranlagen und Windkraftanlagen ihre Leistung.
b Wenn die Stromerzeugung die Nachfrage übersteigt, wird Solar- und Windstrom nicht mehr ins Netz eingespeist.

6 Energieintensive Industrieanlagen werden bei Gefahr eines Blackouts vom Stromnetz getrennt.

a Bei einem Stromausfall-Risiko werden große Stromverbraucher deaktiviert.
b Bei einem Ausfall der Stromversorgung werden stromintensive Betriebe abgeschaltet.

▶ 14 10 **Hören Sie einen Ausschnitt aus einem Interview und markieren Sie die Aussagen, die mit dem gehörten Inhalt übereinstimmen. Hören Sie noch einmal und markieren Sie im Hörtranskript die lösungsrelevanten Textstellen.**

1 Elektrische Energie ist für eine moderne Gesellschaft unverzichtbar.
2 Krankenhäuser verfügen bei Stromausfall über eine Notstromversorgung.

Frage: *In Deutschland standen wir schon mehrmals kurz vor einem großflächigen Stromausfall. Wie ist so etwas möglich und welche Folgen hätte so ein Ereignis?*

Antwort: *Ein Stromnetz reagiert sensibel auf Frequenzschwankungen. Kleine Abweichungen können sich fortsetzen und verstärken. Im schlimmsten Fall brechen dann Netze zusammen und es gibt keinen Strom mehr. Heutzutage bedeutet das nicht mehr nur, dass wir kein Licht mehr in der Wohnung haben oder den Herd nicht mehr benutzen können.*

Im 21. Jahrhundert brauchen wir für alles Strom, für Telefonie und Internetverbindung ebenso wie für Elektroautos. Und natürlich ist Strom nicht nur für die Anwendungen der Privathaushalte erforderlich. Versuchen Sie sich einmal vorzustellen, welche Folgen ein Blackout für die Rechenzentren, den öffentlichen Verkehr, Krankenhäuser oder Behörden hätte.

3 Bei erhöhtem Stromverbrauch sinkt die Frequenz im Stromnetz.
4 Ausgewählte Netzbereiche werden vom Stromnetz getrennt.

Frage: *Was kann man tun, damit es nicht dazu kommt?*
Antwort: *Ein wichtiges Maß dafür, dass ein Stromnetz stabil bleibt, ist die Standardnetzfrequenz von 50 Hertz. Angebot und Nachfrage halten sich hierbei die Waage. Wenn der Strombedarf steigt, weil beispielsweise plötzlich eine große Zahl von Menschen ihr E-Auto an die Ladesäule anschließt, sackt die Frequenz ab. Um eine konstante Netzfrequenz von 50 Hertz zu sichern, drehen Turbinen und Generatoren in Großkraftwerken mit einer bestimmten Drehzahl. Beim Absinken der Frequenz im Netz wird mehr Dampf auf die Turbine gegeben, um den Abfall auszugleichen. Wenn das nicht genug ist, werden innerhalb einer halben Minute Reservekraftwerke aktiviert. Falls das Netz dennoch instabil bleibt, wird einzelnen Großkunden, mit denen entsprechende Verträge bestehen, der Strom abgestellt. Im nächsten Schritt würden dann regionale Teilnetze komplett abgeschaltet.*

5 Viele Kraftwerke sind ohne eine externe Stromquelle nicht startbar.
6 24 Stunden nach einem Blackout ist die Stromversorgung wiederhergestellt.

Frage: *Und so will man einen großen Blackout verhindern?*
Antwort: *Das ist immer das oberste Ziel. Denn neben den gesellschaftlichen Folgen, die ich zu Beginn schon angesprochen habe, bringt ein Stromausfall ein weiteres Problem mit sich: Man muss das Netz danach wieder aufbauen. Es ist nämlich so, dass viele Kraftwerke ebenso wie das Stromnetz selbst Strom benötigen, um zu funktionieren. Für einen Neubeginn braucht man daher Kraftwerke, für deren Betrieb keine externe Energie erforderlich ist, wie etwa Wasserkraftwerke. Durch diese kaltstartfähigen Kraftwerke kann man das stromlose Netz wieder mit Strom versorgen und schrittweise andere Kraftwerke wieder zuschalten. Es kann aber Tage dauern, bis überall wieder Strom verfügbar ist.*

7 Es wird mehr Strom durch Wind- und Sonnenenergie produziert.

Frage: *Und wird die Aufgabe, eine stabile Stromversorgung zu sichern, in Zukunft einfacher oder schwieriger?*
Antwort: *Mit dem herkömmlichen Energiesystem ist die gerade beschriebene Vorgehensweise noch vergleichsweise einfach. Einige Großkraftwerke kann man nämlich leichter steuern als viele kleine Erzeuger. Durch den Ausbau der erneuerbaren Energien ändert sich allerdings die Situation. Die Kern- und Kohlekraftwerke, mit denen vorher Strom produziert wurde, werden jetzt abgeschaltet. Stattdessen wird zunehmend durch Wind- und Photovoltaikanlagen Strom ins Netz eingespeist. Die Menge hängt immer davon ab, ob und wie stark der Wind weht und die Sonne scheint.*

15 11 **Hören Sie abschnittsweise ein Interview über den Einsatz von künstlicher Intelligenz (KI) bei der Personalauswahl und markieren Sie die richtige Aussage a oder b. Hören Sie noch einmal und notieren Sie, wie die richtige Aussage im Hörtext formuliert ist. Nehmen Sie bei Bedarf das Transkript zu Hilfe.**

1 Mithilfe von KI möchten Unternehmen …

a die Daten ihrer Mitarbeitenden verwalten.
b mögliche Jobkandidatinnen und -kandidaten finden.

....

2 Man benutzt Online-Dialogsysteme, …

a um den Bewerberinnen und Bewerbern Informationen zu übermitteln.
b um von den Bewerberinnen und Bewerbern Informationen zu erhalten.

....

3 Die Qualität eines Tools für Personalauswahl …

a ist abhängig von den Informationen, die das System bekommt.
b muss vor dem Einsatz durch die Personalabteilung überprüft werden.

....

4 KI-gestützte Personalempfehlungen sind …

a kritisch zu beurteilen.
b zuverlässiger als Vorschläge von Expertinnen und Experten.

....

5 Indem Stellenanzeigen mithilfe von KI-Tools formuliert werden, …

a bewerben sich mehr Personen unterschiedlicher Geschlechter.
b bewirbt sich eine größere Anzahl von Personen.

....

6 In Stellenangeboten werden insgesamt mehr Begriffe verwendet, …

a die Stereotype über Männer wiedergeben.
b mit denen Frauen sich identifizieren.

....

7 Ein Risiko bei individualisierten Stellenangeboten ist, dass …

a die Software die Interessen der sich bewerbenden Personen falsch einschätzt.
b man bestimmte Jobanzeigen gar nicht erst zu sehen bekommt.

....

8 Individualisierte Stellenanzeigen

a können bestimmte Tendenzen ungewollt verstärken.
b sind hilfreich für Menschen mit ausländischen Wurzeln.

....

Die Prüfungsaufgabe kennenlernen

- Sie hören ein längeres Gespräch bzw. eine längere Diskussion von circa 710 Wörtern mit einer Moderatorin / einem Moderator und zwei Expertinnen / Experten. Die Personen sprechen über ein aktuelles Thema aus dem Bereich Gesellschaft oder Wissenschaft
- Sie hören das Gespräch in vier etwa gleich langen Abschnitten. Zu jedem Abschnitt gibt es zwei Aufgaben. Sie müssen entweder zu einer Frage die richtige Antwort a, b oder c markieren oder zu einem Satzanfang die richtige Fortsetzung a, b oder c markieren.
- Bei diesem Aufgabentyp sollen Sie zeigen, dass Sie Hauptaussagen und Meinungen verstehen.
- Die Items folgen chronologisch dem Textverlauf.
- Sie hören den Text einmal.

Teil 3

16 Sie hören ein Gespräch mit mehreren Personen über die positiven Auswirkungen von Sport auf unser Gehirn.
Sie hören den Text in vier Abschnitten jeweils **einmal**. Zu jedem Abschnitt gibt es zwei Aufgaben.
Wählen Sie bei jeder Aufgabe die richtige Lösung.
Vor dem Hören eines Abschnitts haben Sie 30 Sekunden Zeit, um die zwei Aufgaben zu lesen.

16 Welchen positiven Effekt hat Sport?
- a Jugendliche bekommen bessere Laune.
- b Kinder lassen sich weniger ablenken.
- c Spitzensportler werden konzentrierter.

17 Am Baseball ist besonders, dass man …
- a schnell Entscheidungen treffen muss.
- b sich selbst immer wieder stark regulieren muss.
- c stark durch Gegenspieler bedrängt wird.

18 Der Wissenschaftler plädiert für …
- a ein größeres Sportangebot in der Schule.
- b körperliche Aktivität in den ersten Schulstunden.
- c Koordinationstraining für kleine Kinder.

19 Inwiefern trägt Sport zu Erfolg im Leben bei?
- a Durch Sport entdeckt man die eigenen Talente.
- b Sport hilft, unerwünschte Charakterzüge abzulegen.
- c Sport prägt die innere Haltung einer Person.

20 Wenn man sportlich aktiv ist, …
- a verändert sich die Hirnchemie.
- b verbessern sich schwere psychische Erkrankungen.
- c wird Durchblutungsstörungen vorgebeugt.

21 Die Konzentration des Proteins BDNF …
- a beeinflusst die geistigen Fähigkeiten.
- b halbiert sich bei körperlicher Untätigkeit.
- c ist relevant für den Aufbau von Muskeln.

22 Welche Wirkung hat kontinuierliches Training?
- a Der BDNF-Spiegel im Gehirn stabilisiert sich.
- b Der Körper produziert vermutlich mehr Serotonin.
- c Die Serotoninkonzentration im Blut fällt nicht ab.

23 Der Wissenschaftler hebt hervor, dass …
- a der Anteil an Personen mit neurodegenerativen Erkrankungen gesunken ist.
- b der richtige Lebensstil besser gegen geistigen Verfall schützt als Arzneimittel.
- c körperliche Aktivität gleich stark gegen Demenz vorbeugt wie gegen Alzheimer.

Die Prüfungsaufgabe Schritt für Schritt lösen

1 Vor dem Hören eines jeden Abschnitts haben Sie jeweils 30 Sekunden Zeit, um die zwei Aufgaben zu lesen. Markieren Sie dabei die Schlüsselwörter.

- Das **Thema** des Gesprächs wird Ihnen auf dem **Aufgabenblatt** genannt. Beim Lesen der Items und Markieren der Schlüsselwörter erhalten Sie weitere Informationen über den Inhalt des Gesprächs. **Aktivieren** Sie schon Ihr **Vorwissen** zum Thema und den relevanten **Wortschatz**.

Denken Sie jedoch daran: Ihre Vorkenntnisse über ein Thema können zwar hilfreich sein, um ein Gespräch besser zu verstehen. Für die korrekte Antwort zählen aber nur die Informationen, die im Hörtext gegeben werden.

- Markieren Sie immer die Schlüsselwörter, auch wenn die Items kurz sind. Durch das Markieren verdeutlichen Sie sich selbst den Inhalt der einzelnen Antwortoptionen. Beim Hören können Sie sich besser auf die gesuchten Informationen fokussieren.

2 Hören Sie jetzt das Interview Abschnitt für Abschnitt und markieren Sie bei jeder Aufgabe die korrekte Antwortoption.

- Konzentrieren Sie sich beim Hören auf die Schlüsselwörter, die Sie markiert haben.
- Der Inhalt des Gesprächs ist in den Aufgaben mit anderen Wörtern wiedergegeben. Achten Sie daher auf Synonyme und Umschreibungen.
- Falls Sie manche Wörter nicht gut verstehen, dann denken Sie nicht darüber nach, sondern hören Sie weiterhin konzentriert zu.
- Markieren Sie auf jeden Fall immer eine Antwortoption, auch wenn Sie nicht ganz sicher sind. Ihre Chancen liegen immerhin bei 33 %.
- In der Prüfung übertragen Sie am Ende des Moduls Hören die Lösungen auf den Antwortbogen. Hierfür bekommen Sie drei Minuten Zeit. Ihre Lösungen für Hören Teil 3 können Sie jetzt hier markieren:

Teil 3	a	b	c
16	☐	☐	☐
17	☐	☐	☐
18	☐	☐	☐
19	☐	☐	☐
20	☐	☐	☐
21	☐	☐	☐
22	☐	☐	☐
23	☐	☐	☐

Die Lösung verstehen

Aufgabe 16
Die Schlüsselwörter sind: „positiven Effekt", „Sport"; „Jugendliche", „bessere Laune"; „Kinder", „weniger ablenken"; „Spitzensportler", „konzentrierter"
Im Interview wird dazu gesagt:
Körperlich fittere Jugendliche beispielsweise sind deutlich aufmerksamer als weniger fitte. Auch können Kinder sich nach dem Sportunterricht oder nach kurzen Pausen, in denen sie sich sehr intensiv bewegt haben, besser fokussieren und Störreize leichter ausblenden. In allen Altersgruppen konnten Forscherinnen und Forscher zeigen, dass die exekutiven Funktionen, die die Selbstregulationsfähigkeit und den Lernerfolg maßgeblich unterstützen, von Sport und Bewegung profitieren. Bei Spitzensportlern sah man zudem, dass sie auf psychischen Stress weniger ängstlich und mit einer besseren Stimmung reagieren als untrainierte Personen.

Bei diesem Item geht es um den positiven Effekt von Sport. Im Gespräch wird gesagt, dass Kinder sich nach dem Sportunterricht besser fokussieren und Störreize leichter ausblenden können. Das heißt, sie lassen sich weniger ablenken. Antwort b ist daher richtig. Eine bessere Stimmung, d. h. bessere Laune, bekommen nicht Jugendliche, sondern Spitzensportler. Antwort a ist somit falsch. Sich durch Sport besser konzentrieren können Kinder und Jugendliche, für Spitzensportler wird diese Auswirkung nicht genannt. Antwort c ist folglich ebenfalls falsch.

Aufgabe 17
Die Schlüsselwörter sind: „Baseball", „besonders"; „schnell", „Wahl treffen"; „sich selbst stark regulieren"; „Gegenspieler bedrängt"
Im Interview wird dazu gesagt:
Beide Sportarten fordern den Kopf stark heraus. Es gilt schließlich, unter Zeit- und Gegnerdruck vielfältige Entscheidungen zu treffen. Baseball reicht sogar noch eine Stufe weiter: Während man beim Tennis immer auf den Ball schlagen kann, darf man beim Baseball nur ausholen, wenn der Ball in einem bestimmten Bereich über der Base auf den Spieler zufliegt. Jeder Schlag erfordert damit eine „Go/No-Go"-Entscheidung. Trainiert wird hier also verstärkt, Impulse zu kontrollieren.

Hier geht es um die Besonderheit der Sportart Baseball. Es wird gesagt, dass ein Baseballspieler nur in bestimmten Situationen auf den Ball schlagen darf und beim Baseball deshalb verstärkt trainiert wird, die eigenen Impulse zu kontrollieren. Das entspricht dem Inhalt von Antwort b. Die Optionen a und c sind falsch, da sie keine Besonderheit vom Baseball beschreiben. Auch beim Tennis muss man schnell Entscheidungen treffen und wird man von Gegenspielern unter Druck gesetzt.

Aufgabe 18
Die Schlüsselwörter sind: „Wissenschaftler", „plädiert"; „größeres Sportangebot", „Schule"; „körperliche Aktivität", „ersten Schulstunden"; „Koordinationstraining", „Kinder"
Im Interview wird dazu gesagt:
Schon Kleinkinder trainieren durch Sport Kraft, Beweglichkeit und Koordination, wodurch ihre kognitiven Grundfunktionen gestärkt werden. Wie zu Beginn erwähnt, hilft Sport Kindern, sich zu konzentrieren. Deshalb sollte der Sportunterricht morgens stattfinden. Gut trainierte Exekutivfunktionen korrelieren mit besseren Noten in Mathe und Sprache.

Bei diesem Item wird nach der Meinung des Wissenschaftlers gefragt. Im Gespräch spricht er sich für einen Sportunterricht am Morgen in der Schule aus. Antwort b ist folglich korrekt. Option a trifft nicht zu, da der Wissenschaftler nur Wünsche bezüglich der Uhrzeit des Sportunterrichts äußert, aber nicht bezüglich des Angebots. Option c ist auch falsch, da der Wissenschaftler nur feststellt, dass Kinder durch Sport ihre Koordination trainieren. Er plädiert aber nicht für ein Koordinationstraining.

Aufgabe 19
Die Schlüsselwörter sind: „Sport", „Erfolg im Leben"; „entdeckt", „Talente"; „hilft", „Charakterzüge", „abzulegen"; „prägt", „innere Haltung";
Im Interview wird dazu gesagt:
Doch effizient lernen zu können, ist nicht allein entscheidend für Erfolg und Zufriedenheit im Leben. <u>Sport formt auch die Einstellung. Wer regelmäßig trainiert, lernt, sich immer wieder selbst zu motivieren. Sport fördert die Anstrengungsbereitschaft und das Durchhaltevermögen und unterstützt auf diese Weise die Entwicklung von Willensstärke.</u> Die lässt sich tatsächlich wie ein Muskel trainieren. Das Wetter ist schlecht? Egal, ich gehe trotzdem laufen! <u>Langfristig ist diese Einstellung für Schule und Beruf bedeutsam.</u> Talent ist wichtig, doch der Einsatz zählt doppelt.

Hier geht es um den Zusammenhang zwischen Sport und Erfolg im Leben. Es wird beschrieben, dass für Erfolg im Leben auch die Einstellung wichtig ist und Sport die Einstellung eines Menschen formt. Sport prägt also die innere Haltung. Antwort c ist folglich richtig. Über Talent wird gesagt, dass es für Schule und Beruf wichtig ist, aber nicht, dass man es durch Sport entdecken kann. Antwort a ist somit nicht zutreffend. Antwort b trifft ebenfalls nicht zu. Sport hilft zwar, positive Eigenschaften zu entwickeln. Das bedeutet aber nicht automatisch, dass schlechte Eigenschaften verschwinden.

Aufgabe 20
Die Schlüsselwörter sind: „sportlich aktiv"; „verändert", „Hirnchemie"; „verbessern", „schwere psychische Erkrankungen"; „Durchblutungsstörungen", „vorgebeugt"
Im Interview wird dazu gesagt:
Der Blutfluss ins Gehirn erhöht sich und die Gehirndurchblutung ist gesteigert. <u>Auch die Konzentration der Botenstoffe verändert sich. Der Neurotransmitter Serotonin ist ein spannendes Beispiel. Wenn wir Sport treiben, führt das im Gehirn zu einem Anstieg an Serotonin,</u> was gedächtnisfördernd, angstlösend und stimmungsaufhellend wirkt. Sport kann bei leichter bis mittelgradiger Depression dadurch genauso wirksam sein wie Antidepressiva.

Hier geht es darum, was passiert, wenn man Sport treibt. Die Wissenschaftlerin erklärt, dass sich durch Sport die Konzentration der Botenstoffe im Gehirn verändert und beispielsweise der Neurotransmitter Serotonin ansteigt. Das heißt, die Hirnchemie verändert sich. Antwort a ist somit richtig. Auswahlantwort b ist falsch, da sich durch Sport nur eine leichte bis mittelschwere Depression verbessern kann, aber keine schweren psychischen Erkrankungen. Antwortoption c ist auch falsch, da im Gespräch nur gesagt wird, dass beim Sport die Gehirndurchblutung gesteigert ist, nicht aber, dass Durchblutungsstörungen vorgebeugt wird.

Aufgabe 21
Die Schlüsselwörter sind: „Konzentration", „Proteins BDNF"; „beeinflusst", „geistigen Fähigkeiten"; „halbiert", „körperlicher Untätigkeit"; „relevant", „Aufbau", „Muskeln"
Im Interview wird dazu gesagt:

Durch Training lassen sich außerdem nicht nur Muskeln, sondern auch das Nervengewebe stimulieren. Dafür ist das Protein BDNF entscheidend. BDNF ist zuständig für den Schutz und das Wachstum von Nervenzellen im Gehirn. Durch körperliche Aktivität – schon 20 bis 40 Minuten Ausdauertraining täglich reichen – erhöht sich die BDNF-Konzentration um mehr als 30 Prozent. Inaktivität führt dagegen zu einem Rückgang von 13 Prozent. Der BDNF-Anstieg unterstützt die Neubildung von Nervenzellen im Hippocampus und damit unser Gedächtnis für Fakten, persönlich Erlebtes und räumliche Orientierung.

Bei diesem Item geht es um die Bedeutung des Proteins BDNF. Im Gespräch erfährt man, dass ein Anstieg der BDNF-Konzentration die Bildung von neuen Nervenzellen im Gehirn unterstützt und sich dadurch Teile des Gedächtnisses verbessern. Die BNDF-Konzentration beeinflusst somit die geistigen Fähigkeiten, Antwort a ist korrekt. Option b ist falsch, da die BDNF-Konzentration bei körperlicher Inaktivität nur um 13 Prozent zurückgeht, sich aber nicht halbiert. Option c ist ebenfalls nicht zutreffend, da BDNF das Nervengewebe stimuliert, aber nicht den Muskelaufbau.

Aufgabe 22

Die Schlüsselwörter sind: „Wirkung", „kontinuierliches Training"; „BDNF-Spiegel", „stabilisiert"; „produziert", „mehr Serotonin"; „Serotoninkonzentration", „fällt nicht ab"

Im Interview wird dazu gesagt:

Der Serotoninanstieg sinkt binnen einer Stunde wieder. Man nimmt jedoch an, dass Menschen, die regelmäßig ihre Ausdauer trainieren, mehr Rezeptoren bilden, die Serotonin ausschütten. Und es gibt durchaus Langzeiteffekte. Das hat sich zum Beispiel bei älteren Frauen gezeigt, noch 18 Monate nachdem sie ein Jahr lang ein- bis zweimal wöchentlich Krafttraining gemacht haben.

Hier geht es um die Wirkung von kontinuierlichem Training auf den Körper. Im Gespräch wird beschrieben, dass bei regelmäßigem Training im Gehirn mehr Rezeptoren gebildet werden, die Serotonin ausschütten. Das heißt, der Körper produziert mehr Serotonin. Somit ist Antwort b korrekt. Option a ist falsch, da der BDNF-Spiegel sich nicht stabilisiert, sondern ansteigt. Option c ist auch falsch, da die Serotoninkonzentration im Blut innerhalb einer Stunde nach dem Ende des Trainings wieder sinkt.

Aufgabe 23

Die Schlüsselwörter sind: „Wissenschaftler", „hebt hervor"; „Personen", „neurodegenerativen Erkrankungen", „gesunken"; „Lebensstil", „besser", „schützt", „Arzneimittel"; „körperliche Aktivität", „gleich", „Demenz", „vorbeugt", „Alzheimer"

Im Interview wird dazu gesagt:

Wer als Erwachsener regelmäßig Sport treibt, reduziert beispielsweise das Risiko, an Demenz zu erkranken, um 18 Prozent. Für Alzheimer liegt der Wert bei 26 Prozent. Wer zudem geistig rege ist, sich gesund ernährt, auf Tabak und übermäßigen Alkoholkonsum verzichtet, kann das Risiko gar um 60 Prozent minimieren. Das schafft kein Medikament.

Bei diesem Item geht es um eine positive Nachricht, die der Wissenschaftler mitteilt. Er erklärt, dass Menschen durch regelmäßigen Sport, geistige Aktivität, gesunde Ernährung und das Vermeiden von Tabak und zu viel Alkohol das Risiko, dement zu werden, stärker reduzieren können als durch die Einnahme eines Medikaments. Das entspricht Antwort b. Option a trifft nicht zu. Im Interview wird gesagt, dass man durch Sport neurodegenerativen Erkrankungen vorbeugen kann, aber nicht, dass der Anteil von betroffenen Personen kleiner geworden ist. Option c ist auch falsch, da regelmäßiges Sporttreiben das Risiko an Alzheimer zu erkranken stärker senkt als das Risiko, an Demenz zu erkranken.

Modul Hören, Teil 4

Beschreibung dieses Prüfungsteils

Was für einen Text hören Sie?	Sie hören einen längeren, monologischen Vortrag einer Expertin / eines Experten zu einem aktuellen Thema aus Gesellschaft, Politik oder Forschung.
Was ist Ihre Aufgabe?	Sie lösen sieben Aufgaben. Sie müssen jeweils die richtige Antwort a, b oder c markieren.
Was wird vorgegeben?	Sieben dreigliedrige Multiple-Choice-Aufgaben zu dem Hörtext.
Wie hören Sie?	Bei diesem Prüfungsteil geht es um das Verstehen von Einzelinformationen zu einem aktuellen Thema.
Was müssen Sie tun, um diesen Prüfungsteil zu lösen?	Sie müssen die richtigen Aussagen aus dem Vortrag heraushören und zuordnen. Die Items folgen der Chronologie des Textes.
Wie lange dauert dieser Prüfungsteil?	Der Text hat eine hohe Informationsdichte, daher hören Sie ihn zweimal. Bevor der Hörtext beginnt, haben Sie 90 Sekunden Zeit, die Aufgaben zu lesen. Die Textlänge des Hörtextes umfasst etwa 540 Wörter.
Wie läuft der Prüfungsteil ab?	Lesen der Aufgaben: • Aufgaben verstehen • Schlüsselwörter markieren Hören des Textes: • die entsprechenden Aussagen in dem gehörten Vortrag wiedererkennen • die richtigen Aussagen markieren Nach dem Hören: • Lösungen auf dem Antwortbogen übertragen
Wie wird dieser Prüfungsteil bewertet?	Für jede richtige Antwort erhalten Sie einen Punkt, insgesamt also 7 Punkte.

Bei diesem Prüfungsteil müssen Sie entscheiden, welche Aussage a, b, c mit dem Inhalt des Vortrags übereinstimmt. Die Schwierigkeit ist dabei, dass die Inhalte aus dem Vortrag in den Aufgaben nicht wörtlich wiedergegeben werden, sondern durch Paraphrasen oder Synonyme. Außerdem hat der Text eine hohe Informationsdichte.

Synonyme bestimmen

1 **Welche Ausdrücke können synonym zu den unterstrichenen verwendet werden? Ordnen Sie die Ausdrücke im Schüttelkasten den unterstrichenen Passagen zu und formulieren Sie die Sätze neu.**

Konsequenz | erscheinen | sich problematisch gestalten | kennen | sich ausmalen | antreffen | zu Recht | ~~das Thema behandeln~~ | außerordentliches Spektrum

1 In meinem heutigen Vortrag geht es um Plastik.

Mein heutiger Vortrag behandelt das Thema Plastik.

2 Jedem sind die großen Vorteile dieses Materials aus unserem Alltag bekannt.

....

3 Momentan können wir uns jedoch noch nicht vorstellen, wie unser Alltag komplett ohne Plastik aussähe.

....

4 Sein großer Vorteil neben der ungeheuren Vielfältigkeit der Anwendungen ist seine enorme Beständigkeit.

....

5 Aber das ist auch sein größter Nachteil und wird mittlerweile zu einem wachsenden und gravierenden Problem.

....

....

6 Schaut man sich die Weltjahresproduktion an, können wir berechtigterweise vom Zeitalter des Plastiks sprechen.

....

7 Und nach gerade einmal 100 Jahren Produktion von Kunststoffen finden sich seine Abfälle an Land, in den Meeren, in den Flüssen und damit zunehmend im Trinkwasser.

....

....

8 Zusätzlich landen diese Partikel dann über die Nahrungsketten schließlich bei uns Menschen auf dem Teller und damit auch in unseren Körpern.

....

9 Diverse gesundheitliche, noch nicht umfassend erforschte Schäden sind die Folge.

....

2a Welche Wörter sind Synonyme? Ordnen Sie zu.

1	Beständigkeit	a	Herstellung
2	Anwendung	b	Nutzung
3	Zeitalter	c	Haltbarkeit
4	Schaden	d	Beeinträchtigung
5	Abfall	e	Ära
6	Produktion	f	Müll

2b Welcher Ausdruck passt? Setzen Sie die Ausdrücke a bis f aus Übung 2a ein.

1 Die enorm lange .... von Plastik ist sowohl Fluch als auch Segen.

2 Schon ein Jahrhundert lang hat der Mensch Erfahrungen mit der .... von Plastik gesammelt.

3 Nicht mehr benutzte Plastikteile landen als .... überall: auf dem Land, in den Gewässern und dann zersetzt als Mikroplastik in sämtlichen Organismen.

4 Schon seit Jahrzehnten wird so viel Plastik produziert, dass Wissenschaftler von einer .... des Plastiks sprechen.

5 Nachweislich führt Mikroplastik in den Organismen von Mensch und Tier zu ...., von deren Art und Umfang aber noch keine genauen Kenntnisse vorliegen.

6 Unbestritten ist die .... von Plastik in unserer modernen Welt vielfältig und nicht so ohne Weiteres durch alternative Stoffe zu ersetzen.

Paraphrasieren

3a Bringen Sie die Sätze a bis g in die richtige Reihenfolge.

[1] a Bereits 2016 entdeckten japanische Forscher ein Bakterium, das sich teilweise von PET ernähren kann.

[ ] b So wird das Plastik in kleinere Bausteine zerlegt.

[ ] c Dadurch ergäbe sich ein geschlossener Kreislauf aus Aufbau, Abbau und Wiederaufbau.

[ ] d Daher ist die Vision für die Zukunft, mit diesen plastikfressenden Bakterien gegen die weltweit wachsenden Plastikberge anzugehen.

[ ] e PET ist einer der industriell wichtigsten Kunststoffe mit einer Jahresproduktion von 50 Millionen Tonnen.

[ ] f Dieses Bakterium enthält nun zwei Enzyme, mit denen es die Polymere verdauen kann.

[ ] g Und zwar geschieht das in Stoffe, die praktischerweise gleich am Beginn der PET-Herstellung stehen.

3b **Ersetzen Sie die unterstrichenen Ausdrücke aus 3a mit den Synonymen aus dem Schüttelkasten. Formulieren Sie gegebenenfalls um.**

darstellen | vorgehen | erfolgen | sich vollziehen | aufspalten | besitzen | ~~ausfindig machen~~

1 Bereits 2016 machten japanische Forscher ein Bakterium ausfindig, das sich teilweise von PET ernähren kann.

2 ……………………

3 ……………………

4 ……………………

5 ……………………

6 ……………………

7 ……………………

4 **Schreiben Sie die folgenden Sätze mithilfe der Begriffe in Klammern um. Die inhaltliche Aussage bleibt gleich.**

1 Allerdings haben die Experimente gezeigt, dass der bakterielle PET-Abbau ein sehr langwieriger Prozess ist.
(klar werden / dauern)

……………………

2 Denn zur Vernichtung eines dünnen Plastikfilms brauchte das Bakterium mit dem klangvollen Namen Ideonella eine Temperatur von 30 Grad Celsius und einen Zeitraum von rund 60 Wochen.
(um … zu zersetzen / benötigen)

……………………

3 Um diesen Prozess also zu beschleunigen und wirtschaftlich zu gestalten, wird noch mehr Information zu den Enzymen benötigt.
(damit / schnell + vonstattengehen / wirtschaftlich sein / brauchen + man)

……………………

4 Ein Enzym ist ein Protein, das chemische Reaktionen beschleunigen kann.
(Eiweißstoff / schneller machen)

……………………

5 Dieser natürliche Katalysator ist aus Aminosäuren zusammengesetzt, deren Reihenfolge und dessen räumlicher Aufbau die Eigenschaften bestimmen.
(bestehen aus / verantwortlich sein für + A)

....

....

6 Sind schließlich beide Enzyme bekannt, lassen sie sich durch biotechnologische Methoden verändern und aus den neuen Proteinvarianten jene mit den gewünschten Eigenschaften auswählen.
(kennen + man / können abwandeln (Passiv) / herausgreifen (Passiv))

....

....

Hauptaussagen identifizieren

5a **Lesen Sie die Kurzzusammenfassungen und unterstreichen Sie die Schlüsselwörter.**

a Bei neueren Untersuchungen im Bereich plastikfressender Bakterien wurde ein Enzym identifiziert, das PET extrem schnell zersetzen kann, deutlich schneller als die bisher untersuchten.
b Das Plastik von Weintraubenschalen, im Supermarkt erworben, wurde doppelt so schnell wie andere Behälter von den eingesetzten Enzymen aufgelöst. Das war sensationell und neuartig.
c Ein Forscherteam untersuchte verschiedenartige Enzyme. Dazu gaben sie Wasser in Behälter und warteten, welche Kandidaten die höchste Aktivität zeigten. Es fanden sich insgesamt sieben.

17 5b **Welche Zusammenfassung gibt den Inhalt richtig wieder? Hören Sie und kreuzen Sie in 5a an.**

6a **Lesen Sie die Aufgaben und unterstreichen Sie die Schlüsselwörter.**

1 Biologisches Recycling durch Bakterien hat den Vorteil, dass
a in drei Jahren die Umweltprobleme gelöst sind.
b nur wässrige Lösungen und Wärme eingesetzt werden.
c die Kunststoffqualität nicht mehr abfällt.

2 Wie vollzieht sich der Abbau von Styropor?
a Besondere Larven können es durch Mikroben im Darm zersetzen.
b Styropor wird an Vorratsschädlinge verfüttert und ausgeschieden.
c Es gibt Mini-Recyclinganlagen für Styropor.

18 6b **Welche Aussagen sind richtig? Hören Sie und kreuzen Sie in Übung 6a an.**

Bedeutung von Aussagen identifizieren

7 **Welche Aussage ist positiv (+) zu bewerten, welche negativ (-), welche eher neutral (/)? Markieren Sie.**

1 Eine weitere Neuentdeckung passierte im Bereich des Abbaus von Styropor. ☐
2 Als Dämmmaterial kommt Styropor zwar durchaus umweltfreundlich daher, aber nicht bei seiner Entsorgung. ☐
3 Ein australisches Forschungsteam hat entdeckt, dass eine große südamerikanische Käferart Styropor auf ihrem Speiseplan hat. ☐
4 Dank spezieller Mikroben in den Eingeweiden können die Schwarzkäfer Polystyrol verdauen und die Umwelt so von altem Styropor befreien. ☐

Die Prüfungsaufgabe kennenlernen

- Sie hören einen längeren Expertenvortrag zu einem aktuellen Thema aus Gesellschaft, Politik oder Forschung. Der Vortrag umfasst insgesamt circa 540 Wörter.
- Zu dem gehörten Beitrag erhalten Sie sieben dreigliederige Aufgaben. Sie müssen jeweils die richtige Antwort a, b oder c markieren.
- Bei diesem Aufgabentyp sollen Sie zeigen, dass Sie einem gesprochenen Text detaillierte Informationen entnehmen können.
- Die Aufgaben folgen dem Hörbeitrag chronologisch.

Teil 4

19 Sie hören einen Vortrag über Entwicklungen in der Motivationsforschung.
Sie hören den Text **zweimal.** Wählen Sie bei jeder Aufgabe die richtige Lösung.
Lesen Sie jetzt die Aufgaben 24 bis 30. Dazu haben Sie 90 Sekunden Zeit.

24 Die zentrale Fragestellung des Vortrags ist,
- a ob Motivation dauerhaft bestehen kann.
- b wie Motivation überhaupt definiert wird.
- c wodurch Motivation erreicht werden kann.

25 Für welche weitere Frage sucht die Wissenschaft eine Erklärung?
- a Was genau ist Prokrastination?
- b Welche Konsequenzen hat Antriebsschwäche?
- c Woher kommt Antriebslosigkeit?

26 Wodurch wurde Motivation der Wissenschaft nach bestimmt?
- a Durch eine positive Einstellung zur Arbeit.
- b Durch innere und äußere Faktoren.
- c Durch selbstbestimmtes Handeln.

27 Welche Erkenntnisse aus der Hirnforschung liegen mittlerweile vor?
- a Der Aufbau des Gehirns und seine Funktion liegen nahe beieinander.
- b Die Aktivität des Gehirns wird durch äußere Einflüsse gelähmt.
- c Die Menschen sind von sich aus lernbereit und neugierig.

28 Wie wirken sich positive zwischenmenschliche Beziehungen aus?
- a Sie stärken die Persönlichkeit und das soziale Verhalten.
- b Sie stimulieren nachweislich das eigene Handeln.
- c Sie verbessern die Umgebung zum Arbeiten und Lernen.

29 Welcher Rat für Firmen leitet sich aus den Einsichten ab?
- a Aufgaben sollen entsprechend dem Motivationstyp vergeben werden.
- b Aufträge sollten nur motivierte Mitarbeitende bekommen.
- c Unternehmen sollen Aufgaben nur an Teams verteilen.

30 Entscheidend für die Motivation bei Schülerinnen und Schülern sind
- a eine permanente Anleitung und Beobachtung durch Lehrende.
- b positive Erfahrungen und Rückmeldungen aus dem Umfeld.
- c Spaß und gute Stimmung im Klassenzimmer.

Die Prüfungsaufgabe Schritt für Schritt lösen

1 Lesen Sie die sieben Aufgaben. Markieren Sie die Schlüsselwörter.

- Falls Sie einzelne Wörter nicht genau verstehen, gehen Sie zügig weiter zur nächsten Aufgabe. Es ist wichtig, dass Sie während Ihrer Vorbereitungszeit alle Items einmal gelesen haben und die Schlüsselwörter markieren.
- Beachten Sie: Ob eine Aussage zutreffend ist oder nicht, richtet sich nur danach, was Sie gehört haben.

2 Hören Sie jetzt den gesamten Vortrag.

- Konzentrieren Sie sich beim Hören auf die **Schlüsselwörter**, die Sie in den Aufgaben markiert haben. Achten Sie dabei auf **Synonyme** und **Umschreibungen**.
- Denken Sie daran: Die Lösung enthält im Allgemeinen eine **Paraphrasierung** der Information aus dem Vortrag.
- Falls Sie manche Wörter während des Vortrags nicht verstehen, bleiben Sie ruhig und hören Sie trotzdem weiter konzentriert zu, sonst verlieren Sie den Anschluss. Beantworten Sie am Ende alle Aufgaben, auch wenn Sie sich nicht ganz sicher sind.
- In der Prüfung übertragen Sie am Ende des Moduls Hören die Lösungen auf den Antwortbogen. Hierfür bekommen Sie drei Minuten Zeit. Ihre Lösungen für Hören Teil 4 können Sie jetzt hier markieren:

Teil 4	a	b	c
24	☐	☐	☐
25	☐	☐	☐
26	☐	☐	☐
27	☐	☐	☐
28	☐	☐	☐
29	☐	☐	☐
30	☐	☐	☐

Die Lösung verstehen

Aufgabe 24
Die Schlüsselwörter der Aufgabe sind: „zentrale Fragestellung"; a) „ob" „Motivation" „dauerhaft"; b) „wie" „Motivation" „definiert"; c) „wodurch" „Motivation" „erreicht"
In dem Vortrag hören Sie dazu:
Mein Vortrag befasst sich mit der Frage, wie und durch welche Faktoren Menschen motiviert werden, …

Gleich zu Beginn des ersten Abschnitts erfolgt die Aussage zu dem Thema des Vortrags, nämlich die Frage nach dem Wie und den Faktoren, die eine Motivation hervorrufen. Das deckt sich mit der Aussage c, daher ist Antwort c richtig. Von einer Dauerhaftigkeit von Motivation (Option a) wird nicht gesprochen; genauso wenig wird eine Definition von Motivation gegeben (Option b).

Aufgabe 25
Die Schlüsselwörter der Aufgabe sind: „weitere Frage", „Wissenschaft", „Erklärung"; a) „was", „Prokrastination"; b) „Konsequenzen", „Antriebsschwäche"; c) „woher", „Antriebsschwäche"
In dem Vortrag hören Sie dazu:
Daraus ergibt sich die Frage nach den Ursachen dieser Antriebsschwäche mit nachfolgender Prokrastination, also dem Aufschieben von zu erledigenden Aufgaben.

Auch hier steht gleich am Anfang dieses Abschnitts die nächste Frage, und zwar die nach den Ursachen, also dem „Woher" der Antriebsschwäche. Antriebsschwäche ist ein Synonym für Antriebslosigkeit und damit ist Antwort c die Lösung. Das Wort Prokrastination taucht zwar auf, wird auch erklärt, aber das Wort ist nicht das zentrale Thema dieses Abschnitts, sondern nur der Fachbegriff für das Aufschieben von Aufträgen, wofür Erklärungen gesucht werden. Somit entfällt Aussage a. Über mögliche Folgen einer Antriebslosigkeit wird gar nicht gesprochen und so ist b ebenfalls nicht die Lösung.

Aufgabe 26
Die Schlüsselwörter der Aufgabe sind: „wodurch", „Motivation", „Wissenschaft", „bestimmt";
a) „positive Einstellung", „Arbeit"; b) „innere", „äußere", „Faktoren"; c) „selbstbestimmtes", „Handeln"
In dem Vortrag hören Sie dazu:
Früher unterschied die Motivationsforschung zwischen äußeren Reizen, die ein Individuum beeinflussen und denen, die von innen, also aus ihm selbst heraus wirken.

In dem Abschnitt erscheint zwar das Wort Handeln wie in Option c, aber nur im Zusammenhang mit Impulsen, die dieses auslösen, also nicht selbstbestimmt sind. So ist Aussage c nicht richtig. Auch Aussage a trifft nicht zu, denn die positive Haltung gegenüber der Arbeit bestimmt nicht die Motivation, sondern umgekehrt wurde von der Wissenschaft die intrinsische Motivation als Antriebskraft dafür angesehen. Die Wissenschaft unterschied aber zwischen inneren und äußeren Reizen, also Faktoren, die ein Handeln, eine Bereitschaft zur Arbeit oder Ähnlichem auslösten; Antwort b ist demnach die richtige Antwort.

Aufgabe 27
Die Schlüsselwörter der Aufgabe sind: „Erkenntnisse", „Hirnforschung"; a) „Aufbaus", „Funktionen", „liegen beieinander"; b) „Aktivität", „äußere Einflüsse", „gelähmt"; c) „Menschen", „lernbereit", „neugierig"
In dem Vortrag hören Sie dazu:
Die gewonnenen Einblicke in den neuronalen Aufbau des Gehirns und seine Arbeitsweise legen nahe, dass der Mensch von Natur aus motiviert ist. Neugier und Lernbereitschaft sind ihm eigen.

In dem Abschnitt wird davon gesprochen, dass Aufbau und Funktion des Gehirns nahelegen, dass der Mensch von Natur aus motiviert ist. Nahe beieinander liegen klingt ähnlich wie nahelegen, ist aber in der Bedeutung anders. Ersteres hat eine räumliche Bedeutung, das zweite bedeutet „lässt den Schluss zu", sodass Option a ausscheidet. Ebenso entfällt Option b, da „lähmen" hier nicht im Kontext von „Gehirn und seinen Aktivitäten" auftaucht, sondern sich auf den Menschen bezieht. Entscheidend ist, dass die Erkenntnisse aus der Erforschung des Gehirns zeigen, dass der Mensch von Natur aus, also von sich aus motiviert, lernbereit und neugierig ist. Somit ist Antwort c die richtige Option.

Aufgabe 28
Die Schlüsselwörter der Aufgabe sind: „wirken", „positive", „zwischenmenschliche Beziehungen"; a) „stärken", „Persönlichkeit", „soziale Verhalten"; b) „stimulieren", „eigene Handeln"; c) „verbessern", „Umgebung", „Arbeiten", „Lernen"
In dem Vortrag hören Sie dazu:
Forschung und Experimente deuten dabei daraufhin, dass wir durch erfreuliche Beziehungen zu den Mitmenschen, erlebte Gemeinschaft und eine zustimmende Rückmeldung für unser Tun angeregt werden.

In dem Abschnitt geht es um die Auswirkungen von guten Beziehungen und dem gesamten, günstigen Umfeld, die ein Handeln, sprich ein Tun nach sich ziehen. Das bedeutet, dass beide zusammenwirken und nicht eins das andere beeinflusst oder begünstigt. Daraus folgt, dass Antwort c falsch ist, weil es eine Wirkungsrichtung von den Beziehungen auf das Umfeld impliziert. Von einer Stärkung der Persönlichkeit und des sozialen Verhaltens im Zusammenhang mit den zwischenmenschlichen Beziehungen wird hier ebenfalls nicht gesprochen, lediglich, dass die Auswirkungen positiver zwischenmenschlichen

Beziehungen im Stirnhirn, dem Sitz von Persönlichkeit und Sozialverhalten sichtbar sind. Also ist Option a ebenfalls falsch. Erfreuliche Beziehungen regen zum Tun an bedeutet, dass das eigene Handeln stimuliert wird durch die positiven Beziehungen und so ist A Antwort b die richtige Option.

Aufgabe 29
Die Schlüsselwörter der Aufgabe sind: „Rat", „für", „Firmen", „aus", „Einsichten"; a) „Unternehmen" „Aufgaben" „nur", „Teams"; b) „Aufgaben" , „entsprechend", „Motivationstyp"; c) „Aufträge", „nur", „motivierte", „Mitarbeiter"
In dem Vortrag hören Sie dazu:
Unternehmen, so der Rat der Forschung, sollen demzufolge zum Beispiel einer machtmotivierten Person als gezielten Ansporn für ihre Motivation die Leitung eines eigenen Teams anvertrauen, einer leistungsmotivierten Person ein kreatives Projekt.

Der Abschnitt berichtet von den Ratschlägen an Unternehmen, die sich aus den Forschungsergebnissen ergeben. Und zwar sollten die Aufträge entsprechend den Motivationstypen der Mitarbeitenden vergeben werden. Es geht nicht um die Teams selbst, sondern um die einzelnen Mitarbeitenden. Daher ist Antwort c falsch. Die Aufgaben sollen den Neigungen der Personen entsprechen, um sie zu motivieren, nicht, weil sie ohnehin schon motiviert sind. Daraus folgt, dass Antwort b auch nicht richtig ist. Die richtige Option ist Antwort a, da hier direkt über den „Motivationstyp" gesprochen wird, dem die zu ihm passende Aufgabe übertragen werden soll.

Aufgabe 30
Die Schlüsselwörter der Aufgabe sind: „entscheidend", „Motivation", „Schüler und Schülerinnen"; a) „permanente Anleitung", „Beobachtung", „Lehrende"; b) „positive Erfahrungen", „Rückmeldungen", „Umfeld"; c) „Spaß", „gute Stimmung", „Klassenzimmer"
In dem Vortrag hören Sie dazu:
Die so positiven Erlebnisse, Erfahrungen und eine entsprechend wohlwollende Bestätigung steigern dabei Kompetenz und Autonomie und letztendlich auch die Motivation der Schülerinnen und Schüler.

Es wird der Spaß am Entdecken von Herausforderungen erwähnt, es geht aber nicht um Spaß und gute Stimmung im Klassenzimmer, deshalb ist Option c also falsch. Auch stehen die Lernenden nicht ständig unter Beobachtung durch die Lehrenden und bekommen auch nicht fortwährend Anweisungen, der Lehr- und Lernprozess gestaltet sich vielmehr gegenseitig. Daher ist Option a also auch nicht richtig. Hier ist Antwort b richtig, denn es geht um die positiven Erlebnisse beim Lernen und die wohlwollende Bestätigung insgesamt.

Modul Schreiben, Teil 1

Beschreibung dieses Prüfungsteils

Was ist Ihre Aufgabe?	Sie schreiben in einem Internetforum einen Diskussionsbeitrag zu einem Thema aus den Bereichen Beruf und Arbeit, Studium oder Gesellschaft.
Was wird vorgegeben?	Sie erhalten vier Inhaltspunkte, die Sie bearbeiten müssen.
Wie lange dauert dieser Prüfungsteil?	Sie schreiben circa 230 Wörter. Dazu haben Sie ungefähr 50 Minuten Zeit.
Wie wird dieser Prüfungsteil bewertet?	Für diesen Prüfungsteil können Sie maximal 60 Punkte bekommen.

Für die beiden Teile des Moduls Schreiben haben Sie insgesamt 75 Minuten Zeit. Sie können sich die Zeit frei einteilen, sollten aber für Teil 1 mehr Zeit einplanen als für Teil 2.

→ **Die Bewertungskriterien für das Modul Schreiben finden Sie auf der nächsten Seite.**

Wie wird das Modul Schreiben bewertet?

Teil 1 und 2 werden nach folgenden Kriterien bewertet:

→ Aufgabenerfüllung:
Haben Sie alle vier Inhaltspunkte inhaltlich klar und ausführlich genug bearbeitet? In Teil 1 wird zum Beispiel bewertet, ob Sie Argumente anführen können oder etwas erklären können.
In Teil 2 wird zum Beispiel bewertet, ob Sie Verständnis äußern, auf ein Problem aufmerksam machen und Vorschläge machen können. In Teil 2 zeigen Sie außerdem, ob Sie die üblichen Konventionen der Höflichkeit beherrschen und sozio-kulturell angemessen reagieren können.

→ Kohärenz:
Ist Ihr Text logisch aufgebaut und gut strukturiert? Hat er eine Einleitung und einen Schluss? Sind die Sätze und Abschnitte inhaltlich und sprachlich gut miteinander verknüpft? Können Sie verschiedene Verknüpfungswörter angemessen verwenden?

→ Wortschatz:
Verwenden Sie Wortschatz auf dem Niveau C1? Reicht Ihr Wortschatz, um komplexere Sachverhalte zu beschreiben? Können Sie den Wortschatz variieren, um Wiederholungen zu vermeiden? Beherrschen Sie ein (halb-)formelles Register? Wie korrekt verwenden Sie den Wortschatz?

→ Strukturen:
Verwenden Sie komplexere grammatische Strukturen, wie sie für das Niveau C1 erwartet werden? Können Sie Strukturen variieren (z. B. Passiv und Passiversatzformen)? Wie korrekt verwenden Sie diese Strukturen?

→ Passende Übungen zu prüfungsrelevanten Grammatikthemen finden Sie ab Seite 188.

Ihr Text muss nicht fehlerfrei sein. Entscheidend für die Bewertung ist auch nicht die Zahl der Fehler, sondern ob ein Fehler das Verständnis stört oder nicht. Dennoch erwartet man auf dem Niveau C1, dass Fehler im Bereich von Grammatik und Wortschatz eher selten sind und kaum auffallen.

Für alle Kriterien gibt es eine fünfstufige Bewertungsskala (A, B, C, D und E). Wenn ein Kriterium mit A oder B bewertet wird, entspricht das einer Leistung auf dem Niveau C1. Die Kriterien C und D bezeichnen eine Leistung unter dem Niveau C1. Das Kriterium Aufgabenstellung wird mit E bewertet, wenn 1. das Thema verfehlt wurde oder die Inhaltspunkte nicht bearbeitet wurden oder 2. der Text zu kurz ist (weniger als 50 Prozent der geforderten Wortzahl). Die Kriterien Kohärenz, Wortschatz und Strukturen werden mit E bewertet, wenn der Text aufgrund einer fehlenden Struktur oder der Fehler nicht mehr verständlich ist. Wenn bei einer Aufgabe das Kriterium Aufgabenerfüllung mit E verwertet wird, bekommt man für diese Aufgabe insgesamt 0 Punkte.

Für die Teile 1 und 2 werden folgende Punkte vergeben:

Teil 1					
	A	B	C	D	E
Aufgabenerfüllung	14	10,5	7	3,5	0
Kohärenz	14	10,5	7	3,5	0
Wortschatz	16	12	8	4	0
Strukturen	16	12	8	4	0

Teil 2					
	A	B	C	D	E
Aufgabenerfüllung	10	7,5	5	2,5	0
Kohärenz	10	7,5	5	2,5	0
Wortschatz	10	7,5	5	2,5	0
Strukturen	10	7,5	5	2,5	0

In diesem Prüfungsteil schreiben Sie einen Diskussionsbeitrag in einem seriösen Internetforum. Sie verfassen einen zusammenhängenden Text von circa 230 Wörtern. Da Sie die anderen Nutzerinnen und Nutzer nicht kennen, verwenden Sie ein neutrales Register.

Vorgegeben sind vier Inhaltspunkte, die Sie bearbeiten müssen. Die Inhaltspunkte können unterschiedlich gestaltet sein:

- Sie erklären etwas, indem Sie beispielsweise Gründe, Ursachen oder Folgen nennen.
- Sie führen Argumente an: Sie argumentieren für *oder* gegen etwas und nehmen Stellung.
- Sie erläutern etwas anhand von Beispielen: Sie zählen Beispiele auf, die Ihre Argumentation stützen oder ein Problem beschreiben, sie berichten von Maßnahmen oder Möglichkeiten, Sie geben Ratschläge oder machen Vorschläge.

Sie können die Inhaltspunkte in der vorgegebenen Reihenfolge bearbeiten. Sie müssen zu jedem Inhaltspunkt etwas schreiben. Wichtig ist dabei die sinnvolle Verknüpfung der Sätze und Abschnitte. Auf dem Niveau C1 wird von Ihnen erwartet, dass Sie Wortschatz und Strukturen variieren können.

Ideen und Argumente sammeln

In der Prüfung Goethe-Zertifikat C1 wird von Ihnen kein Fachwissen verlangt. Sie sollten sich aber zu Themen von allgemeinem Interesse (Studium, Beruf, aktuelle gesellschaftliche Fragen) äußern können: Sie nennen Beispiele, um einen Sachverhalt zu beschreiben. Sie kennen Argumente für oder gegen eine Maßnahme. Sie nennen bzw. vermuten Gründe und Folgen eines Problems.

Zur Vorbereitung auf die Prüfung sollten Sie daher regelmäßig Zeitungen und Zeitschriften lesen, um sich mit aktuellen Themen vertraut zu machen. Fertigen Sie sogenannte Memos zu verschiedenen Themen an. Die untenstehende Übung zeigt Ihnen, wie Sie dabei vorgehen können.

1 **Informieren Sie sich im Internet und/oder in Zeitungen über das Thema „Nachhaltige Ernährung". Schreiben Sie ein Memo.**

Thema: nachhaltige Ernährung

Beispiele: Lebensmittel aus regionalem Anbau kaufen, Fleischkonsum reduzieren,

Gründe/Ursachen:

Vorteile/Argumente dafür:

Nachteile/Argumente dagegen:

Andere Aspekte des Themas:

Mein Standpunkt:

Sie können auch Memos zu den Themen erstellen, über die Sie im Deutschkurs gesprochen haben oder die in Ihrem Lehrwerk behandelt wurden.

2 **Schreiben Sie Memos zu folgenden Themen. Sie benötigen diese Memos für spätere Übungen.**

- Energie sparen/erneuerbare Energien
- Eine Auszeit vom Beruf (Sabbatjahr)
- Reduzierung der Wochenarbeitszeit
- Online-Veranstaltungen an der Hochschule

Vorgegebene Inhaltspunkte behandeln

Sie können die vier Inhaltspunkte in der vorgegebenen Reihenfolge bearbeiten. Wichtig ist, dass Sie zu jedem Inhaltspunkt etwas schreiben und dass Ihre Äußerungen einem Inhaltspunkt erkennbar zugeordnet werden können.

3a **Lesen Sie die zwei Aufgaben aus dem Themenbereich „Ernährung". Machen Sie Notizen zu den Inhaltspunkten.**

Aufgabe 1

Tierische Lebensmittel
Sollen wir unsere Konsumgewohnheiten ändern?

- **Inhaltspunkt 1:** Beschreiben Sie, wie sich der Konsum von tierischen Lebensmitteln im Vergleich zu früher geändert hat.
- **Inhaltspunkt 2:** Nennen Sie Gründe für diese Entwicklung.
- **Inhaltspunkt 3:** Beschreiben Sie, welche Folgen der Verbrauch von tierischen Lebensmitteln hat.
- **Inhaltspunkt 4:** Argumentieren Sie für oder gegen eine vegetarische Ernährung.

....
....
....
....
....
....
....
....
....

Aufgabe 2

Regionale und saisonale Lebensmittel
Modeerscheinung oder nachhaltige Ernährungsweise?

- **Inhaltspunkt 1:** Erläutern Sie, was Sie unter nachhaltiger Ernährung verstehen.
- **Inhaltspunkt 2:** Erklären Sie anhand von Beispielen, was regionale und saisonale Lebensmittel sind.
- **Inhaltspunkt 3:** Argumentieren Sie für oder gegen regionale Lebensmittel.
- **Inhaltspunkt 4:** Machen Sie Vorschläge, wie nachhaltige Ernährung gefördert werden kann.

....
....
....
....
....
....
....
....

3b **Lesen Sie die Textabschnitte A bis L. Sie stammen aus zwei Forumsbeiträgen. Welcher Text gehört zu Aufgabe 1, welcher zu Aufgabe 2 aus Übung 3a? Ordnen Sie zu und bringen Sie die Textabschnitte in die richtige Reihenfolge.**

	Einleitung	Inhaltspunkt 1	Inhaltspunkt 2	Inhaltspunkt 3	Inhaltspunkt 4	Schluss
Aufgabe 1	F					
Aufgabe 2						

A	„Regional“ und „saisonal“ werden gerne als moderne Ernährungstrends abgestempelt. Im Grunde ist es aber nichts Neues: Unsere Großeltern aßen das, was gerade auf den Feldern in ihrer Umgebung geerntet wurde. Während es früher bestimmte Obst- und Gemüsesorten wie zum Beispiel Erdbeeren nur im Sommer gab, kann man sie heute das ganze Jahr über unseren Märkten finden – angebaut in fernen Ländern oder in Treibhäusern, die viel Energie verbrauchen. Exotische Früchte wie Bananen, die nur in tropischen Ländern wachsen, werden heute über die Weltmeere transportiert und gehören ganz selbstverständlich auf unseren Speiseplan.
B	Dafür gibt es zwei Gründe: War Fleisch früher für viele Menschen ein unbezahlbarer Luxus, so bieten heute Supermärkte und Discounter Milchprodukte, Fleisch und Wurst zu extrem niedrigen Preisen an. Berufstätige haben oft keine Zeit, selbst zu kochen und nehmen deshalb ihre Mahlzeiten außerhalb ein. Zwar bieten die meisten Kantinen und Restaurants in Deutschland inzwischen auch fleischlose Gerichte an, aber in der Regel ist das Angebot an vegetarischen oder veganen Gerichten nicht sehr groß.
C	Ein solch hoher Fleisch- und Milchverbrauch bleibt natürlich nicht ohne Einfluss auf die Umwelt, denn das billige Fleisch und die Milch stammen aus der Massentierhaltung. Das Futter für diese Tiere wird auf den Flächen von abgeholzten tropischen Wäldern angebaut. Dadurch trägt unser Fleischkonsum zum Klimawandel bei. Ein anderes Problem ist der Einsatz von Antibiotika in der Massentierhaltung, was zu Antibiotikaresistenz beim Menschen führen kann.
D	Die Herstellung von Fleisch und Milchprodukten hat also dramatische Konsequenzen für Mensch und Umwelt. Ein vollständiger Verzicht auf tierische Lebensmittel ist meiner Meinung nach keine Lösung, aber reduzieren sollten wir unseren Fleischkonsum schon und darauf achten, dass unser Fleisch aus ökologischer und artgerechter Tierhaltung stammt. So wäre beispielsweise ein bundesweiter wöchentlicher Veggie-Tag in Kantinen ein Schritt in die richtige Richtung
E	Sicherlich muss man für Fleisch vom Bio-Hof etwas tiefer in die Tasche greifen. Aber für eine nachhaltige Ernährung sollte uns das wert sein, und dann können wir Fleisch auch ohne schlechtes Gewissen genießen.
F	In den letzten Jahrzehnten hat sich die Ernährung in den Industrieländern stark verändert. Unsere Ernährung ist kalorienreicher geworden und das Angebot an Lebensmitteln ist vielfältiger als in früheren Zeiten.
G	Deshalb stehen auf dem Speiseplan unserer Mensa schon seit längerem nur Lebensmittel aus regionalem Anbau. Exotische Früchte wie Bananen oder Ananas sind durch heimische Obstsorten ersetzt worden. Meiner Meinung nach benötigen wir keine gesetzlichen Regelungen, um die regionale Produktion zu fördern. Wenn immer mehr Kantinen und Restaurants auf regionale Produkte umsteigen, werden die Kundinnen und Kunden sehr schnell merken, was besser schmeckt, und irgendwann auch selbst solche Produkte kaufen.
H	Ich persönlich freue mich übrigens sehr auf die Erdbeersaison, die bald beginnt. Dann fahre ich mit meinen Freundinnen zur Erdbeerernte in ein Dorf in der Nähe. Was gibt es Schöneres, als einen Tag an der frischen Luft zu verbringen und dann frische, selbst gepflückte Erdbeeren mit Sahne zu essen?

I	Nachhaltigkeit bedeutet für mich ein achtsamer Umgang mit Lebensmitteln im Bewusstsein, dass diese begrenzt sind. Aufgrund von Klimakrise und Zivilisationskrankheiten wie Krebs, Diabetes oder Herz-Kreislauf-Erkrankungen sind wir gezwungen, unser Ernährungsverhalten kritisch zu reflektieren. Dazu gehört auch die Frage, woher unsere Lebensmittel stammen.
J	Besonders deutlich zeigt sich der Wandel unserer Ernährungsgewohnheiten bei den tierischen Lebensmitteln. Der Konsum von Fleisch und Milchprodukten ist seit der Mitte des 20. Jahrhunderts stark gestiegen. Auch wenn in den letzten Jahren immer mehr Menschen ihren Fleischkonsum reduzieren, so liegt der Pro-Kopf-Verbrauch von Fleisch und Milchprodukten in Europa immer noch auf einem sehr hohen Niveau.
K	Wir verwenden den Begriff der Nachhaltigkeit in vielen Kontexten: nachhaltiges Reisen, nachhaltiges Bauen oder nachhaltige Mode. Doch was bedeutet er im Zusammenhang mit Ernährung?
L	Produziert man Lebensmittel aber da, wo sie auch verbraucht werden, entstehen weniger Transportkosten und weniger klimaschädliche Treibhausgase. Wer regionale Lebensmittel kauft, schont also das Klima. Außerdem sichert man heimische Arbeitsplätze, wenn man beim Bauern in der Nähe kauft oder beim Einkaufen im Supermarkt auf regionale Produkte achtet. Und eins darf man nicht vergessen: Lebensmittel, die keine langen Transportwege hinter sich haben, sind frischer, gesünder und schmecken besser.

3c **Vergleichen Sie die Forumsbeiträge mit Ihren Notizen. Welche Ideen sind gleich? Welche neuen Ideen haben Sie bekommen? Ergänzen Sie Ihre Notizen.**

Lesen Sie zur Vorbereitung auf die Prüfung auch Beiträge in Online-Foren.

Eine Einleitung schreiben

In einem „echten" Forumsbeitrag schreibt man in der Regel keine Einleitung. Viele Nutzerinnen und Nutzer kommen gleich „zur Sache". In der Prüfung Goethe-Zertifikat C1 wird aber von Ihnen erwartet, dass Sie ähnlich wie bei einem Schulaufsatz oder einem Essay einen klar strukturierten Text mit einer kurzen Einleitung und einem Schluss schreiben. Es genügt, wenn die Einleitung aus ein oder zwei Sätzen besteht. Sie kann sich ganz konkret auf das Thema der Aufgabe beziehen oder auch etwas allgemeiner gefasst sein. Wichtig ist, dass sie die Leserinnen und Leser in das Thema einführt.

4a **Lesen Sie die folgenden Einleitungssätze zu den Themen 1 bis 12 und ordnen Sie diese den Sprachhandlungen a bis j zu. Manchmal kann eine Einleitung mehreren Sprachhandlungen zugeordnet werden.**

Der/Die Schreibende …	Thema
a berichtet von eigenen Erfahrungen.	4
b bezieht sich auf eine aktuelle Debatte oder auf Meinungen von anderen.	....
c bezieht sich auf eine Entwicklung, ein konkretes Beispiel oder eine bekannte Tatsache.	....
d bezieht sich auf Medienberichte.	....
e bezieht sich auf wissenschaftliche Studien/Statistiken.	....
f geht von einem Zitat oder einem Sprichwort aus.	....
g gibt eine Definition.	....
h stellt eine (rhetorische) Frage.	....
i vergleicht einen Sachverhalt mit dem in anderen Ländern.	....
j verweist auf die Geschichte.	....

Thema 1: Nachhaltige Ernährung
In den letzten Jahrzehnten hat sich die Ernährung in den Industrieländern stark verändert. Unsere heutige Ernährung ist kalorienreicher geworden und das Angebot an Lebensmitteln ist vielfältiger als in früheren Zeiten.

Thema 2: Tierische Lebensmittel
Wir verwenden den Begriff der Nachhaltigkeit in vielen Kontexten: nachhaltiges Reisen, nachhaltiges Bauen oder nachhaltige Mode. Doch was bedeutet er im Zusammenhang mit Ernährung?

Thema 3: Fairer Handel
In unseren Supermärkten finden sich immer mehr Fairtrade-Produkte. Darunter versteht man Produkte, bei deren Herstellung bestimmte soziale und ökologische Kriterien eingehalten werden. Konkret bedeutet das, dass Kleinbauern in ärmeren Ländern für ihre Produkte fair und angemessen bezahlt werden.

Thema 4: Hate-Speech in sozialen Netzwerken
Hate-Speech, also Beschimpfungen und Diffamierungen, haben sicher schon viele von uns im Netz erlebt. Erst kürzlich habe ich selbst erleben müssen, wie verletzend solche Äußerungen sein können.

Thema 5: Stadtflucht
Nicht erst in Corona-Zeiten haben Stadtbewohner der Großstadt den Rücken gekehrt. Eine derartige Entwicklung beobachtet man schon seit Jahren. Neuesten Studien zufolge hält der Trend sogar an: Immer mehr Menschen ziehen in die Randbezirke der Städte oder ganz aufs Land.

Thema 6: Vorschulpflicht statt Kindergarten
In vielen Ländern, so auch in meinem Heimatland Frankreich, ist es üblich, dass alle Kinder ab dem Alter von 3 Jahren eine Vorschule besuchen. Wie groß war meine Überraschung, als ich feststellte, dass das in Deutschland nicht der Fall ist.

Thema 7: Finanzielle Förderung von Studierenden
Ein Studium kam früher oft nur für junge Leute infrage, deren Familien es sich finanziell leisten konnten. Erst als in den frühen 70er Jahren das Bafög eingeführt wurde, öffneten sich die Hochschulen auch für Arbeiterkinder.

Thema 8: Doping im Spitzensport
Vor ein paar Tagen konnte man wieder einmal in der Presse lesen, dass die Dopingproben von einigen Leichtathleten bei den diesjährigen Olympischen Spielen positiv waren. Da fragt man sich schon, was in den Köpfen von Sportlern und Trainern vorgeht. Glauben sie wirklich, dass das Doping nicht auffällt? Es hat doch in der Geschichte der Spiele schon genug Skandale gegeben.

Thema 9: Recht auf Homeoffice
Wir alle erinnern uns noch gut an die Pandemiezeiten, als wir im Homeoffice saßen. Zwar kehrten die meisten nach dem Ende der Pandemie in ihre Büros zurück, aber die Frage, ob und wann Arbeitnehmerinnen und Arbeitnehmer im Homeoffice arbeiten dürfen, wird immer wieder heiß diskutiert.

Thema 10: Betriebliche Gesundheitsvorsorge
Immer mehr Betriebe bieten ihren Mitarbeitenden Maßnahmen zur Gesundheitsvorsorge an. In der einen Firma gibt es Kurse für Ernährungsberatung, in der anderen Angebote zur Förderung der psychischen Gesundheit.

Thema 11: Berufliche Weiterbildung
Ein deutsches Sprichwort besagt: „Was Hänschen nicht lernt, lernt Hans nimmermehr". Inzwischen weiß man, dass das nicht stimmt. Auch im höheren Alter kann man noch lernen. Das haben zahlreiche Untersuchungen bei älteren Lernenden gezeigt.

Thema 12: Wahlpflicht
In Deutschland können die Bürgerinnen und Bürger selbst entscheiden können, ob sie zu einer Wahl gehen oder nicht. Ganz anders sieht es dagegen in einigen anderen Ländern aus: Dort gibt es eine Wahlpflicht.

4b **Markieren Sie in den Sätzen in Übung 4a Redemittel, die man in einer Einleitung verwenden kann. Ergänzen Sie.**

a von eigenen Erfahrungen berichten Erst kürzlich habe ich selbst erleben müssen, …

b sich auf eine aktuelle Debatte oder auf Meinungen von anderen beziehen

c sich auf eine Entwicklung, ein konkretes Beispiel oder eine bekannte Tatsache beziehen

d sich auf Medienberichte beziehen

e sich auf wissenschaftliche Studien/Statistiken beziehen

f von einem Zitat oder einem Sprichwort ausgehen

g eine Definition geben

h eine (rhetorische) Frage stellen

i einen Sachverhalt mit dem in anderen Ländern vergleichen

j auf die Geschichte verweisen

Textkohärenz herstellen: Abschnitte einleiten und verknüpfen

Durch die vier Inhaltspunkte ist die Struktur Ihres Textes schon vorgegeben. Ihr Text liest sich leichter und ist besser verständlich, wenn Sie die Abschnitte einleiten und miteinander verbinden.

Auf dem Niveau C1 sollten Sie nicht immer den Wortlaut der Aufgabenstellung wiederholen, um Abschnitte einzuleiten, sondern möglichst eigene Formulierungen verwenden.

5 **Lesen Sie noch einmal den Forumsbeitrag zum Thema „Tierische Lebensmittel". Welche Sätze/Satzteile verbinden Abschnitte miteinander? Markieren Sie.**

In den letzten Jahrzehnten hat sich die Ernährung in den Industrieländern stark verändert. Unsere Ernährung ist kalorienreicher geworden und das Angebot an Lebensmitteln ist vielfältiger als in früheren Zeiten.

Besonders deutlich zeigt sich der Wandel unserer Ernährungsgewohnheiten bei den tierischen Lebensmitteln. Der Konsum von Fleisch und Milchprodukten ist seit der Mitte des 20. Jahrhunderts stark gestiegen. Auch wenn in den letzten Jahren immer mehr Menschen ihren Fleischkonsum reduzieren, so liegt der Pro-Kopf-Verbrauch von Fleisch und Milchprodukten in Europa immer noch auf einem sehr hohen Niveau.

Dafür gibt es zwei Gründe: War Fleisch früher für viele Menschen ein unbezahlbarer Luxus, so bieten heute Supermärkte und Discounter Milchprodukte, Fleisch und Wurst zu extrem niedrigen Preisen an.

Berufstätige haben oft keine Zeit, selbst zu kochen und nehmen deshalb ihre Mahlzeiten außerhalb ein. Zwar bieten die meisten Kantinen und Restaurants in Deutschland inzwischen auch fleischlose Gerichte an, aber in der Regel ist das Angebot an vegetarischen oder veganen Gerichten nicht sehr groß.
Ein solch hoher Fleisch- und Milchverbrauch bleibt natürlich nicht ohne Einfluss auf die Umwelt, denn das billige Fleisch und die Milch stammen aus der Massentierhaltung. Das Futter für diese Tiere wird auf den Flächen von abgeholzten tropischen Wäldern angebaut. Dadurch trägt unser Fleischkonsum zum Klimawandel bei. Ein anderes Problem ist der Einsatz von Antibiotika in der Massentierhaltung, was zu Antibiotikaresistenz beim Menschen führen kann.
Die Herstellung von Fleisch und Milchprodukten hat also dramatische Konsequenzen für Mensch und Umwelt. Ein vollständiger Verzicht auf tierische Lebensmittel ist meiner Meinung nach keine Lösung, aber reduzieren sollten wir unseren Fleischkonsum schon und darauf achten, dass unser Fleisch aus ökologischer und artgerechter Tierhaltung stammt. So wäre beispielsweise ein bundesweiter wöchentlicher Veggie-Tag in Kantinen ein Schritt in die richtige Richtung
Sicherlich muss man für Fleisch vom Bio-Hof etwas tiefer in die Tasche greifen. Aber für eine nachhaltige Ernährung sollte uns das wert sein, und dann können wir Fleisch auch ohne schlechtes Gewissen genießen.

6a **Lesen Sie die Aufgabe und den Forumsbeitrag einer Prüfungsteilnehmerin. Wie kann man die Sätze und Abschnitte verknüpfen? Formulieren Sie für jede Lücke jeweils einen Satz.**

Überlastung am Arbeitsplatz
- Nennen Sie Ursachen für Überlastung am Arbeitsplatz.
- Beschreiben Sie die Folgen von Überlastung.
- Argumentieren Sie: Wer trägt die Verantwortung? Die Arbeitnehmerinnen und Arbeitnehmer oder die Arbeitgeberinnen und Arbeitgeber?
- Nennen Sie Möglichkeiten zur Verhinderung von Überlastung.

Die Zahlen der Krankenkassen sind alarmierend: Jedes Jahr steigt die Zahl der Berufstätigen, die infolge von Überarbeitung mit Burn-out oder anderen psychischen Erkrankungen krankgeschrieben werden und für längere Zeit ausfallen. (1) ....

....

Es ist nicht so sehr die Angst um den Arbeitsplatz, die Berufstätige dazu bringt, mehr als nötig zu arbeiten. Oft sind es sogar die Höherqualifizierten, die sich eigentlich keine Sorgen um ihren Arbeitsplatz machen müssen, die mehr arbeiten, als ihnen guttut. (2) ....

....

Viele Menschen stellen im Job zu hohe Ansprüche an sich selbst und wollen dem Kollegium und den Vorgesetzten beweisen, wozu sie fähig sind. Sie sind die Letzten im Büro und nehmen sogar noch Arbeit mit nach Hause und sind immer per Mail und telefonisch erreichbar.

(3) ....

....

Ständige Mehrarbeit und Erreichbarkeit führen dazu, dass die Betroffenen irgendwann kaum noch abschalten und sich entspannen können. Neben körperlichen Beschwerden wie Kopf- und Rückenschmerzen treten auch psychische Beschwerden auf. Dazu gehören Schlafstörungen, Panikattacken, Ängste und schließlich sogar Depressionen.

(4) ....

....

Hätten die Vorgesetzten nicht merken müssen, dass da etwas nicht stimmt? Sicherlich müssen Vorgesetzte darauf achten, dass die rechtlichen Arbeitszeiten eingehalten werden. Wenn zu viele Überstunden anfallen, müssen sie dafür sorgen, dass man sie auch abbauen kann. Aber man ist auch für sich selbst verantwortlich und hat das Recht „Nein" zu sagen, wenn die Chefin oder der Chef fragt, ob man dieses oder jenes Projekt nicht auch noch übernehmen könnte. Sie darauf hinzuweisen, dass die rechtlich festgelegte Arbeitszeit überschritten ist, sollte kein Tabu sein.

Um Überarbeitung zu verhindern, bieten inzwischen viele Firmen Kurse und Beratungen zu Zeitmanagement und psychischer Gesundheit an. (5) ....

....

Noch wichtiger aber ist, dass man sich selbst Grenzen setzt und erkennt, wann Schluss sein muss. Vor allem aber müssen wir lernen, unsere Work-Life-Balance kritisch zu hinterfragen. Auch den Versprechungen von „New Work" sollten wir misstrauisch gegenüberstehen. Im schlimmsten Fall sollte man einen Jobwechsel in Betracht ziehen.

(6) ....

....

Es gibt ein Leben außerhalb des Büros – mit Freunden, Familie, Sport, Kultur und Hobbys. Wer das genießen kann, ist auch im Job produktiver – ohne sich zu überarbeiten.

6b Lesen Sie nun die Sätze a bis l. Für jede Lücke gibt es jeweils zwei passende Vorschläge. Ergänzen Sie die Tabelle. Notieren Sie auch Ihre Vorschläge aus Aufgabe 6a.

a Abschließend zeigt sich, dass es nur eine Lösung geben kann:
b Auf Dauer kann eine solche Arbeitsbelastung aber nicht gut gehen.
c Da stellt sich natürlich die Frage nach der Verantwortung.
d Das ist meines Erachtens ein Schritt in die richtige Richtung.
e Das ist sicher eine sinnvolle Maßnahme.
f Das Problem ist sicherlich sehr komplex, dennoch sieht mein Fazit so aus:
g ~~Die Ursache liegt vielmehr in der Einstellung zur Arbeit.~~
h Meiner Meinung nach liegt das Problem bei den Berufstätigen selbst.
i ~~Was ist los in unseren Betrieben und Büros?~~
j Was passiert nun, wenn man kaum noch zur Ruhe kommt?
k Wer ist nun schuld, wenn Mitarbeitende wegen Überarbeitung ausfallen?
l Wie erklärt sich eine solche Entwicklung?

Lücke	Vorschlag 1	Vorschlag 2	Mein Vorschlag
1	i		
2	g		
3			
4			
5			
6			

Für oder gegen etwas argumentieren

Im Goethe-Zertifikat C1 ist der Inhaltspunkt „Argumentieren" nur einer von vier Inhaltspunkten. Da es sich um einen Forumsbeitrag handelt, müssen Sie keine klassische dialektische Erörterung schreiben, in der Sie Pro- und Kontra-Argumente ausführlich abwägen. Sie können zwar das eine oder andere Gegen-Argument anführen, aber in erster Linie wird von Ihnen erwartet, dass Sie für *oder* gegen etwas Stellung beziehen und die entsprechenden Argumente nennen, die Ihren Standpunkt stützen. Achten Sie darauf, dass Sie mehr als nur ein Argument anführen.

Lernen Sie keine Redemittellisten auswendig. Wählen Sie für jede Sprachhandlung (z. B. Argumente nennen, die eigene Meinung ausdrücken, Gründe nennen) ein paar Redemittel aus, die Ihnen gefallen.

7a Lesen Sie die Forumsbeiträge zum Thema „Lohnt sich eine Doktorarbeit?". Ergänzen Sie die passenden Redemitteln aus dem Schüttelkasten.

andererseits | aus folgendem Grund | außer Acht lassen | bedenken | dagegen | dazu kommt | den Vorteil | einerseits | Hauptargument | Hauptgrund | interessant | mag | sprechen | überzeugendste | ~~viele gute Gründe~~ | von Vorteil | weisen | weiteres Argument

Johann

Für eine Promotion gibt es (1) viele gute Gründe. Das gilt insbesondere für Studierende in den MINT-Fächern. Das (2) .... für eine Promotion lautet: Wer als Physiker, Chemiker oder Biologe in der Forschung – sei es an einer Hochschule oder in der Industrie – arbeiten will, kommt um eine Promotion nicht herum. Schließlich stellt man so unter Beweis, dass man das wissenschaftliche Handwerkszeug beherrscht. Aber auch wenn man eine Karriere in der Industrie anvisiert, ist eine Promotion nur (3) ....: Wer eine Doktorarbeit geschrieben hat, stellt damit unter Beweis, dass sie oder er selbstständig arbeiten kann und Ausdauer hat. Außerdem erwarten viele Firmen von ihren leitenden Angestellten, dass sie promoviert sind, weil das auch zum Renommee der Firma beiträgt. Mit einem Dr. vor dem Namen hat man also bessere Einstellungschancen. Das ist ein (4) ...., dass sich eine Promotion lohnt. Das (5) .... Argument für mich persönlich ist aber, dass man mit einer Promotion in aller Regel besser verdient als ohne.

Marie-Louise

Es gibt sicherlich gute Gründe, die für eine Promotion (6) .... Dennoch kommt sie für mich nicht infrage. (7) .... spricht vor allem, dass sich das Studium um mehrere Jahre verlängert und sich so der Einstieg ins Berufsleben verzögert. Je nach Fach kann eine Promotion nämlich drei Jahre oder länger dauern. (8) .... noch ein ganz anderes Problem: Viele Doktorandinnen und Doktoranden stürzen sich begeistert auf die Arbeit im Labor und müssen dann enttäuscht feststellen, dass sie oft nur als billige Laborkräfte für langweilige Messungen und das Ausfüllen von Excel-Tabellen ausgenutzt werden. Man sollte schließlich auch (9) ...., dass man in manchen Fächern über ein sehr theoretisches Spezialthema forschen muss, das wenig mit der Realität im Berufsalltag zu tun hat. Wer nicht in die Forschung will, läuft Gefahr mit einer Promotion als „überqualifiziert" eingestuft zu werden. Diesen Aspekt sollte man bei seinen Überlegungen nicht (10) ....

Samuel

Das Medizinstudium hat (11) ...., dass man schon nach dem Physikum mit der Promotion beginnen kann, was auch viele meiner Kommiliton*innen machen. Wer keine Zeit für ausführliche Recherchen oder Untersuchungen findet, promoviert dann eben in Medizingeschichte – das gilt an meiner Uni als besonders einfaches Forschungsgebiet. Kritiker (12) .... allerdings darauf hin, dass viele medizinische Doktorarbeiten nicht dem wissenschaftlichen Standard entsprechen. Das (13) .... stimmen, aber für uns Mediziner*innen ist es immer noch ein „Muss" nach dem Studium ein „Dr. med." im Namen zu tragen. Der (14) ...., warum sich Mediziner*innen für eine Promotion entscheiden, ist nämlich: Die Patientinnen und Patienten vertrauen den Ärzt*innen einfach mehr, wenn er oder sie einen Doktortitel trägt. Ob sie wirklich fachlich kompetenter sind, sei hier dahingestellt.

Anna

Ich habe Geschichte und Politik auf Lehramt studiert und beginne bald das Referendariat. Meine Eltern und meine ältere Schwester haben promoviert und deshalb stand ich (15) .... unter einem gewissen familiären Erwartungsdruck: „Das schaffst du doch sicher auch", bekam ich immer wieder zu hören. Ich fände es auch durchaus (16) ...., in meinem Lieblingsthema – die Geschichte der DDR – zu forschen. (17) .... will ich möglichst schnell in den Lehrerberuf einsteigen und unterrichten. (18) .... habe ich mich schließlich gegen eine Promotion entschieden: Das Lehramtsstudium an meiner Hochschule war sehr theoretisch ausgerichtet und ich will endlich praktisch anwenden, was ich jahrelang gelernt habe.

7b **Markieren Sie in den Forumsbeiträgen aus Übung 7a Redemittel, mit denen Sie Argumente nennen und aufzählen können, sowie Redemittel, um Argumente abzuwägen. Ergänzen Sie dann die Tabelle.**

Pro-Argumente nennen	*Für ... gibt es viele gute Gründe.*
Kontra-Argumente nennen	*Dagegen spricht vor allem, dass ...*
Argumente aufzählen	*Das ist ein weiteres Argument, dass ...*
Argumente abwägen	*Es gibt sicherlich gute Gründe, die für ... sprechen. Dennoch ...*

7c **Schreiben Sie eine kurze Stellungnahme wie in 7a zum Thema „Lohnt sich eine Doktorarbeit?". Argumentieren Sie für oder gegen eine Promotion und verwenden Sie die Redemittel aus 7b.**

8 **Schreiben Sie eine kurze Stellungnahme zum Thema „Sollen Vorlesungen an Hochschulen ausschließlich online stattfinden?". Argumentieren Sie für oder gegen Online-Vorlesungen und verwenden Sie die Redemittel aus Übung 7b. Die folgenden Stichpunkte können Ihnen bei der Argumentation helfen. Nutzen Sie auch Ihr Memo aus Übung 2.**

Argumente für Online-Vorlesungen	Argumente gegen Online-Vorlesungen
• zeitlich und räumlich flexibel sein • Vorlesungen werden aufgezeichnet • Vorlesungen mehrmals hören • …	• kein direkter Kontakt zwischen Lehrenden und Lernenden • Fragen stellen? • fehlender Austausch unter Studierenden • viel Selbstdisziplin aufbringen • schlechte Internetverbindung • …

9 **Sammeln Sie jeweils zwei bis drei Pro- oder Kontra-Argumente zu den folgenden Themen. Schreiben Sie dann kurze Stellungnahmen, in denen Sie dafür oder dagegen argumentieren. Nutzen Sie auch Ihre Memos aus Übung 2.**

Thema 1: Soll man den Numerus clausus in Humanmedizin abschaffen?

Argumente für den Numerus clausus	Argumente gegen den Numerus clausus

Meine Argumentation:

Thema 2: Wie sinnvoll ist ein Ausbau der Atomenergie?

Argumente für Atomenergie	Argumente gegen Atomenergie

Meine Argumentation:

Thema 3: Welche Vorteile bringt uns eine Senkung der wöchentlichen Arbeitszeit auf 30 Stunden?

Argumente für eine Senkung der wöchentlichen Arbeitszeit auf 30 Stunden	Argumente gegen eine Senkung der wöchentlichen Arbeitszeit auf 30 Stunden

Meine Argumentation:

Etwas anhand von Beispielen erläutern

Der Inhaltspunkt „Erläutern Sie anhand von Beispielen" ist sehr weit gefasst. Je nach Aufgabenstellung müssen Sie hier konkrete Sachverhalte nennen und genauer erklären, von Erfahrungen berichten, Maßnahmen beschreiben, Alternativen nennen oder Möglichkeiten aufzeigen. Es ist auch möglich, dass Sie im Rahmen der Aufzählung einen Sachverhalt bewerten.

10a **Lesen Sie die folgenden Forumsbeiträge von Studierenden zu den Themen „Arbeitszeitmodelle" und „Barrierefreiheit". Wie werden Beispiele erläutert? Kreuzen Sie an. Manchmal sind mehrere Antworten möglich.**

Die/Der Schreibende …	Klara	Sören	Felipe	Heba	Olga	Paul
berichtet von persönlichen Erfahrungen		X				
äußert Vermutungen						
berichtet Tatsachen/Fakten						
macht Vorschläge						
bewertet einen Sachverhalt						

Thema: Arbeitszeitmodelle

Klara

Je nach Branche und Tätigkeit stehen den Berufstätigen verschiedene Arbeitszeitmodelle zur Verfügung. Einige Arbeitszeitmodelle möchte ich im Folgenden beschreiben.
Neben der klassischen 40-Stunden-Woche mit einem 8-Stunden-Tag gibt es die Möglichkeit der Teilzeitarbeit. Dabei können Berufstätige wählen, ob sie an fünf Tagen pro Woche drei bis vier Stunden oder an einigen Wochentagen acht Stunden arbeiten.
Eine Alternative dazu ist spätestens seit Corona allen bekannt: die Arbeit im Home-Office. Auch hier gibt es verschiedene Varianten: Man kann ausschließlich von zu Hause arbeiten oder nur an einigen Tagen in der Woche. Schließlich ist noch die Gleitzeit zu nennen. Gleitzeit bedeutet, dass es einen Zeitraum gibt, wo die Mitarbeiter*innen an ihrem Arbeitsplatz sein müssen. Bei diesem Modell können die Berufstätigen selbst entscheiden, wann sie morgens beginnen und abends Feierabend machen.

Sören

Es gibt zahlreiche Arbeitszeitmodelle und beginnen möchte ich mit meinem eigenen: In der Werbeagentur, wo ich in den Semesterferien arbeite, wurde vor ein paar Jahren die Vertrauensarbeitszeit eingeführt. Das bedeutet, dass es keine festen Arbeitszeiten gibt. Entscheidend ist, dass wir nach einer bestimmten Zeit unsere Projekte abschließen. Diese Flexibilität schätze ich sehr. Ein ganz anderes Modell hat mein Partner. Er arbeitet in einem Hotel und hat mit seinem Chef eine Jahresarbeitszeit vereinbart: Im Sommer ist wegen der vielen Touristen mehr zu tun, also erhöht sich auch die wöchentliche Arbeitszeit. Manchmal sind es bis zu 60 Stunden pro Woche. Im Winter hingegen kommen weniger Touristen, weshalb man in dieser Zeit auch weniger arbeitet und mehr Freizeit hat.

Felipe
Ich persönlich kenne mich mit den Arbeitszeitmodellen nicht besonders gut aus, aber ich nehme an, dass die meisten Berufstätigen einen klassischen 9-to-5-Job haben: Sie kommen morgens zur Arbeit und machen am Nachmittag Feierabend. Ganz anders sieht es im medizinischen Bereich aus: Um die medizinische Versorgung rund um die Uhr zu gewährleisten, wird in Krankenhäusern im Schichtsystem gearbeitet: Soweit ich weiß, ist auch in vielen Industriebetrieben Schichtarbeit nötig. Ärzte, Feuerwehrleute oder auch Handwerker haben manchmal Bereitschaftsdienst. Das heißt, dass jederzeit das Telefon klingeln kann und sie zu einem Einsatz fahren müssen.

Thema: Barrierefreiheit im Alltag

Heba
Am Beispiel meiner Hochschule möchte ich aufzeigen, wie Barrierefreiheit im Alltag aussehen kann. Eine Selbstverständlichkeit sind schon seit Jahren Behindertenparkplätze vor den Haupteingängen, damit die Studierenden im Rollstuhl keine weiten Wege zurückzulegen haben. Außerdem sind vor kurzem in den älteren Gebäuden Aufzüge eingebaut worden, wodurch jetzt die Seminarräume in höheren Stockwerken problemlos erreicht werden können. Problematisch ist allerdings noch der Zugang zu einigen Hörsälen. Hier sind Rollstuhlfahrer*innen bisweilen auf die Hilfe von Kommiliton*innen angewiesen. Das ist ein Beispiel dafür, dass trotz aller Fortschritte noch viel zu tun ist.

Olga
Im Zusammenhang mit Barrierefreiheit werden oft die baulichen Maßnahmen genannt, die beispielsweise Menschen mit Gehbehinderung den Zugang zu Gebäuden erleichtern sollen. Genauso wichtig sind aber auch barrierefreie Webseiten. Viele sehbehinderte Menschen können Webseiten nicht richtig lesen. Sinnvoll wäre daher die Verwendung einer größeren Schrift oder einer Zoomfunktion, um die Texte zu vergrößern. Hörbehinderte können Videos nicht hören und benötigen deshalb Untertitel. In den Mediatheken der großen Fernsehsender ist das glücklicherweise schon Standard, auf vielen Videoplattformen aber noch nicht. Auf wichtigen Webseiten, beispielsweise von Behörden, muss es die Möglichkeit geben, Texte in einfacher Sprache zu lesen: Die Sätze sind sehr kurz und enthalten keine Fremdwörter. Für Menschen mit kognitiven Behinderungen wäre das meines Erachtens eine große Hilfe.

Paul
Kürzlich habe ich einen interessanten Artikel über die Philipps-Universität in Marburg gelesen, an der über 150 Sehbehinderte und Blinde studieren. Dort gibt es zahlreiche Maßnahmen, um Studierende beim Lernen zu unterstützen. Da sind zunächst die Studienhelfer*innen zu nennen, die blinden und sehbehinderten Studierenden bei der Literatursuche in der Bibliothek und bei Internetrecherchen helfen. Darüber hinaus stehen den Studierenden Computerarbeitsplätze und Arbeitskabinen zur Verfügung: Mit Hilfe von spezieller Software und Hardware können sie dort Texte in Brailleschrift lesen oder hören und selbst Texte schreiben und drucken.

10b **Markieren Sie in den sechs Texten in Übung 10a Redemittel und Ausdrücke, die man in einer Erläuterung verwenden kann. Ordnen Sie die Redemittel den fünf Sprachhandlungen zu und ergänzen Sie dann die Tabelle.**

einleiten	Einige ... möchte ich im Folgenden beschreiben.
weitere Beispiele nennen	Eine Alternative dazu ist ...
Vorschläge machen	Sinnvoll wäre ...
Vermutungen äußern	Ich kenne mich mit ... nicht besonders gut aus, aber ich nehme an, dass ...
Stellung nehmen	Diese/n ... schätze ich sehr.

Wählen Sie einige Redemittel und Ausdrücke, die Ihnen gefallen. Üben Sie das Schreiben von Texten mit diesen Redemitteln. Es kommt in der Prüfung nicht darauf an, dass Sie möglichst viele Redemittel verwenden. Wichtiger ist der Inhalt.

10c **Lesen Sie die Redemittel im Schüttelkasten. Ordnen Sie sie den passenden Sprachhandlungen in der Tabelle in Übung 10b zu.**

Aufschlussreich/Interessant ist auch das folgende Beispiel: … | Denkbar wäre auch, dass … | Die Frage … möchte ich anhand einiger Beispiele erläutern. | Einen anderen/ähnlichen Fall habe ich … erlebt. Dort/Damals … | Es könnte durchaus sein, dass … | Es wäre ratsam, … zu … | Für mich persönlich kommt … nicht infrage, ich kann mir aber vorstellen, dass … | Hierfür lassen sich folgende Beispiele anführen: … | Ich würde es sehr begrüßen, wenn … | Man kann häufig beobachten, dass … | Sollte man nicht lieber …, anstatt … zu …? | Vermutlich …

11 **Schreiben Sie kurze Texte, in denen Sie etwas anhand von Beispielen erläutern. Wählen Sie Redemittel aus der Tabelle in Übung 10b.**

Thema 1: Erläutern Sie anhand von Beispielen Möglichkeiten zur Gesundheitsvorsorge am Arbeitsplatz.

Thema 2: Erläutern Sie anhand von Beispielen Alternativen zu fossilen Brennstoffen.

Thema 3: Erläutern Sie anhand von Beispielen die wirtschaftlichen Folgen der Corona-Pandemie.

Wortschatz und Strukturen variieren

In der Prüfung Goethe-Zertifikat C1 stellen Sie unter Beweis, was Sie können. Zeigen Sie, was Sie im Kurs und mit Ihrem Lehrwerk auf Niveau C1 gelernt haben. Sie können und müssen selbstverständlich auch Wortschatz und Strukturen verwenden, die Sie auf A1 bis B2 gelernt haben. Achten Sie aber darauf, dass sich die Strukturen nicht allzu oft wiederholen. Fragen Sie sich: Welche anderen Formulierungen kenne ich?

12 **Was sollten Sie beim Schreiben eines Forumsbeitrags auf Niveau C1 beachten? Kreuzen Sie die richtige Antwort a oder b an.**

Prüfungsteilnehmende auf dem Niveau C1 …

1 beginnen die Sätze meistens
- a mit dem Subjekt.
- ☒ b mit einer Ergänzung, einem Verbindungsadverb oder einem Nebensatz.

2 schreiben
- a in der Regel Hauptsätze.
- b komplexere Sätze mit Haupt- und Nebensatz.

3 verwenden
- a unterschiedliche Konnektoren und Verbindungsadverbien.
- b möglichst viele und seltene Konnektoren und Verbindungsadverbien.

4 verwenden
- a immer die gleichen Wörter.
- b Synonyme und Verweiswörter.

5 schreiben Sätze
- a immer im Aktiv.
- b auch im Passiv.

6 verwenden
- a nur das Passiv.
- b auch Passiversatzformen.

7 verwenden
- a möglichst alle Modalverben.
- b neben den Modalverben auch alternative Ausdrücke.

8 verwenden
- a Nomen-Verb-Verbindungen und einfache Verben.
- b nur Nomen-Verb-Verbindungen.

9 verwenden
- a auch Nominalisierungen von Verben.
- b nur den Verbalstil.

10 ersetzen Relativsätze
- a ab und zu durch Partizipialkonstruktionen.
- b möglichst immer durch Partizipialkonstruktionen.

11 verwenden
- a möglichst viele idiomatische Ausdrücke.
- b idiomatische Ausdrücke nur, wenn es zum Register passt.

→ **Ausführliche Übungen zu diesen grammatischen Strukturen finden Sie ab S. 188.**

13a **Lesen Sie die Aufgabe und den Forumsbeitrag, den eine Prüfungsteilnehmerin geschrieben hat. Vergleichen Sie mit den Anforderungen an einen Forumsbeitrag, wie sie in Übung 12 genannt wurden. Was fällt auf?**

E-Mails – geht es eigentlich noch ohne?

- Beschreiben Sie, wie E-Mails unseren Alltag verändert haben.
- Erläutern Sie, in welchen Situationen E-Mails nicht angemessen sind.
- Erläutern Sie anhand von Beispielen, worauf man beim Schreiben von E-Mails achten sollte.
- Argumentieren Sie für oder gegen papierbasierte Kommunikation.

Man hat in den 80er Jahren die ersten E-Mails verschickt. Man dachte damals nicht daran, dass die E-Mail einmal eines der wichtigsten Kommunikationsmittel sein würde.

Niemand bezweifelt, dass E-Mails gegenüber dem traditionellen Briefe viele Vorteile haben. Man schickt Nachrichten mit wichtigen Informationen ganz schnell und man kann die Nachrichten überall abrufen.
Es hat nicht nur Vorteile, wenn wir ständig erreichbar sind. Das wissen wir alle.
Menschen, die eine E-Mail verschicken, möchten schnell eine Antwort bekommen. Durch E-Mails, die ständig eingehen, entsteht noch mehr Stress, als wir ohnehin schon in unserem Alltag haben.

Man kann sich einen Alltag ohne E-Mail trotz der Probleme, die ich oben genannt habe, nicht mehr vorstellen. Es kann aber besondere Situationen geben. In diesen Situationen sollte man lieber das persönliche Gespräch suchen. Man sollte keine E-Mails schreiben. Wenn man zum Beispiel einen Konflikt mit jemandem hat, sollte man mit dieser Person direkt sprechen.
Terminvereinbarungen per E-Mail sind auch problematisch: Wenn man einen Termin vereinbaren will, werden oft viele E-Mails hin und her geschickt. Man verliert dabei kostbare Arbeitszeit. Man kann durch ein kurzes Telefongespräch meistens schneller einen Termin finden.

E-Mails werden zwar elektronisch geschickt, sind aber Briefe. Man muss bestimmte Regeln beachten. Eine passende Anrede und ein Gruß am Ende sind besonders wichtig. Ich persönlich finde Ausrufezeichen und Smileys nicht gut. Eine korrekte Rechtschreibung ist in vielen Branchen wichtig. Man sollte seinen Text auf Tipp- und Rechtschreibfehler überprüfen, bevor man die Mail abschickt.

Ich bin ganz sicher, dass man in der formellen Kommunikation immer mehr E-Mails schreiben und elektronische Dokumente versenden wird. Ich finde leider täglich Werbesendungen und Prospekte in meinem Briefkasten. Es wäre deshalb gut, wenn Firmen ganz auf Werbebriefe aus Papier verzichten würde, um die Umwelt zu schützen.

Als Fazit kann man festhalten: Ja, in vielen Bereichen geht es nicht mehr ohne E-Mail, aber der traditionelle Brief ist nicht tot.

13b Lesen Sie nun eine verbesserte Fassung des Textes. Ergänzen Sie die Lücken mit den Wörtern und Ausdrücken aus dem Schüttelkasten.

~~als~~ | außer Frage | dass | dürfte | eingehende | Erreichbarkeit | genannten | im Falle | in solchen Fällen | ist | lassen sich | notwendig | ratsam | vor Abschicken | vorstellbar | wer | Wert | wobei | zum Schutz

(1) ...Als... in den 80er Jahren die ersten E-Mails geschickt wurden, dachte sicherlich niemand daran, dass die elektronische Post einmal eines der wichtigsten Kommunikationsmittel sein würde. (2) .... E-Mails gegenüber dem traditionellen Brief enorme Vorzüge haben, steht außer Zweifel. Nachrichten mit wichtigen Informationen werden in Sekundenschnelle verschickt und (3) .... überall abrufen. Dass diese ständige (4) .... nicht nur Vorteile mit sich bringt, (5) .... uns allen bewusst sein.
(6) .... eine E-Mail verschickt, möchte schnell eine Antwort erhalten. Durch ständig (7) .... E-Mails entsteht noch mehr Stress, als wir ohnehin schon in unserem Alltag haben.

Trotz der oben (8) .... Probleme, ist ein Alltag ohne E-Mails kaum noch (9) .... Dennoch kann es Situationen geben, in denen man, statt eine E-Mail zu schreiben, lieber das persönliche Gespräch suchen sollte. (10) .... eines Konflikts beispielsweise ist es (11) ...., mit der betreffenden Person direkt zu sprechen. Problematisch sind außerdem Terminvereinbarungen per E-Mail: (12) .... werden oft zahlreiche E-Mails hin und her geschickt, (13) .... kostbare Arbeitszeit verloren geht. Durch ein kurzes Telefongespräch (14) .... ein Termin meistens schneller zu finden.

E-Mails werden zwar elektronisch geschickt, sind aber Briefe. Dementsprechend ist es unbedingt (15) ...., bestimmte Regeln zu beachten. Besonders wichtig sind eine passende Anrede und ein Gruß am Ende. Als unangemessen empfinde ich persönlich Ausrufezeichen und Smileys. Außerdem legt man in vielen Branchen besonderen (16) .... auf eine korrekte Rechtschreibung. (17) .... der Mail sollte man deshalb seinen Text auf Tipp- und Rechtschreibfehler überprüfen.

Für mich steht (18) ...., dass sich in der formellen Kommunikation die E-Mail und das Versenden von elektronischen Dokumenten durchsetzen werden. Leider finde ich fast täglich Werbesendungen und Prospekte in meinem Briefkasten. Deshalb würde ich es begrüßen, wenn von Firmen (19) .... der Umwelt ganz auf Werbebriefe aus Papier verzichtet würde.

Als Fazit kann man festhalten: Ja, in vielen Bereichen geht es nicht mehr ohne E-Mail, aber der traditionelle Brief ist nicht tot.

13c Welche grammatischen Strukturen werden in dem verbesserten Text verwendet? Schreiben Sie die Nummer der Lücke in die Tabelle.

grammatische Strukturen	Lücke
A Alternative Ausdrücke für Modalverben	14,
B Artikelwörter, die sich auf etwas zuvor Beschriebenes beziehen	
C Nebensätze an Position 1	
D Nomen-Verb-Verbindungen	
E Nominalisierung	
F Partizip 1 und 2 als Adjektiv vor Nomen	
G Passiversatzformen	
H Relativsätze	
I Vermutungen mit Modalverben	

13d Ersetzen Sie die markieren Satzteile durch Ausdrücke aus dem Text in Übung 13b.

1 Nachrichten mit wichtigen Informationen werden sehr schnell verschickt und lassen sich überall abrufen. in Sekundenschnelle ....

2 Dass diese ständige Erreichbarkeit nicht nur Vorteile hat, wissen wir alle. ....

3 Wer eine E-Mail verschickt, möchte schnell eine Antwort bekommen. ....

4 Nicht so gut finde ich persönlich Ausrufezeichen und Smileys. ....

5 Für mich steht außer Frage, dass man in der formellen Kommunikation immer mehr E-Mails schreiben und elektronische Dokumente versenden wird. ....

6 Deshalb wäre es gut, wenn von Firmen zum Schutz der Umwelt ganz auf Werbebriefe aus Papier verzichtet würde. ....

14 **Lesen Sie die Aufgabe und den folgenden Text. Ersetzen Sie die markierten Textstellen durch die angegebenen Strukturen.**

Homeoffice – Brauchen wir in Zukunft noch Büros?
Wie sinnvoll ist das Arbeiten im Homeoffice?

- Erklären Sie anhand von Beispielen, in welchen Bereichen Homeoffice möglich ist.
- Nennen Sie Gründe, die für Homeoffice sprechen.
- Argumentieren Sie für oder gegen ein Recht auf Homeoffice.
- Erläutern Sie, worauf man beim Arbeiten im Homeoffice achten sollte.

In der Corona-Pandemie (1) mussten Millionen von Berufstätigen von zu Hause aus arbeiten.	gezwungen sein In der Corona-Pandemie waren Millionen von Berufstätigen gezwungen, von zu Hause aus zu arbeiten.
(2) Die einen wünschten sich nichts mehr, als bald wieder ins Büro zu gehen. Die anderen entdeckten die Vorzüge des Homeoffice.	Nebensatz mit *während* ……………………
Es liegt jedoch auf der Hand, dass nicht alle Berufstätigen im Homeoffice arbeiten (3) können.	die Möglichkeit haben ……………………
Im Handwerk (4) ist Homeoffice natürlich unmöglich.	nicht in Frage kommen ……………………
Ganz anders sieht es in kreativen Berufen aus: Designer*innen oder Journalist*innen sind im Homeoffice (5) vermutlich kreativer als in einem Büro, wo sie ständig von Kollegen und Lärm abgelenkt werden.	dürfen (Konjunktiv 2) ……………………
(6) Ich persönlich finde, dass man alle Tätigkeiten, für die man nur einen Computer, eine Internetverbindung, ein gutes Konferenztool und ein Telefon benötigt, problemlos von zu Hause aus (7) erledigen kann.	aus meiner Sicht sich lassen ……………………
Für das Homeoffice sprechen nämlich viele gute Gründe. Der größte Vorteil ist: Man erspart sich den Weg zur Arbeit, (8) der Zeit raubt.	Partizip 1 als Adjektiv vor Nomen ……………………
Hinzu kommt, dass man zeitlich flexibler ist und seine Arbeitszeit selbst gestalten kann. (9) Davon profitieren vor allem Familien mit Kindern.	Relativsatz ……………………
(10) Weil Homeoffice viele Vorteile hat, fordern inzwischen viele ein Recht auf Homeoffice. Grundsätzlich bin ich der Meinung, dass man nicht für jedes Problem eine rechtliche Regelung braucht. Jede Firma sollte mit ihren Mitarbeitern zu einer gemeinsamen, hausinternen Regelung	aufgrund + Nomen ……………………

kommen. Arbeitgeber (11) sollten bei der Gestaltung der Arbeitszeitmodelle flexibel bleiben, um auch auf wirtschaftliche Veränderungen reagieren zu können.	wünschenswert sein (Konjunktiv 2) ....
(12) Menschen, die jedoch ganz oder teilweise zu Hause arbeiten möchten, sollten dabei zwei Aspekte bedenken. Wichtig ist zum einen ein Arbeitsplatz, (13) der gut ausgestattet ist. Am besten ist ein eigenes Arbeitszimmer, das es ermöglicht, (14) Arbeit und Freizeit auch räumlich zu trennen. Zum anderen sollte man darauf achten, dass man die Arbeitszeit, (15) die man mit dem Arbeitgeber vereinbart hat, auch einhält.	Relativpronomen wer .... Partizip 2 als Adjektiv vor Nomen .... Nominalisierung von trennen .... Partizip 2 als Adjektiv vor Nomen ....
Man kann nur hoffen, dass die Firmen, die Homeoffice bisher kritisch gegenüberstehen, die Vorteile dieses Modells erkennen werden.	

Einen Schluss schreiben

Sie beenden Ihren Forumsbeitrag nicht mit dem letzten Inhaltspunkt, sondern mit einem passenden Schluss. Der Schluss sollte aus ein bis zwei Sätzen bestehen.

15 **Lesen Sie die folgenden Schlusssätze und ordnen Sie diese den Sprachhandlungen a bis g zu. Manchmal kann ein Schluss mehreren Sprachhandlungen zugeordnet werden.**

Die/Der Schreibende beendet den Text, indem sie/er …	Beispiel
a die Ausgangsfrage aufgreift.	7
b die Ausgangsfrage offen lässt.	
c die Hauptaussage zusammenfasst.	
d eine Hoffnung/einen Wunsch ausdrückt.	
e einen Appell an die Öffentlichkeit richtet.	
f noch einmal ihren/seinen Standpunkt unterstreicht.	
g zur weiteren Diskussion/zum Nachdenken anregt.	

Thema 1: Integration von Geflüchteten
Solange es auf der Welt Krieg, Verfolgung und Armut gibt, werden Menschen flüchten müssen. Die Aufnahme und Integration von Geflüchteten ist daher unsere Pflicht – eine Pflicht sowohl des Einzelnen als auch des Staates.

Thema 2: künstliche Intelligenz Wie man meiner Argumentation entnehmen kann, ermöglicht uns die Entwicklung von künstlicher Intelligenz ungeheure Möglichkeiten. Doch gerade beim Thema Smart Home sollte man wachsam bleiben und an den Datenschutz denken: Welche persönlichen Daten will ich für meinen häuslichen Komfort preisgeben?
Thema 3: Sicherheit im öffentlichen Raum Angesichts der Komplexität des Themas sollten wir uns davor hüten, nach einfachen Lösungen oder gar nach einem stärkeren Staat zu rufen. Wir sollten vielmehr darüber nachdenken, was die tieferen Ursachen von Gewalt und Kriminalität sind.
Thema 4: Work-Life-Balance Die oben genannten Beispiele zeigen, dass mehr Freizeit und flexible Arbeitszeitmodelle durchaus möglich sind und nicht zum Untergang der Wirtschaft führen, wie manche behaupten. Und vielleicht werden wir in ferner Zukunft sogar noch weniger arbeiten müssen.
Thema 5: Abschaffung des Siezens Es ist also deutlich geworden, dass sich das Duzen immer weiter verbreitet – auch in formellen Kontexten, wo ein „Du" noch vor einigen Jahren undenkbar gewesen wäre.
Thema 6: Umgang mit Fake News in sozialen Netzwerken Sollen Personen, die Fake News verbreiten, bestraft werden? Obwohl es viele Gründe dafür gibt, möchte ich persönlich mich an dieser Stelle nicht festlegen. Mir erscheint es wichtiger, dass jede/r von uns im Netz gegen Fake News vorgeht, und zwar indem man wissenschaftlichen Unsinn und Lügen als solche kennzeichnet und kommentiert.
Thema 7: Rechtschreibreform Um abschließend zur Ausgangsfrage „Brauchen wir noch einmal eine Rechtschreibreform?" zurückzukommen: Nein. Wir brauchen keine Reform. Was wir brauchen, ist ein anderer Rechtschreibunterricht in unseren Schulen.

16 **Schreiben Sie Schlusssätze zu Ihren Texten aus Übung 9.**

Thema 1: Soll man den Numerus clausus in Humanmedizin abschaffen?

....

....

....

Thema 2: Wie sinnvoll ist ein Ausbau der Atomenergie?

....

....

....

Thema 3: Was bringt uns eine Senkung der wöchentlichen Arbeitszeit auf 30 Stunden?

....

....

....

Die Prüfungsaufgabe kennenlernen

- Für den Prüfungsteil Schreiben Teil 1 werden 50 Minuten Bearbeitungszeit empfohlen.
- Sie bekommen eine Aufgabe mit vier Inhaltspunkten. Sie bearbeiten die Inhaltspunkte in der vorgegebenen Reihenfolge.
- Sie erhalten in der Prüfung einen vierseitigen Antwortbogen (für beide Aufgaben des Prüfungsteils Schreiben) und Konzeptpapier. Nutzen Sie das Konzeptpapier aber nur zum Notizenmachen. Schreiben Sie auf keinen Fall den gesamten Text vor, um ihn am Ende auf den Antwortbogen zu übertragen. Dadurch verlieren Sie wertvolle Zeit. Es führt nicht zu Punktabzug, wenn Sie ein falsches Wort oder einen Satz durchstreichen.

Teil 1 vorgeschlagene Arbeitszeit: 50 Minuten

Für das Internetforum *Politische Bildung* verfassen Sie einen Diskussionsbeitrag zu diesem Thema:

Politikmüdigkeit – die da oben und wir da unten
Haben wir das Interesse an Politik verloren?

- Erläutern Sie anhand von Beispielen, wie Sie sich politische Mitbestimmung vorstellen.
- Nennen Sie Gründe, warum sich viele Menschen nicht für Politik interessieren.
- Argumentieren Sie für oder gegen eine Wahlpflicht.
- Nennen Sie Maßnahmen, wie man das Interesse an Politik stärken kann.

Schreiben Sie circa **230** Wörter.

Die Prüfungsaufgabe Schritt für Schritt lösen

Vor dem Scheiben:

- Lesen Sie Aufgabenstellung und die vier Inhaltspunkte genau.
- Überlegen Sie: Was ist Ihre Meinung zu diesem Thema?
- Machen Sie Notizen in Form von Stichwörtern (siehe Übung 1, S. 108).
- Vermeiden Sie in Ihren Notizen die wörtliche Übernahme von Formulierungen aus der Aufgabenstellung. Notieren Sie alternative Ausdrücke.
- Notieren Sie ein paar geeignete Redemittel.

Bitte beachten Sie: Die Verwendung von Redemitteln ist sinnvoll und erleichtert den Lesenden die Lektüre Ihres Textes. Ein übermäßiger Gebrauch auf Kosten des Inhalts lässt Ihren Text künstlich wirken. Bedenken Sie, dass es in erster Linie auf den Inhalt ankommt.

- Überlegen Sie sich eine passende Einleitung.

Beim Schreiben:

- Variieren Sie die Satzanfänge und beginnen Sie nicht jeden Satz mit dem Subjekt.
- Schreiben Sie Haupt- und Nebensätze und verknüpfen Sie die Sätze und Abschnitte mit Konnektoren und Verbindungsadverbien.
- Variieren Sie den Wortschatz und vermeiden Sie Wiederholungen.
- Verwenden Sie Strukturen, die Sie auf dem Niveau C1 gelernt haben.
- Machen Sie nach jedem Inhaltspunkt einen Absatz.
- Schreiben Sie circa 230 Wörter. Schreiben Sie nicht viel mehr, denn Sie benötigen noch Zeit für Schreiben Teil 2. Außerdem bekommen Sie nicht mehr Punkte, wenn Ihr Text sehr lang ist.
- Achten Sie darauf, dass Sie sich nicht widersprechen.
- Schreiben Sie den Schlusssatz erst, nachdem Sie Ihren Text noch einmal gelesen haben.

Checkliste nach dem Schreiben:

1. Lesen Sie Ihren Text noch einmal und überprüfen Sie:
   - [ ] Habe ich ca. 230 Wörter geschrieben?
   - [ ] Habe ich zu allen vier Inhaltspunkten etwas geschrieben?
   - [ ] Gibt es eine Einleitung und einen Schluss?
   - [ ] Ist meine persönliche Meinung erkennbar?

2. Überprüfen Sie Ihren Text auf sprachliche Fehler:
   - [ ] Stehen die Verben in Nebensätzen am Ende?
   - [ ] Habe die die Adjektive richtig dekliniert?
   - [ ] Habe ich Satzanfänge und Nomen großgeschrieben?
   - [ ] Habe ich zwischen Haupt- und Nebensätze ein Komma gesetzt?
   - [ ] Steht am Ende jedes Satzes ein Punkt (oder ein Ausrufe- oder Fragezeichen)?
   - [ ] …

→ Eine Beispiellösung für diese Prüfungsaufgabe finden Sie in den Lösungen auf S. 238.

Modul Schreiben, Teil 2

Beschreibung dieses Prüfungsteils

Was ist Ihre Aufgabe?	Sie schreiben eine (halb-)formelle E-Mail, in der Sie unter anderem auf ein Problem aufmerksam machen, etwas vorschlagen, etwas beschreiben und höflich Verständnis zeigen.
Was wird vorgegeben?	Sie erhalten vier Inhaltspunkte, die Sie in einer angemessenen Reihenfolge bearbeiten müssen.
Wie lange dauert dieser Prüfungsteil?	Sie schreiben circa 120 Wörter. Dazu haben Sie ungefähr 25 Minuten Zeit.
Wie wird dieser Prüfungsteil bewertet?	Für diesen Prüfungsteil können Sie maximal 40 Punkte bekommen.

Für die beiden Teile des Moduls Schreiben haben Sie insgesamt 75 Minuten Zeit. Sie können sich die Zeit frei einteilen, sollten aber für Teil 1 mehr Zeit einplanen als für Teil 2.

→ **Die Bewertungskriterien für das Modul Schreiben finden Sie auf Seite 107.**

Bei diesem Prüfungsteil schreiben Sie eine (halb-)formelle Nachricht im Bereich Beruf, Studium, Dienstleistung u. Ä. Die Aufgabenstellung besteht aus einer kurzen Beschreibung des Kontextes, in dem Sie Ihre Nachricht verfassen, und vier Inhaltspunkten. Sie sollen auf ein Problem aufmerksam machen, eine Lösung vorschlagen, etwas beschreiben und höflich Verständnis zeigen.

Angemessene Argumente finden und höflich formulieren

Ein wichtiges Kriterium bei dieser Schreibaufgabe ist die soziokulturelle Angemessenheit Ihrer Nachricht. Sie sollen zeigen, dass Sie auf der inhaltlichen Ebene für den jeweiligen Kontext angemessene Argumente und Vorschläge finden und diese auf der sprachlichen Ebene entsprechend höflich formulieren können.

1a **Welche Argumente sind im jeweiligen Kontext angemessen? Kreuzen Sie an. Mehrere Antworten können korrekt sein.**

1 Ihr Chef will die Gleitzeit abschaffen und eine feste Arbeitszeit von 7:00 bis 15:30 Uhr einführen.

- a Durch den späteren Arbeitsbeginn kann ich Beruf und Familie besser vereinbaren.
- b Mein Chronotyp erlaubt mir kein frühes Aufstehen.
- c Nach 8:00 Uhr ist der Zeitaufwand für den Weg zur Arbeit geringer.

2 Die semesterbegleitenden Sprachkurse sollen ab nächstem Semester kostenpflichtig werden.

- a Kostenpflichtige Sprachkurse führen zur Benachteiligung von Studierenden aus einkommensschwachen Haushalten.
- b Die Förderung der Sprachkenntnisse ausländischer Studierender liegt auch im Interesse der Universität.
- c Bei den hohen Studiengebühren an staatlichen Hochschulen in Deutschland sollten die Sprachkurse inbegriffen sein.

3 Die Rechnung des Handwerkers ist doppelt so hoch wie der Kostenvoranschlag.

- a Die Kosten sind durch die Faulheit und Unfähigkeit Ihrer Mitarbeiter gestiegen.
- b Sie haben mir versichert, dass keine Mehrkosten entstehen würden.
- c Sie hätten mich unverzüglich über die höheren Kosten informieren müssen.

1b **Welche Lösungsvorschläge sind im jeweiligen Kontext akzeptabel? Kreuzen Sie an. Mehrere Antworten können korrekt sein.**

1 Die Mensa soll aufgrund von Personalmangel freitags geschlossen bleiben.

- a Freitags soll die Cafeteria der Universität zwei warme Gerichte anbieten.
- b Die Universität soll den Studierenden freitags Pizzagutscheine schenken.
- c Studentische Hilfskräfte können in der Mensa arbeiten.

2 Ein Cateringunternehmen hat für die Betriebsfeier das falsche Essen geliefert.

- a Das Cateringunternehmen soll das Essen für die Weihnachtsfeier kostenlos liefern.
- b Das Cateringunternehmen soll 10 % Rabatt auf die Rechnung gewähren.
- c Das Cateringunternehmen soll 1000 Euro Schadensersatz bezahlen.

3 Ihr Bürokollege öffnet im Winter den ganzen Tag das Fenster, wodurch es im Zimmer sehr kalt ist.

- a Sie möchten in ein Einzelbüro umziehen.
- b Ihr Bürokollege soll Ihnen einen warmen Mantel für die Arbeit kaufen.
- c Das Fenster soll nur in den Pausen geöffnet werden.

2a Welche Formulierungen sind für eine (halb-)formelle E-Mail passend? Kreuzen Sie an.

1 Die Gleitzeitregelung ermöglicht den Mitarbeitenden die bessere Vereinbarkeit der betrieblichen Belange mit ihren persönlichen Bedürfnissen. Wäre es möglich, sie zumindest an zwei Tagen pro Woche beizubehalten?
2 Kostenlose Sprachkurse sind eine wichtige Unterstützung für ausländische Studierende. Im Falle einer Einführung von Gebühren bestünde das Risiko, dass die Studierenden die Kurse nicht mehr besuchen könnten.
3 Ihre gestiegenen Materialkosten sind mir völlig egal, Sie haben sich gefälligst an den Kostenvoranschlag zu halten.
4 Für uns Studierende wäre es ungünstig, wenn die Mensa freitags geschlossen bliebe. Es ist nämlich so, dass viele von uns keine Möglichkeit haben, selbst zu kochen.
5 Dass wir das falsch gelieferte Essen komplett bezahlen, kommt nicht in Frage.
6 Selbstverständlich verstehe ich Ihren Wunsch nach frischer Luft.
7 Mein Vorschlag wäre, dass als Ersatz für die Mensa die Cafeteria freitags zwei warme Gerichte anbietet.
8 Sie sollten schleunigst dafür sorgen, dass die Fenster außerhalb der Pausenzeiten zubleiben.
9 Mir ist bewusst, dass die Universitäten Kosten einsparen müssen.
10 Die Studierenden sollten auch in den Semesterferien unbeschränkten Zugang zur Universitätsbibliothek haben, da viele von ihnen dort ihre Seminararbeiten schreiben.

2b Formulieren Sie die nicht passenden Sätze aus Übung 2a in einer geeigneteren Form.

....

....

....

....

3 Ergänzen Sie die Redemittel aus den Sätzen in Übung 2a in der Tabelle.

Sprachhandlung	Redemittel
auf ein Problem aufmerksam machen	ist/wäre problematisch | das liegt daran, dass | der Grund ist | würde dazu führen, dass | …
eine Lösung vorschlagen	ich möchte vorschlagen | ich möchte einen Vorschlag machen | was halten Sie davon | anstatt … könnte man | wie wäre es, wenn | …
Verständnis zeigen	ich kann … verstehen | natürlich verstehe ich | verständlicherweise | …

Bei Schreiben Teil 2 sollen Sie häufig zu Beginn Ihres Schreibens Verständnis zeigen, zum Beispiel Verständnis für Sachzwänge, die zu einer problematischen Entscheidung geführt haben. Anschließend sollen Sie auf das Problem aufmerksam machen. Den Übergang zwischen diesen beiden Inhaltspunkten sollten Sie sprachlich markieren, etwa durch einen adversativen (*allerdings, jedoch*) oder konzessiven (*dennoch*) Konnektor.
Um auf ein bereits bestehendes Problem aufmerksam zu machen, können Sie den Indikativ verwenden. Um auf ein Problem aufmerksam zu machen, das erst noch entstehen wird oder entstehen könnte, verwenden Sie am besten den Konjunktiv II.

4 **Setzen Sie die passenden Redemittel aus dem Schüttelkasten ein.**

Die Firma, in der Sie angestellt sind, muss Energie sparen. Daher soll im Winter die Bürotemperatur nur 17 Grad betragen. Schreiben Sie eine Beschwerde an Ihren Chef, Herrn Müller.

- Eröffnen Sie Ihr Schreiben, indem Sie Verständnis für Sachzwänge zeigen.
- Nennen Sie Probleme, die aus der niedrigen Bürotemperatur resultieren würden.
- Beschreiben Sie andere Möglichkeiten, um mit der Situation umzugehen.
- Machen Sie einen Kompromissvorschlag.

eine bessere Alternative wäre | es bestünde auch das Risiko | es ist nämlich so, dass | ich möchte Sie bitten | mein Vorschlag wäre daher | selbstverständlich | sehe ich jedoch mit einer gewissen Skepsis | wir alle wissen | würde dazu führen

Sehr geehrter Herr Müller,

(1) ...., dass Energie ein knappes und teures Gut ist, und (2) .... müssen wir alles unternehmen, um den Energieverbrauch zu reduzieren. Ihre angekündigte Maßnahme, die Büroräume auf nur 17 Grad zu beheizen, (3) ....
(4) .... für Tätigkeiten, die im Sitzen verrichtet werden, per Gesetz bisher eine Temperatur von 20 Grad gewährleistet sein muss. Eine niedrigere Temperatur (5) ...., dass wir Angestellten uns körperlich unwohl fühlen würden und uns nicht mehr auf unsere Arbeit konzentrieren könnten. (6) ...., dass wir durch die Kälte krank werden und dann am Arbeitsplatz ausfallen.
(7) ...., dass wir einen Teil unserer Arbeitszeit von zu Hause arbeiten. So müssten die Büroräume nicht jeden Tag beheizt werden und die Firma könnte Energie sparen. (8) ...., dass wir drei Tage pro Woche im Homeoffice und zwei Tage im Büro arbeiten. An den beiden Bürotagen sollte die Raumtemperatur aber bei 20 Grad liegen.
(9) ...., über meinen Vorschlag nachzudenken.

Mit freundlichen Grüßen
Manuel Walk

5 **Markieren Sie in den beiden Textauszügen die Konnektoren und übertragen Sie sie in die Tabelle.**

1 Ich kann verstehen, dass der Hochschulsport seine Ausgaben reduzieren muss. Das Fitnessstudio zu schließen, wäre jedoch der falsche Weg, da dieses Angebot täglich von vielen Studierenden genutzt wird, um gesund zu bleiben und einen sportlichen Ausgleich zum Studium zu haben. Wenn es das universitäre Fitnessstudio nicht mehr gäbe, würden deutlich weniger Kommilition*innen Sport treiben. Dadurch würde ihre körperliche Fitness Schaden nehmen. Infolgedessen wären sie weniger leistungsfähig im Studium.

2 Mir ist bewusst, dass unsere Abteilung derzeit einen hohen Krankenstand hat und die Aufträge trotzdem erledigt werden müssen. Es ist allerdings keine gute Lösung, die anderen Mitarbeitenden zu umfangreichen Überstunden zu verpflichten, weil sie sonst auch noch krank werden. Wir sollten außerdem nicht vergessen, dass ein hohes Maß an Überstunden die Ursache für den hohen Krankenstand ist. Daher würde ich dafür plädieren, zusätzliche Mitarbeitende einzustellen, damit die Arbeit besser verteilt wird.

	Konjunktion	**Adverb**
additiv	und	auch, zudem,
adversativ	aber, während,	dagegen, jedoch
final		dafür, dazu
kausal	denn,	deshalb, deswegen,
konditional	falls,	andernfalls,
konsekutiv	sodass	also, folglich,
konzessiv	obwohl	dennoch,
modal	indem, dadurch … dass	
substitutiv	anstatt, sondern	stattdessen

6 **Setzen Sie die passenden Konnektoren aus der Tabelle in die folgende E-Mail ein. Es gibt mehrere Möglichkeiten.**

In der Firma, in der Sie arbeiten, beruft Ihr Teamleiter mehrmals pro Woche Meetings ein, die viel Zeit kosten, aber wenige Ergebnisse bringen. Schreiben Sie eine E-Mail an Ihren Teamleiter, Herrn Schreck.

- Eröffnen Sie Ihr Schreiben höflich, indem Sie Verständnis für die Bedürfnisse Ihres Teamleiters zeigen.
- Nennen Sie Schwierigkeiten, die sich aus den häufigen Meetings ergeben.
- Beschreiben Sie eine Vorgehensweise, die für Sie akzeptabel wäre.
- Machen Sie einen Kompromissvorschlag.

Lieber Herr Schreck,
Sie sagen immer, dass ein Gespräch effektiver als der Austausch per E-Mail sei, und ich verstehe Ihren Wunsch nach persönlichen Treffen. Für mich sind die häufigen Meetings (1) .... etwas problematisch. Das liegt daran, dass ich einen beträchtlichen Teil meiner Arbeitszeit dafür aufwende und mir dadurch für das Erledigen meiner anderen Aufgaben nicht ausreichend Zeit bleibt. (2) .... erzielen wir bei unseren Treffen nur wenige greifbare Ergebnisse, (3) .... der große Zeitaufwand nicht unbedingt gerechtfertigt erscheint. (4) .... möchte ich Sie fragen, ob zukünftig vielleicht nicht mehr alle Teammitglieder an jedem Meeting teilnehmen könnten, (5) .... nur noch die Kolleginnen und Kollegen, die unmittelbar mit dem Thema zu tun haben, das jeweils besprochen wird. (6) .... wäre es gut, (7) .... Sie vor jedem Treffen eine klare Tagesordnung an alle Teilnehmenden schicken, (8) .... jede/r sich gut vorbereiten kann und wir beim Meeting effizienter arbeiten. Wie wäre es, (9) .... wir diese Vorgehensweise zwei Wochen lang ausprobieren und dann sehen, ob sie einen Nutzen gebracht hat?
Ich würde mich freuen, (10) .... Sie mit meinem Vorschlag einverstanden wären.
Viele Grüße
Marcello Riva

7 **Setzen Sie die passenden Redemittel und Konnektoren aus dem Schüttelkasten ein.**

Sie haben eine Zeit lang im Homeoffice gearbeitet und kehren nun wieder ins Büro zurück. Ihre Firma hat Sie benachrichtigt, dass Sie von jetzt an keinen eigenen Schreibtisch mehr haben werden, sondern die Mitarbeitenden sich alle Arbeitsplätze im Büro teilen. Schreiben Sie eine Beschwerde an Ihre Vorgesetzte, Frau Wiesental.

- Eröffnen Sie Ihr Schreiben höflich, indem Sie Verständnis für Sachzwänge zeigen.
- Nennen Sie Schwierigkeiten, die durch die geteilten Büroarbeitsplätze entstehen würden.
- Beschreiben Sie Arbeitsbedingungen, die für Sie akzeptabel wären.
- Machen Sie einen Kompromissvorschlag.

außerdem | dennoch | ich persönlich würde mir daher wünschen | natürlich verstehe ich | um zu | was halten Sie davon | wenn (2x)

Sehr geehrte Frau Wiesental,
wir befinden uns in wirtschaftlich schwierigen Zeiten und (1) ...., dass die Firma Kosten sparen muss und den Büroraum optimal nutzen will. (2) .... möchte ich Sie bitten, Ihr Vorhaben noch einmal zu überdenken. (3) .... die

Mitarbeitenden sich jeden Morgen aufs Neue einen freien Arbeitsplatz suchen und einrichten und jeden Abend alles wieder aufräumen müssten, würde das viel Zeitaufwand bedeuten. (4) …………………………………… könnten die Beziehungen unter den Kollegen und Kolleginnen leiden, (5) …………………………………… jeder täglich von anderen Personen umgeben wäre. (6) …………………………………… ……………………, auch in Zukunft einen festen Arbeitsplatz im Büro zu haben. Von meinen bisherigen Bürokollegen und -kolleginnen weiß ich, dass sie diesen Wunsch teilen. (7) ……………………………………, eine Umfrage unter allen Mitarbeitenden durchzuführen, (8) …………………………………… erfahren, inwieweit Ihr Vorhaben angenommen wird? Möglicherweise findet sich eine ausreichende Zahl von Mitarbeitenden, die gern und freiwillig auf das neue Modell umsteigen.

Ich hoffe auf Ihr Verständnis.
Mit freundlichen Grüßen
Svetlana Iwanowa

8 **Ersetzen Sie die unterstrichenen Redemittel und Konnektoren und schreiben Sie die E-Mail in Ihr Heft.**

Sie arbeiten freiberuflich als Physiotherapeutin/Physiotherapeut und haben einen Malerbetrieb mit der Renovierung Ihrer Praxis beauftragt. Die Renovierung sollte eigentlich innerhalb von einer Woche erledigt werden, nun hat der Malerbetrieb Ihnen jedoch mitgeteilt, dass es insgesamt zwei Wochen dauern wird. Schreiben Sie eine Beschwerde an den Malermeister, Herrn Pinsel.

- Eröffnen Sie Ihr Schreiben höflich, indem Sie Verständnis zeigen.
- Nennen Sie Probleme, die aus der verlängerten Dauer der Renovierung resultieren würden.
- Beschreiben Sie Ihre Erwartungen an den Malerbetrieb.
- Machen Sie einen Vorschlag für das weitere Vorgehen.

Sehr geehrter Herr Pinsel,

mir ist bewusst, dass Sie momentan viele Aufträge haben und zwei Ihrer Mitarbeiter krankheitsbedingt ausgefallen sind. Allerdings hatten Sie mir zugesagt, die Renovierung meiner Praxisräume innerhalb einer Woche durchführen zu können. Ich habe mich bereits auf die einwöchige Schließung meiner Praxis vorbereitet und aus diesem Grund für die nächste Woche keine Termine vereinbart. In der Woche danach ist mein Terminplan jedoch wieder voll. Meinen Patientinnen und Patienten abzusagen, kommt für mich nicht infrage, da für die Gesundheit dieser Menschen eine regelmäßige physiotherapeutische Behandlung unverzichtbar ist. Darüber hinaus könnte ich mir einen zweiwöchigen Verdienstausfall nicht leisten. Ich erwarte daher, dass Sie Ihre ursprüngliche Zusage einhalten und gegebenenfalls zusätzliches Personal suchen, um die Arbeiten in einer Woche zu beenden. Falls das nicht möglich ist, müsste ich überlegen, nicht die gesamte Praxis renovieren zu lassen, sondern nur einen Teil. Wie wäre es, wenn Sie mir morgen eine Rückmeldung darüber geben, wie viele Räume Sie mit Ihrem Personal innerhalb einer Woche schaffen? Dann können wir gemeinsam die zu renovierenden Räume bestimmen.

Ich hoffe auf eine schnelle Antwort.
Mit freundlichen Grüßen
Miriam Zorn

Aufbau einer (halb-)formellen E-Mail

(Halb-)formelle E-Mails haben eine klare Struktur. Die folgenden Übungen helfen Ihnen, diese Struktur zu festigen. Das gibt Ihnen Sicherheit für die Prüfung.

9 **Ordnen Sie die Formulierungen und sprachlichen Handlungen den verschiedenen Teilen einer E-Mail zu.**

In Ihrer E-Mail sollten Sie die Adressatin / den Adressaten auf jeden Fall siezen. Welche Anrede Sie verwenden, ist abhängig davon, in welcher Beziehung Sie zu dieser Person stehen. Wenn Sie an eine Kollegin / einen Kollegen auf derselben Hierarchieebene schreiben, dann können Sie die Person mit *Liebe Frau …* oder *Lieber Herr …* anschreiben. Wenn Sie sich jedoch in einer untergeordneten Position befinden, zum Beispiel als Studentin / Student gegenüber einer Professorin / einem Professor oder als Mitarbeiterin / Mitarbeiter gegenüber einer / einem Vorgesetzten, dann sollten Sie die formellere Variante *Sehr geehrte Frau …* bzw. *Sehr geehrter Herr …* wählen.

Ich hoffe auf Ihr Verständnis. / Ich möchte Sie bitten, über meinen Vorschlag nachzudenken. / Ich würde mich freuen, wenn Sie mit meinem Vorschlag einverstanden wären. / Auf eine schnelle und angemessene Antwort freue ich mich. | Sehr geehrte Frau … / Sehr geehrter Herr … / Liebe Frau … / Lieber Herr … | Mit freundlichen Grüßen … / Beste Grüße … | auf ein Problem aufmerksam machen, etwas vorschlagen, beschreiben | Verständnis zeigen

Anrede:	…………
Einleitung:	…………
Hauptteil:	…………
Schluss:	…………
Grußformel:	…………

10 **Ordnen Sie die Sätze und übertragen Sie die E-Mail in das Schema.**

Sie beginnen nächsten Monat Ihr Studium an einer deutschen Universität und haben sich dort für den Kurs „Mündliche Präsentationen im Studium halten“ angemeldet. Nun informiert Sie das Sprachenzentrum der Universität, dass der Kurs nicht wie angekündigt studienbegleitend, sondern als Blockveranstaltung nach Semesterende stattfinden soll. Schreiben Sie eine E-Mail an die Leiterin des Sprachenzentrums, Frau Rose.

- Eröffnen Sie Ihr Schreiben höflich, indem Sie Verständnis für das Sprachenzentrum zeigen.
- Beschreiben Sie Ihre Wünsche an den Kurs.
- Nennen Sie Nachteile der geplanten Änderung.
- Machen Sie einen Kompromissvorschlag.

Ich wäre Ihnen sehr dankbar, wenn Sie meinem Vorschlag zustimmen würden. | Daneben sollte auch berücksichtigt werden, dass das Aufbauen von mündlichen Fähigkeiten Zeit beansprucht. Bei einem dreitägigen Blockseminar wird es nicht genug Zeit geben, die neuen Kenntnisse zwischen den Sitzungen gut zu üben. | mir ist bewusst, dass Ihre Dozentinnen und Dozenten viele Unterrichtsverpflichtungen haben und es daher zu einer Änderung des Kursangebots kommen kann. | Wäre es vielleicht möglich, dass der Kurs während des Semesters alle vier Wochen einen Tag lang angeboten wird? | Mit freundlichen Grüßen, Rui Zhao | Daher hatte ich die Hoffnung, gleich von der ersten Semesterwoche an Hilfe und Orientierung durch diesen Kurs zu erhalten. Falls ich erst nach Semesterende an dem Kurs teilnehmen kann, wird mir diese Unterstützung fehlen. | Sehr geehrte Frau Rose, | Auf diese Weise könnten die Studierenden schon im laufenden Semester von dem neuen Wissen profitieren. | Ich möchte Sie jedoch bitten, die Auswirkungen dieser Änderung auf die Studierenden zu bedenken. Es ist nämlich so, dass ich als ausländische Studentin mit dem Halten von Vorträgen im Studium nicht vertraut bin und vor Publikum zu sprechen eine große Herausforderung für mich ist.

Anrede	
Einleitung	
Hauptteil	
Schluss	
Grußformel, Unterschrift	

11 **Verbinden Sie die Satzteile und bringen Sie die Sätze in die richtige Reihenfolge. Schreiben Sie dann die E-Mail in Ihr Heft und ergänzen Sie Anrede, Grußformel und Unterschrift.**

Sie studieren an einer deutschen Universität. Im kommenden Semester soll die Universitätsbibliothek für drei Monate geschlossen bleiben, weil das Gebäude saniert wird. Schreiben Sie eine E-Mail an den Leiter der Universitätsbibliothek, Herrn Kärcher.

- Eröffnen Sie Ihr Schreiben höflich, indem Sie Verständnis für den Renovierungsbedarf zeigen.
- Beschreiben Sie den Wert der Universitätsbibliothek für die Studierenden.
- Nennen Sie Probleme, die durch die Schließung entstehen könnten.
- Machen Sie einen Kompromissvorschlag.

1 Um diese negativen Folgen zu vermeiden, möchte ich vorschlagen,

2 Ich hoffe auf

3 Nicht bestandene Klausuren und nicht geschriebene Seminararbeiten

4 Diese Modernisierungsmaßnahmen lassen sich

5 Darüber hinaus brauchen wir

6 Dadurch würde sich das Studium verlängern,

7 Auch die Gruppenarbeitsräume werden täglich

8 Die Bücher sollten ebenfalls dorthin ausgelagert werden,

9 Schon mehrere Universitätsgebäude wurden saniert,

10 Wenn die Bibliothek für drei Monate schließen würde,

11 Für viele Studierende ist die Bibliothek jedoch der einzige Ort,

a und die staatliche finanzielle Unterstützung durch BAföG wäre möglicherweise in Gefahr.

b und in den nächsten Monaten ist die Universitätsbibliothek an der Reihe.

c würde das daher für viele von uns eine große Erschwernis beim Studieren bedeuten.

d damit wir Studierenden weiter Zugang zu ihnen haben.

e den sie zum Lernen und Schreiben von Seminararbeiten haben.

f Ihr Verständnis.

g verständlicherweise nicht länger aufschieben.

h die Bücher für unser Studium.

i dass Sie als Ersatz für die wegfallenden Lern- und Arbeitsplätze in der Bibliothek möglichst bald Arbeitsplätze in anderen Gebäuden auf dem Campus schaffen.

j von zahlreichen Kommilitoninnen und Kommilitonen genutzt.

k könnten die Folge sein.

Richtige Reihenfolge: 9b, ...

12 Vervollständigen Sie die E-Mail unter Berücksichtigung der Aufgabenstellung.

Der Kopierer, den Sie inklusive Wartung und Techniker bei einer Firma für Bürotechnik gemietet haben, hat häufig einen Papierstau und die Firma ist nur schwer zu erreichen. Schreiben Sie eine Beschwerde an die Leiterin der Firma, Frau Lochner.

- Eröffnen Sie Ihr Schreiben höflich, indem Sie Verständnis zeigen.
- Nennen Sie Probleme, die durch den nicht funktionierenden Kopierer entstehen.
- Beschreiben Sie Ihre Schwierigkeiten beim Kontaktieren der Firma.
- Machen Sie einen Vorschlag zur Lösung des Problems.

Sehr ……………………………………………………………

ich kann verstehen, dass ……………………………………………

……………………………………………………………………

Dennoch ………………………………………………………

……………………………………………………………………

Meine Firma hat von Ihnen einen Kopierer gemietet, …………………………

……………………………………………………………………

……………………………………………………………………

……………………………………………………………………

Ich habe bereits auf verschiedene Weise versucht, Ihren Kundendienst zu erreichen, ……………

……………………………………………………………………

……………………………………………………………………

Wäre es möglich, ………………………………………………

……………………………………………………………………

Auf eine schnelle und angemessene Antwort ……………………………

Mit ……………………………………………………………

13 Schreiben Sie eine E-Mail. Die Verwendung der inhaltlichen Anregungen ist optional.

Für die Eröffnung Ihres Fitnessstudios haben Sie ein Büfett bei einem Catering-Service bestellt. Das Essen entsprach jedoch überhaupt nicht den Erwartungen. Schreiben Sie eine Beschwerde an die Leiterin der Catering-Firma, Frau Mohn.

- Eröffnen Sie Ihr Schreiben höflich, indem Sie Verständnis zeigen.
- Beschreiben Sie die Probleme mit dem Büfett.
- Nennen Sie negative Folgen, die durch den Lieferservice verursacht wurden.
- Machen Sie einen Vorschlag zur Wiedergutmachung.

Inhaltliche Anregungen:

großer Catering-Service sein, Bestellung verwechselt werden können | bestellen: vegetarische Gerichte, Säfte, alkoholfreie Cocktails | bekommen: Wurst- und Käsebrötchen, Limonadendosen | Besucher der Eröffnungsfeier empört sein, Ruf des Fitnessstudios Schaden erleiden | Wiedergutmachung: bestelltes Büfett mit 20 % Rabatt erneut liefern, falsch geliefertes Büfett nicht bezahlen

Die Prüfungsaufgabe kennenlernen

- Für Schreiben Teil 2 werden 25 Minuten Bearbeitungszeit empfohlen.
- Sie verfassen eine (halb-)formelle Mitteilung in den Themenbereichen Beruf, Studium, Dienstleistungsbereiche o. Ä.
- Sie bekommen in der Aufgabenstellung eine Situierung und vier Inhaltspunkte: auf ein Problem aufmerksam machen, eine Lösung / einen Kompromiss vorschlagen, etwas beschreiben und höflich Verständnis zeigen. Zu jedem Inhaltspunkt müssen Sie etwas schreiben.
- In welcher Reihenfolge Sie die Inhaltspunkte bearbeiten, können Sie selbst auswählen; sie sollte jedoch inhaltlich logisch sein.
- Sie sollen ca. 120 Wörter schreiben.

Teil 2 vorgeschlagene Arbeitszeit: 25 Minuten

Sie haben ein Zimmer in einem Studierendenwohnheim in Deutschland. Vom nächsten Semester an soll die monatliche Warmmiete von 400 € auf 600 € erhöht werden. Schreiben Sie eine Beschwerde an den Leiter des Studierendenwerks, Herrn Frank.

- Eröffnen Sie Ihr Schreiben höflich, indem Sie Verständnis für Sachzwänge zeigen.
- Nennen Sie Probleme, die durch die Mieterhöhung entstehen könnten.
- Beschreiben Sie die Wichtigkeit des Studierendenwohnheims für die Studierenden.
- Machen Sie einen Kompromissvorschlag.

Schreiben Sie ca. **120** Wörter.

Die Prüfungsaufgabe Schritt für Schritt lösen

1 Lesen Sie zuerst die Kontextbeschreibung und markieren Sie die Schlüsselwörter, um sich die Schreibsituation zu verdeutlichen. Reflektieren Sie:

- In welchem Handlungsbereich schreiben Sie? Im beruflichen Bereich? Im Studium? Im Dienstleistungsbereich?
- Welches Problem ist aufgetreten?
- Wer ist die Adressatin oder der Adressat Ihrer E-Mail? Für was ist diese Person zuständig und welchen Handlungsspielraum hat sie?
- In welcher Beziehung stehen Sie zu dieser Person? Sind Sie Kollegin / Kollege, Mitarbeiterin / Mitarbeiter, Studentin / Student etc.?

Durch die Schlüsselwörter in der Kontextbeschreibung wissen Sie bereits:

Handlungsbereich? → Studium, studentisches Wohnen
Problem? → Mieterhöhung im Studierendenwohnheim
Adressatin / Adressat der E-Mail? → Leiter des Studierendenwerks
Ihre Rolle? → Wohnheimbewohnerin / Wohnheimbewohner

2 Lesen Sie anschließend die vier Inhaltspunkte. Überlegen Sie, welchen Wortschatz Sie für Ihren Text brauchen.

3 Überlegen Sie sich eine logische Reihenfolge für die Darlegung Ihrer vier Inhaltspunkte.

- Grundsätzlich haben Sie die Option, die Inhaltspunkte in der Reihenfolge zu bearbeiten, in der sie in der Aufgabenstellung präsentiert werden.
- Es kann sein, dass durch die Aufgabenstellung schon vorgegeben ist, mit welchem Inhaltspunkt Sie Ihre E-Mail beginnen sollen, indem Sie zum Beispiel als höflichen Einstieg in den Text Verständnis für die andere Person bzw. für die Situation, in der sie sich befindet, zeigen sollen.
- Im Anschluss daran könnte der Inhaltspunkt „auf ein Problem aufmerksam machen" oder der Inhaltspunkt „etwas beschreiben" bearbeitet werden.
- Es bietet sich an, den Vorschlag zur Lösung des Problems erst nach der Erörterung des Problems und der Beschreibung der Situation zu formulieren, da er so von der Adressatin/vom Adressaten gut wahrgenommen wird. Außerdem können Sie eher auf Zugeständnisse Ihrer Korrespondenzpartnerin/Ihres Korrespondenzpartners hoffen, nachdem Sie ihr/ihm das Problem vorher angemessen geschildert haben.

4 Wenn der logische Aufbau Ihrer E-Mail feststeht, können Sie Ideen für Ihre inhaltlichen Argumente sammeln.

Hierbei sollen Sie zeigen, dass Sie einige Kenntnisse über die alltägliche Realität in deutschen Firmen, Universitäten etc. haben und in der Lage sind, soziokulturell angemessen zu argumentieren. Dementsprechend hängt es von der Schreibsituation, vom Adressaten und von Ihrer Rolle ab, welche Argumente passend sind. Überlegen Sie auch, welche Vorschläge realistischerweise vorgebracht werden können. Wichtig ist immer, dass Sie interkulturelle Sensibilität und Feingefühl zeigen und höflich sind.

5 Notieren Sie Ihre Ideen zu den vier Inhaltspunkten stichpunktartig auf dem Konzeptpapier.

Für eine vollständige Ausformulierung Ihrer E-Mail auf dem Konzeptpapier ist die Zeit in der Prüfung nicht ausreichend. Schreiben Sie deshalb nur Stichpunkte, die Ihnen beim Verfassen des Textes helfen, nicht zu vergessen, was Sie schreiben wollten. Die komplette E-Mail schreiben Sie direkt auf den Antwortbogen.

6 Bearbeiten Sie nun die im Beispiel gegebene Aufgabe und schreiben Sie eine E-Mail.

Empfehlung zur Zeiteinteilung: Nehmen Sie sich etwa fünf Minuten, um Ideen zu sammeln und sie auf dem Konzeptpapier zu notieren. Anschließend haben Sie etwa 15 Minuten, um die vollständige E-Mail auf den Antwortbogen zu schreiben. Nach dem Schreiben sollten Sie Ihren Text Korrektur lesen. Dafür planen Sie am besten noch fünf Minuten ein.

Checkliste nach dem Schreiben

- ☐ Ich habe ungefähr 120 Wörter geschrieben.
- ☐ Ich habe zu allen vier Inhaltspunkten etwas geschrieben.
- ☐ Mein Text ist logisch aufgebaut.
- ☐ Ich habe soziokulturell angemessen argumentiert.
- ☐ Ich habe passende Redemittel verwendet.
- ☐ Ich habe Sätze und Satzteile mit Konnektoren verbunden.
- ☐ Mein Satzbau ist abwechslungsreich.
- ☐ Mein Wortschatz ist breit und präzise.

→ **Eine Beispiellösung für diese Prüfungsaufgabe finden Sie in den Lösungen auf S. 240.**

Modul Sprechen, Teil 1

Beschreibung dieses Prüfungsteils

Was ist Ihre Aufgabe?	Sie halten einen Kurzvortrag zu einem aktuellen Thema und beantworten anschließend Fragen dazu.
Was wird vorgegeben?	Sie bekommen zwei Themen zur Auswahl. Zu jedem Thema gibt es einen kurzen Inputtext und vier Inhaltspunkte.
Was müssen Sie tun, um diesen Prüfungsteil zu lösen?	Mithilfe der Frage des Inputtextes und der Inhaltspunkte präsentieren Sie ein Thema und reagieren im Anschluss auf Fragen zu Ihrem Vortrag. In Ihrem Vortrag sollen Sie argumentieren, Beispiele gegen, ggf. auf die Situation in Ihrem Heimatland oder einem anderen Land eingehen, Vorschläge machen oder einen Ausblick für die Zukunft geben.
Wie lange dauert dieser Prüfungsteil?	Für die Vorbereitung des Moduls Sprechen (Teil 1 und 2) haben Sie insgesamt 20 Minuten Zeit. Der Vortrag selbst dauert circa 5 Minuten, mit anschließenden Fragen insgesamt circa 7 Minuten.
Wie läuft der Prüfungsteil ab?	Vor dem Vortrag: • Entscheiden Sie sich zügig für ein Thema. • Lesen und verstehen Sie das Thema, den Inputtext und die Inhaltspunkte. • Markieren Sie ggf. Schlüsselwörter. • Machen Sie Notizen zu den einzelnen Inhaltspunkten und überlegen Sie sich einen sinnvollen Aufbau. Während des Vortrags: • Tragen Sie die Informationen zu den Inhaltspunkten frei vor. • Achten Sie auf die sprachliche und inhaltliche Richtigkeit der Aussagen. • Achten Sie auf eine klare Struktur. Nach dem Vortrag: • Beantworten Sie je ein bis zwei Fragen von der/dem Prüfenden und von der/dem anderen Prüfungsteilnehmenden.
Wie wird dieser Prüfungsteil bewertet?	Für die Erfüllung der Aufgabe, Kohärenz der Sprache, adäquaten Wortschatz und korrekte Strukturen werden maximal 52 Punkte vergeben. Zusammen mit Sprechen Teil 2 können Sie zusätzlich noch maximal 16 Punkte für die Aussprache bekommen.

→ Die Bewertungskriterien für das Modul Sprechen finden Sie auf der nächsten Seite.

Wie wird das Modul Sprechen bewertet?

Teil 1 und 2 werden nach folgenden Kriterien bewertet:

➔ Aufgabenerfüllung:
Sind Sie auf alle vier Inhaltspunkte inhaltlich klar und ausführlich genug eingegangen? In Teil 1 wird zum Beispiel bewertet, ob Sie argumentieren, Beispiele gegen, ggf. auf die Situation in Ihrem Heimatland oder einem anderen Land eingehen können etc. In Teil 2 wird zum Beispiel bewertet, ob Sie kommentieren, Ihre Haltung begründen oder sich mit Ihrer Gesprächspartnerin / Ihrem Gesprächspartner auf Argumente einigen können. Die Sprachfunktionen können in Teil 1 und Teil 2 variieren. Achten Sie immer darauf, was genau von Ihnen erwartet wird und gehen Sie auf alle vier Inhaltspunkte ein.

➔ Wortschatz:
Verwenden Sie Wortschatz auf dem Niveau C1? Reicht Ihr Wortschatz, um komplexere Sachverhalte zu beschreiben? Können Sie den Wortschatz variieren, um Wiederholungen zu vermeiden? Wie korrekt verwenden Sie den Wortschatz?

➔ Strukturen:
Verwenden Sie komplexere grammatische Strukturen, wie sie für das Niveau C1 erwartet werden? Können Sie Strukturen variieren? Wie korrekt verwenden Sie diese Strukturen?

➔ Aussprache:
Wie ist Ihre Satzmelodie? Stimmen die Wortakzente und sind die einzelne Laute richtig ausgesprochen?

➔ Kohärenz (Teil 1):
Ist Ihr Vortrag logisch aufgebaut und gut strukturiert? Sind die Sätze und Abschnitte inhaltlich und sprachlich gut miteinander verknüpft? Tragen Sie Ihren Vortrag flüssig vor?

➔ Fragen / Antworten (Teil 1)
Sind Ihre Antworten auf die Fragen, die Ihnen gestellt werden, inhaltlich und sprachlich angemessen? Sie Ihre Fragen, die Sie Ihrer Gesprächspartnerin / Ihrem Gesprächspartner stellen, inhaltlich und sprachlich angemessen?

➔ Interaktion (Teil 2):
Können Sie die Diskussion angemessen beginnen, in Gang halten und beenden (Gesprächsführung)? Können Sie in der Diskussion angemessen auf die Gesprächsbeiträge Ihrer Partnerin / Ihres Partners reagieren (Reaktionsfähigkeit)? Außerdem zeigen Sie in der Diskussion, ob Sie die üblichen Konventionen der Höflichkeit beherrschen und sozio-kulturell angemessen reagieren können.

Für alle Kriterien gibt es eine fünfstufige Bewertungsskala (A, B, C, D und E). Wenn ein Kriterium mit A oder B bewertet wird, entspricht das einer Leistung auf dem Niveau C1. Die Kriterien C, D und E bezeichnen eine Leistung unter dem Niveau C1. Für die Teil 1 und 2 werden zusammen max. 16 Punkte für die Aussprache vergeben.

Für die Teile 1 und 2 werden folgende Punkte vergeben:

Teil 1					
	A	B	C	D	E
Aufgabenerfüllung	10	7,5	5	2,5	0
Kohärenz	10	7,5	5	2,5	0
Wortschatz	10	7,5	5	2,5	0
Strukturen	10	7,5	5	2,5	0
Fragen / Antworten	12	9	6	3	0

Teil 2					
	A	B	C	D	E
Aufgabenerfüllung	8	6	4	2	0
Interaktion	4	3	2	1	0
Wortschatz	10	7,5	5	2,5	0
Strukturen	10	7,5	5	2,5	0

Teil 1 und 2					
	A	B	C	D	E
Aussprache	16	12	8	4	0

In diesem Prüfungsteil müssen Sie
- das gewählte Thema anhand der Inhaltspunkte stichwortartig vorbereiten.
- die Aussagen zu den Inhaltspunkten sprachlich korrekt und kohärent verfassen.
- dabei auf ein sprachlich angemessenes Niveau achten.
- Ihren Vortrag strukturieren.
- den zeitlichen Rahmen für den Vortrag sinnvoll nutzen.
- die anschließenden Fragen zum Vortrag verstehen und entsprechend beantworten.
- Fragen an die Vortragende/den Vortragenden formulieren.

Stichpunkte notieren

1a **Lesen Sie die folgende Prüfungsaufgabe und die handschriftlichen Notizen dazu. Welche Stichpunkte passen zu dem Thema (+), welche nicht (-)? Markieren Sie.**

Ist eine Klarnamenpflicht in den sozialen Netzwerken angebracht?

Die einen sind vehemente Befürworter der sogenannten Klarnamenpflicht, die Personen verpflichten soll, sich in sozialen Netzwerken unter ihrem richtigen Namen anzumelden. Die anderen haben Zweifel, ob so eine Pflicht sinnvoll ist.

- Geben Sie ein Beispiel für eine Situation, in der man sich unter dem eigenen Namen anmelden muss.
- Betrachten Sie sowohl Vor- als auch Nachteile, die die Verwendung des richtigen Namens mit sich bringen.
- Gehen Sie auf die Situation in Ihrem Heimatland oder einem anderen Land ein.
- Schließen Sie mit einem Ausblick für die Zukunft.

Klarnamenpflicht

- einfach recherchieren ☐
  - -> alle Kanäle
  - -> kein Urheberrecht
- eigenen Namen angeben ☐
  - -> Ehrlichkeit
  - -> Verfolgbarkeit
  - -> Tradition
- Pseudonym nutzen ☐
  - -> Sicherheit
  - -> kein Datenmissbrauch
- das Internet vergisst nichts ☐
  - -> veraltete Informationen
  - -> „Dummheiten"
- globale Vernetzung ☐
  - -> Kaufmöglichkeiten
  - -> Angebote

Achten Sie darauf, ob Sie für oder gegen etwas argumentieren sollen, oder ob von Ihnen erwartet wird, dass Sie die Vorteile und Nachteile eines Themas abwägen, wie es in diesem Beispiel der Fall ist.

1b **Zu welchen Inhaltspunkten gibt es noch keine Stichpunkte in 1a? Ergänzen Sie.**

Vortrag strukturieren

2 **Welche Ausdrücke passen zu welchem Teil des Vortrags? Ordnen Sie zu.**

Ich bin überzeugt davon, dass … | Das Thema … interessiert mich, weil … | Für die Zukunft könnte das bedeuten, dass … | Die Problematik des/der … ist gerade sehr aktuell, deshalb … | Ich empfinde (es) … als positiv/negativ, (wenn …) | In meinem Heimatland ist die Situation folgende: … | Gegen/Für … spricht, dass … | Meiner Meinung nach … | Ich möchte über das Thema … sprechen | Abschließend lässt sich sagen, dass …

Einleitung	Das Thema meines Vortrags ist … Ich habe mich für das Thema … entschieden, weil … …… …… ……
Hauptteil	Als Beispiel lässt sich hier anführen, dass … Für mich (persönlich) gilt, dass … Der größte Vorteil/Nachteil von … ist Eine bessere Lösung/eine Alternative/eine andere Möglichkeit wäre … Den Vorteilen stehen aber auch Nachteile gegenüber. Im Vergleich zu meinem Heimatland lässt sich sagen, dass … …… …… …… …… ……
Schluss	Zusammenfassend möchte ich sagen, dass … Meine Ausführungen haben deutlich gemacht, dass … …… ……

3 **Verfassen Sie zum Thema „Ist eine Klarnamenpflicht in den sozialen Netzwerken angebracht?“ eine Einleitung in zwei bis drei Sätzen. Wählen Sie aus den einleitenden Redemitteln aus Übung 2.**

……

……

……

……

Tipp: Es ist sinnvoll, Ihre Einleitung auch einmal laut zu sprechen und mit dem Handy aufzunehmen. Dann bekommen Sie ein Gefühl für die Zeit und in Ihre Aussprache.

Vortrag ausführen

4 **Die Abschnitte des Vortrags sind durcheinandergeraten. Überlegen Sie, welche Sprachhandlung bei jedem Abschnitt im Vordergrund steht, und ordnen Sie zu. Bringen Sie die Abschnitte dann in die richtige Reihenfolge.**

a Beispiele geben | b die eigene Meinung äußern | c Kontra-Argumente anführen | d Alternativen/Lösungen vorschlagen | e Pro-Argumente anführen | ~~f in das Thema einführen~~

1 ....
Für den Schutz vor Hassattacken oder Ähnlichem muss meiner Ansicht nach die Betreiberfirma der Plattform aufkommen und diese Nachrichten oder sogar die Konten derartiger Absender sofort löschen. Das ist doch die beste Möglichkeit! Algorithmen erkennen Hasskommentare anhand bestimmter Wörter, woraufhin diese zügig entfernt werden können.

2 ....
Meiner Meinung nach ist es sicherer, nicht den eigenen Namen in den sozialen Netzwerken anzugeben, weil meine Informationen falsch verstanden, missbraucht oder in falschen Zusammenhang gesetzt werden können – zu meinem Nachteil.

3 ......f......
Ich habe mich für das Thema „Ist eine Klarnamenpflicht in sozialen Netzwerken angebracht?" entschieden. Heutzutage sind wir alle fast täglich im Netz unterwegs und viele Menschen posten dort ihre Bilder, Nachrichten, Meinungen und manchmal auch ungewöhnlich scharfe und sogar gehässige Kritik, die sie offline so niemals äußern würden. Dabei kommt es zunehmend vor, dass einzelne Menschen Opfer von sogenannter „hate speech" werden, also im Netz übel beschimpft oder gemobbt werden. Oft werden diese gehässigen Kommentare anonym oder unter falschem Namen veröffentlicht.

4 ....
Das ist sehr schlimm für die betroffenen Personen und kann zu physischen oder psychischen Problemen führen. Es ließen sich hier viele Beispiele anführen, v. a. Politikerinnen und Politiker sind in der Vergangenheit immer wieder Opfer von Hassreden im Netz geworden. Auch bei Jugendlichen ist das sogenannte „Social Bashing" ein großes Thema. Sie sind oft noch nicht ausreichend sensibilisiert für die Gefahren, die das Veröffentlichen von privaten Inhalten in sozialen Netzwerken mit sich bringt. Und das kann fatale Folgen haben.

5 ....
Allerdings spricht auch vieles gegen so eine Klarnamenpflicht, besonders der Datenschutz: Wenn ich mich mit meinem richtigen Namen und womöglich noch meinem Foto zeige, können ganz viele Informationen zu meiner Person gesammelt, verbunden und genutzt werden. Zum Beispiel tauchen dann bei einer Bewerbung oder bei meiner Krankenkasse Infos darüber auf, dass ich vielleicht mal eine schwere Erkrankung hatte und ich bekomme die Stelle oder den günstigeren Beitrag bei der Krankenkasse dann nicht. Das Netz vergisst ja nichts. Auch die Dinge nicht, die schon lange nicht mehr aktuell sind …

6 ....
Um diesen öffentlichen Beleidigungen im Netz vorzubeugen, wäre es gut, wenn man sich auf bestimmten Plattformen mit dem richtigen Namen anmelden müsste und nicht mit einem Pseudonym oder Avatar. Vielleicht sind die Nutzerinnen und Nutzer dann zurückhaltender mit gemeinen Äußerungen, Beleidigungen oder Drohungen. Außerdem können diese Personen in schlimmen Fällen auch strafrechtlich verfolgt werden. In persönlichen Gesprächen stelle ich mich ja auch mit meinem richtigen Namen vor. Da weiß man, mit wem man es zu tun hat und kann sich wehren, wenn etwas Verletzendes gesagt wurde

Richtige Reihenfolge: ....3..

5 **Ordnen Sie die Redemittel für den Hauptteil aus Übung 2 den folgenden Sprachhandlungen zu. Sie können die Tabelle auch um eigene Ausdrücke ergänzen.**

Beispiele geben	Als Beispiel lässt sich hier anführen, dass ...
Alternativen/Lösungen vorschlagen	
Pro-Argumente anführen	
Kontra-Argumente anführen	
die eigene Meinung äußern	

6 **Schreiben Sie mithilfe der Redemittel für den Schluss (siehe Übung 2) ein Fazit zu dem Vortrag.**

....

....

....

....

....

....

....

Fragen stellen und beantworten

7 Welche Reaktionen gehören zusammen? Verbinden Sie.

1 Ich bin mir nicht ganz sicher, …
2 Entschuldigen Sie, …
3 Sie haben gesagt/erklärt/angeführt, dass/wie …
4 Mich würde noch interessieren, …
5 Was …
6 Habe ich Sie richtig verstanden …
7 Ich habe Sie leider akustisch nicht ganz verstanden.
8 Könnten Sie …

a Denken Sie / Meinen Sie damit, dass …?
b ob ich Sie hier richtig verstanden habe?
c Könnten Sie das noch einmal wiederholen, bitte?
d genau meinen Sie, wenn Sie sagen, dass …
e zu Ihrer Aussage, dass …. ein Beispiel geben?
f könnten Sie das noch etwas genauer erläutern?
g was Sie über … denken/wie Sie zu … stehen.
h dass Sie der Meinung sind, dass …?

8a Lesen Sie die Fragen, die zu dem Vortrag zum Thema „Klarnamenpflicht in sozialen Netzwerken" gestellt werden, und notieren Sie zu jeder Frage Stichpunkte für Ihre Antwort.

1 Habe ich Sie richtig verstanden, dass Sie der Meinung sind, dass Hetze im Netz bei den Betroffenen nicht nur zu psychischen, sondern auch zu physischen Problemen führen kann?

……………………………………………………………………………

……………………………………………………………………………

……………………………………………………………………………

2 Was genau meinen Sie, wenn Sie sagen, dass die Plattformnutzerinnen und -nutzer vorsichtiger sind, wenn sie unter ihrem eigenen Namen schreiben?

……………………………………………………………………………

……………………………………………………………………………

……………………………………………………………………………

3 Mich würde noch interessieren, was Sie über ein Gesetz für Plattform-Betreiber denken, das diese verpflichtet, Hetzbeiträge umgehend zu löschen – notfalls auch das Konto des Absenders.

……………………………………………………………………………

……………………………………………………………………………

……………………………………………………………………………

▶ 20 **8b Hören Sie die Fragen jetzt an und antworten Sie mithilfe Ihrer Stichpunkte aus 8a.**

▶ 21 **8c Hören Sie sich jetzt die Beispielantworten an und vergleichen Sie. Können Sie bei Ihren Antworten noch etwas verbessern?**

Die Prüfungsaufgabe kennenlernen

- Für Ihren Vortrag können Sie aus zwei Themen auswählen.
- Lesen Sie die beiden Fragestellungen zu aktuellen Diskursen und entscheiden Sie sich für ein Thema.
- Unter der Fragestellung lesen Sie einen kurzen Inputtext sowie vier Inhaltspunkte, die Sie bearbeiten sollen.
- Bei diesem Aufgabentyp sollen Sie zeigen, dass Sie sprachlich angemessen auf eine relevante gesellschaftliche Fragestellung reagieren und Ihre Ausführungen strukturiert darstellen können sowie auf Fragen dazu reagieren können.

Teil 1 Vortrag halten Dauer: circa 7 Minuten

Wählen Sie aus den beiden Themen **ein Thema** aus.
Sie nehmen an einem Seminar zu aktuellen Fragen teil und halten einen kurzen Vortrag zu dem von Ihnen gewählten Thema. Ihre Gesprächspartnerinnen/Gesprächspartner hören zu und stellen Ihnen anschließend Fragen dazu.

Thema 1

Sollten Schulabgängerinnen und Schulabgänger vor der Berufsausbildung oder dem Studium eine sogenannte soziale Pflichtzeit absolvieren?

Durch den Wegfall der Wehrpflicht und dem damit verbundenem Zivildienst fehlt weiterhin vielen Pflegeheimen und anderen sozialen Einrichtungen Personal in der Betreuung von Senioren, Bedürftigen, Kranken und Kindern.

- Geben Sie ein Beispiel für eine Tätigkeit im Rahmen der sozialen Pflichtzeit.
- Argumentieren Sie für oder gegen eine soziale Pflichtzeit.
- Äußern Sie sich: Welche Alternativen zur sozialen Pflichtzeit gibt es für junge Leute?
- Machen Sie einen Vorschlag, was man gegen den Fachkräftemangel im sozialen Bereich noch tun könnte.

Gehen Sie auf alle vier Punkte ein und achten Sie darauf, Ihren Vortrag zu strukturieren.
Sprechen Sie circa 5 Minuten und beantworten Sie danach Fragen.

Teil 1 Vortrag halten Dauer: circa 7 Minuten

Wählen Sie aus den beiden Themen **ein Thema** aus.
Sie nehmen an einem Seminar zu aktuellen Fragen teil und halten einen kurzen Vortrag zu dem von Ihnen gewählten Thema. Ihre Gesprächspartnerinnen / Gesprächspartner hören zu und stellen Ihnen anschließend Fragen dazu.

Thema 2

Ist eine Klarnamenpflicht in den sozialen Netzwerken angebracht?

Die einen sind vehemente Befürworter der sogenannten Klarnamenpflicht, die Personen verpflichten soll, sich in sozialen Netzwerken unter ihrem richtigen Namen anzumelden. Die anderen haben Zweifel, ob so eine Pflicht sinnvoll ist.

- Geben Sie ein Beispiel für eine Situation, in der man sich unter dem eigenen Namen anmelden muss.
- Betrachten Sie sowohl Vor- als auch Nachteile, die die Verwendung des richtigen Namens mit sich bringen.
- Gehen Sie auf die Situation in Ihrem Heimatland oder einem anderen Land ein.
- Schließen Sie mit einem Ausblick für die Zukunft.

Gehen Sie auf alle vier Punkte ein und achten Sie darauf, Ihren Vortrag zu strukturieren.
Sprechen Sie circa 5 Minuten und beantworten Sie danach Fragen.

Die Prüfungsaufgabe Schritt für Schritt lösen

Den Vortrag vorbereiten

- Sie haben für Sprechen Teil 1 und 2 insgesamt 20 Minuten Zeit, um sich vorzubereiten.
- Lesen Sie Fragestellung, den Inputtext sowie die vier Inhaltspunkte und markieren Sie Schlüsselwörter.
- Falls Sie einzelne Wörter in einer Aufgabe nicht verstehen, versuchen Sie diese aus dem Kontext zu erschließen. Gelingt das nicht, entscheiden Sie sich eventuell für das andere Thema.
- Notieren Sie Stichpunkte zum Thema und den Gliederungspunkten.
- Konzentrieren Sie sich dabei auf das Wesentliche. Notieren Sie am besten kleine Wortgruppen wie z. B. Nomen + Verb im Infinitiv; ein einzelnes Wort ist zu wenig aussagekräftig, voll ausformulierte Sätze hingegen kosten zu viel Zeit und behindern ein freies Sprechen.
- Für ein schnelles Wiedererkennen Ihrer Gedanken während des Vortrags können Sie Symbole, Unterstreichungen, Pfeile etc. einsetzen.
- Achten Sie auf Übersichtlichkeit auf Ihrem Notizzettel, indem Sie großzügig und gut lesbar schreiben, sodass Sie Ihre Ideen später beim Sprechen auf einen Blick erfassen können.

Den Vortrag halten

- Strukturieren Sie Ihren Vortrag in drei Teile:
  In der **Einleitung** erfolgt die Angabe des Themas und Sie führen auf die Fragestellung hin.
  Im **Hauptteil** gehen Sie auf die vier Inhaltspunkte auf dem Aufgabenblatt ein. Alle vier Punkte sollten in etwa gleichem Umfang behandelt werden. Meist nehmen Sie hier Stellung zur Bedeutung des Themas, führen Beispiele und gegebenenfalls Alternativen an, zeigen Pro- und/oder Kontra-Argumente auf und stellen Ihre eigene Meinung dar.

Ob Sie für eine Seite Stellung beziehen oder ein Thema aus verschiedenen Blickwinkeln betrachten sollen, kann variieren. Achten Sie dabei auf die Formulierung in der Aufgabenstellung!

- Im **Schluss** geben Sie eine kurze Zusammenfassung und/oder einen Ausblick, wie das Thema wohl zukünftig behandelt wird.
- Halten Sie den Vortrag frei. Ihre Notizen mit der Gliederung und Stichpunkten dienen Ihnen lediglich zur Orientierung.
- Halten Sie beim Sprechen Blickkontakt zu Ihren Zuhörerinnen / Zuhörern und legen Sie immer wieder kurze Sprechpausen nach wichtigen Aspekten ein.
- Sprechen Sie **ca. 5 Minuten**. Um ein Gefühl für Ihre Redezeit zu bekommen, sollten Sie das Vortragen vorab schon einmal üben und dabei die Zeit stoppen. Nehmen Sie Ihren Vortrag einfach mit dem Handy auf und hören ihn danach noch einmal an. So können Sie gut reflektieren, was Sie noch verbessern können.

Fragen stellen und beantworten

- Machen Sie sich während des Vortrags Ihrer Partnerin / Ihres Partners kurze Notizen zu wichtigen Aspekten. Überlegen Sie, was Sie nach dem Vortrag fragen wollen. Mithilfe der Redemittel aus Übung 7 können Sie dann Ihre Frage(n) formulieren und stellen.
- Nach Ihrem Vortrag werden Ihnen von Ihrer Partnerin / Ihrem Partner sowie der/dem Prüfenden einige Fragen gestellt und Sie antworten darauf (**ca. 2 Minuten**). Hören Sie genau zu und antworten Sie dann am besten, indem Sie die Formulierung aus der Frage aufgreifen, auf Ihren Vortrag zurückgreifen oder aus Ihrer eigenen Erfahrung berichten.
- Verwenden Sie am besten Wortschatz und Strukturen, die Ihnen vertraut sind, um Fehler zu vermeiden.
- Wenn Sie eine Frage nicht verstanden haben, fragen Sie konkret nach oder bitten Sie um eine Wiederholung.

1 **Entscheiden Sie sich für eines der beiden Themen. Lesen Sie die Fragestellung, den Inputtext sowie die vier Inhaltspunkte und markieren Sie Schlüsselwörter.**

2 **Machen Sie Notizen zu den vier Inhaltspunkten und überlegen Sie sich eine Struktur für Ihren Vortrag mit Einleitung, Hauptteil und Schluss.**

3 **Halten Sie den Vortrag mithilfe Ihrer Notizen. Sprechen Sie ca. 5 Minuten.**

→ Einen Beispielvortrag für Thema 1 finden Sie in den Lösungen auf Seite 241.

4 **Wenn Sie sich für Thema 1 entschieden haben, könnten Ihnen folgende Fragen nach dem Vortrag gestellt werden. Antworten Sie.**

1 Ich bin mir nicht ganz sicher, ob ich richtig verstanden habe, warum Sie für/gegen die Pflichtzeit sind. Könnten Sie das noch einmal kurz erklären?

2 Haben Sie persönlich Erfahrung mit sozialer Arbeit?

5 **Lesen Sie den Beispielvortrag auf S. 241 und formulieren Sie zwei Fragen, die Sie der/dem Vortragenden nach dem Vortrag stellen könnten.**

Modul Sprechen, Teil 2

Beschreibung dieses Prüfungsteils

Was ist Ihre Aufgabe?	Sie sind zu zweit und tauschen in einer Diskussion Standpunkte zu einem kontroversen Thema aus.
Was wird vorgegeben?	Sie bekommen einen kurzen Inputtext und vier Inhaltspunkte.
Was müssen Sie tun, um diesen Prüfungsteil zu lösen?	Sie diskutieren anhand des Inputtextes und der Inhaltspunkte mit einer Gesprächspartnerin / einem Gesprächspartner. Dabei kommentieren Sie, begründen Ihre Haltung, gehen auf die Situation in Ihrem Heimatland ein, einigen sich auf Argumente etc.
Wie lange dauert dieser Prüfungsteil?	Die Dauer der Diskussion beträgt für beide Personen zusammen circa fünf Minuten. Die insgesamte Vorbereitungszeit für Teil 1 und Teil 2 des Moduls Sprechen beträgt 20 Minuten.
Wie läuft der Prüfungsteil ab?	Vor der Diskussion: • Lesen Sie den Inputtext und die Inhaltspunkte. • Markieren Sie ggf. Schlüsselwörter. • Welchen Standpunkt vertreten Sie? Machen Sie sich stichpunktartig Notizen. Während der Diskussion: • Machen Sie Ihren Standpunkt zum Thema deutlich und begründen Sie diesen. • Kommentieren Sie, gehen Sie auf die Situation in Ihrem Heimatland ein, einigen Sie sich mit Ihrer Gesprächspartnerin / Ihrem Gesprächspartner auf Argumente etc. • Achten Sie auf ein respektvolles Miteinander in der Diskussion. Ihre Gesprächsanteile sollten ausgewogen sein.
Wie wird dieser Prüfungsteil bewertet?	Sie können in diesem Prüfungsteil maximal 32 Punkte erzielen. Zusammen mit Sprechen, Teil 1 können Sie zusätzlich noch maximal 16 Punkte für die Aussprache bekommen.

→ **Die Bewertungskriterien zum Modul Sprechen sowie Informationen zur Punkteverteilung finden Sie auf Seite 148.**

Bei diesem Prüfungsteil vertreten Sie in einer Diskussion Standpunkte zu einem kontroversen Thema. Dafür bekommen Sie einen kurzen Inputtext und vier Inhaltspunkte, die variieren können. Sie sollen Ihren Standpunkt zu dem Thema darstellen, Ihre Haltung begründen und möglicherweise auch auf die Situation in Ihrem Heimatland oder einem anderen Ihnen bekannten Land eingehen. Achten Sie darauf, welche sprachlichen Handlungen auf dem Aufgabenblatt genannt sind. Am Ende sollen Sie sich gegebenenfalls mit Ihrer Gesprächspartnerin / Ihrem Gesprächspartner auf Argumente einigen.

Passende Redemittel verwenden

Für die verschiedenen Sprachhandlungen, die Sie in der Diskussion ausführen sollen, gibt es passende Redemittel. Sie sollten für jede erforderliche Sprachhandlung mindestens zwei oder drei Redemittel kennen.

1 **Lesen Sie die Sätze aus einer Diskussion über kostenlosen Nahverkehr und markieren Sie die Redemittel.**

a Ich bin mir sicher, dass viele Menschen ihr Auto öfter stehenlassen würden, wenn öffentliche Verkehrsmittel zuverlässig und umsonst wären.

b Na ja, ich weiß nicht, die zusätzlichen Fahrgäste wären wohl hauptsächlich Fahrradfahrer und Fußgänger.

c Sie haben zwar recht, dass kostenlose öffentliche Verkehrsmittel praktisch wären, aber die große Frage ist, wer das Ganze bezahlen soll.

d Ich sehe das etwas anders. Der Staat verschwendet viel Geld für unnötige Projekte, von kostenlosen Verkehrsmitteln könnten zumindest mehr Menschen profitieren.

e Da stimme ich dir völlig zu. Wer jetzt fragt, woher das Geld zur Finanzierung eines solchen Projektes stammen soll, der muss zuerst fragen, wie viel das Autofahren die Allgemeinheit kostet.

f Die Städte wurden jahrzehntelang autofreundlich gebaut. Jetzt ist es an der Zeit, sie bus- und bahnfreundlich zu gestalten. Wie sehen Sie das?

g Ich bin da ganz deiner Meinung. Mit kostenlosen öffentlichen Verkehrsmitteln wäre Mobilität kein Luxusgut. Das würde auch zur Verringerung der Spaltung zwischen Arm und Reich beitragen.

h Ich muss Ihnen da widersprechen. Der Begriff „Kostenloser ÖPNV" führt in die Irre, denn mit „kostenlos" hat das nichts zu tun. Die Kosten würde der Steuerzahler übernehmen.

i Ich bin der Überzeugung, dass Komfort, Geschwindigkeit und Zuverlässigkeit den meisten Autofahrern wichtiger sind als der Preis.

j Ich befürworte kostenlose öffentliche Verkehrsmittel, weil wir so die Abgase reduzieren und die Umwelt schützen können.

k Man darf allerdings nicht vergessen, dass den Menschen auf dem Land mit kostenlosen Busfahrten nur wenig geholfen wäre, weil der Bus nur drei Mal am Tag fährt.

l Ich finde das nicht überzeugend. Wenn mehr Menschen die öffentlichen Verkehrsmittel nutzen, lohnt es sich für die Betriebe, mehr Fahrzeuge einzusetzen und das Streckennetz auszubauen. Dann gibt es auch bessere Verbindungen.

m In meinem Heimatland sieht die Situation sehr ähnlich aus. Die meisten Menschen möchten auf die Unabhängigkeit, die ihnen ihr Auto bringt, nicht verzichten.

2 **Ergänzen Sie in der Übersicht die Redemittel aus Übung 1.**

seine Meinung ausdrücken	**seine Meinung begründen**
.... Meiner Ansicht/Meinung nach … Ich vertrete den Standpunkt/die Auffassung, dass … Ich finde/denke/meine/glaube, … Wie ich das sehe, … Ich bin fest davon überzeugt, … Meine Sichtweise ist die folgende:	.... Ich lehne … ab, weil/denn … Ich finde … gut/schlecht, weil/denn … Ich bin für … /gegen …, weil/denn … Ich halte das für richtig / falsch, weil/denn … Ich sehe das so, weil/denn …
zustimmen	**widersprechen**
.... Das sehe ich ganz genauso. Das stimmt. Das ist richtig. Damit bin ich einverstanden. Ich gebe dir/Ihnen recht Ich teile deine/Ihre Sichtweise.	.... Da bin ich anderer Meinung. Ich halte das für falsch. Das stimmt doch nicht. Ganz im Gegenteil. Ich kann dir/Ihnen nicht ganz / nur teilweise zustimmen.
Einwände äußern	**Zweifel äußern**
.... Ich verstehe, was du meinst/Sie meinen, aber … Es trifft sicher zu, dass …, allerdings … Allerdings sollte man auch einsehen, dass …	.... Da bin ich mir nicht so sicher. Das kann ich nicht ganz glauben. Glaubst du/Glauben Sie wirklich, dass … Ich habe ehrlich gesagt Zweifel, dass/ob …
auf die Situation im Heimatland eingehen	**sich auf Argumente einigen**
.... Über mein Heimatland kann ich sagen, dass … Wenn ich Deutschland mit meinem Heimatland vergleiche, fällt mir auf, dass …	Das ist doch ein guter Punkt. Diesen Punkt finde ich überzeugend. Das ist ein wichtiger Aspekt. Das sollte sie/er auf jeden Fall hören. Ich finde auch wichtig, dass … In Ordnung, das werden wir ihr/ihm sagen.
nach der Meinung des anderen fragen	**das Wort ergreifen**
.... Was meinst du/meinen Sie dazu? Wie stehst du/stehen Sie dazu? Wie denkst du/denken Sie darüber? Wie würdest du/würden Sie das beurteilen? Wie ist deine/Ihre Meinung dazu? Siehst du/Sehen Sie das (nicht) auch so? Findest du/Finden Sie (nicht) auch, dass …	Dazu möchte ich auch gern etwas sagen. Zu diesem Punkt würde ich gern etwas anmerken. Hier muss ich kurz einhaken. Lass mich/Lassen Sie mich bitte auch zu Wort kommen. Tut mir leid, wenn ich dich/Sie unterbreche, aber …

In der Übersicht sehen Sie häufige Sprachhandlungen bei Diskussionen. Daneben gibt es natürlich noch weitere, wie zum Beispiel *jemanden überzeugen, seine Meinung verteidigen, Beispiele anführen, sich gegen eine Unterbrechung wehren* usw.

3 **Lesen Sie einen Ausschnitt aus einer Diskussion über autofreie Innenstädte. Ergänzen Sie die Redemittel im Schüttelkasten und schreiben Sie links die dazugehörigen Sprachhandlungen.**

> Wie stehen Sie dazu? | Da bin ich anderer Meinung | ~~Ich finde~~ | Wie ich das sehe | Ich kann Ihnen nur teilweise zustimmen | Ich verstehe, was Sie meinen, aber | Ich halte das für richtig, weil | Es trifft sicher zu, dass … allerdings | Ich glaube

die eigene Meinung ausdrücken — Herr Geishöfer: Über die Idee von autofreien Innenstädten wird in den letzten Jahren ja häufiger diskutiert. Die Meinungen gehen da sehr auseinander. (1) Ich finde, wir sollten die Innenstädte komplett für den Autoverkehr sperren. (2) .... die Menschen dann mehr mit dem Rad fahren oder zu Fuß gehen, sich also mehr bewegen und viel gesünder leben.

.... Frau Rabenstein: (3) .... Natürlich ist mehr Bewegung gut für die Gesundheit. Dafür brauchen wir aber keine Verbote. Die Menschen haben jeden Tag die Möglichkeit, ihr Auto stehen zu lassen und lieber zu laufen, mit dem Fahrrad oder öffentlichen Verkehrsmitteln zu fahren.

.... Herr Geishöfer: (4) ...., dass nicht genug Leute freiwillig auf ihr Auto verzichten. Deshalb müssen wir etwas nachhelfen. Ein Autoverbot hätte doch viele Vorteile. Den Platz, den jetzt die Autos blockieren, könnte man für Fahrradwege, schöne Parks und Spielplätze für die Kinder nutzen. Wir hätten mehr Orte, wo die Leute sich draußen treffen könnten.

.... Frau Rabenstein: (5) .... ich würde eher vermuten, dass weniger Menschen in die Innenstadt gehen, wenn sie nicht mehr mit dem Auto hinfahren können. Wir müssen auch an die Ladenbesitzer denken. Wenn die Geschäfte nicht gut zu erreichen sind, werden die Kunden lieber online einkaufen. Dann gehen die Geschäfte pleite und die Innenstädte könnten schnell veröden.

.... Herr Geishöfer: (6) .... Wenn wir die Innenstädte attraktiv umbauen, werden die Menschen sich lieber in der Innenstadt aufhalten als heute, und sie können das dann ohne das Risiko tun, als Fußgänger oder Radfahrer von einem Auto überfahren zu werden. Kinder beispielsweise könnten sich in autofreien Städten sicherer bewegen.

.... Frau Rabenstein: (7) .... wir ohne Autos mehr Sicherheit im Straßenverkehr hätten, ... gibt es auch Menschen, die auf das Auto angewiesen sind und die wir durch autofreie Innenstädte ausgrenzen würden. Ich denke da zum Beispiel an Ältere und Kranke, die nicht so mobil sind. Möglicherweise könnte man die Fußgängerzonen vergrößern, aber die Innenstädte nicht komplett für Autos sperren. (8) ....

.... Herr Geishöfer: (9) ...., kann das nur ein erster Schritt sein. Am Ende brauchen wir ein neues Verkehrskonzept.

Die eigene Haltung beschreiben und begründen

In der Diskussion sollen Sie Ihren eigenen Standpunkt zu einem gegebenen Thema darstellen und Ihre Haltung begründen.

4a Was halten Sie von kostenlosem öffentlichen Nahverkehr? Welche Gründe haben Sie für Ihre Haltung? Sprechen Sie.

Sie können die angegebenen Vorteile und Nachteile zur Begründung Ihrer Haltung verwenden oder sich eigene Argumente überlegen.

Üben Sie mit einer Lernpartnerin / einem Lernpartner. Wenn Sie allein üben, dann nehmen Sie sich auf und hören und überprüfen Sie anschließend Ihre Äußerungen.

Ich befürworte kostenlosen öffentlichen Nahverkehr ...

- Umweltschutz
- unkomplizierte Mobilität
- weniger Unfälle und Staus
- weniger Parkplatzprobleme
- Unterstützung sozial schwacher Menschen

Ich lehne kostenlosen öffentlichen Nahverkehr ab ...

- nicht finanzierbar
- zwangsweise Finanzierung durch Steuern aller Bürgerinnen und Bürger
- auf dem Land kaum nutzbar
- Busse und Bahnen noch überfüllter
- lieber Ausbau von Radwegen und mehr Leihräder

4b Was halten Sie von autofreien Innenstädten? Welche Gründe haben Sie für Ihre Haltung?

Ich finde das Konzept von autofreien Innenstädten gut ...

- gesünderer Lebensstil
- mehr Platz auf den Straßen
- mehr Sicherheit für Fußgänger und Radfahrer
- weniger Lärm
- bessere Luftqualität

Ich bin gegen die Idee von autofreien Innenstädten ...

- schlechte Erreichbarkeit von Bus- und Bahnhaltestellen
- Busse und Bahnen unzuverlässig und unpünktlich
- öffentliche Verkehrsmittel zu teuer
- fehlender Komfort während der Fahrt
- finanzieller Verlust für Geschäfte im Zentrum

Auf Aussagen und Argumente reagieren

Während der Diskussion sollen Sie auch auf die Aussagen und Argumente Ihrer Gesprächspartnerin / Ihres Gesprächspartners eingehen. Bringen Sie klar zum Ausdruck, ob Sie zustimmen oder anderer Meinung sind und warum das so ist.

5a **Lesen Sie die Argumente zum Thema „Sollen Geschäfte an Sonn- und Feiertagen geöffnet sein?". Wie würden Sie in einer Diskussion darauf reagieren? Notieren Sie Ihre Antworten.**

1 Für diejenigen, die von Montag bis Freitag bis spät arbeiten, wäre es gut, wenn sie am Sonntag einkaufen könnten. Dann müssen sie sich unter der Woche am Abend nicht so abhetzen.

....

....

2 Der Sonntag muss ein Ruhetag bleiben. Die Beschäftigten im Einzelhandel brauchen einen Tag Erholung pro Woche. Der Job ist schon stressig genug.

....

....

3 Am Sonntag sollten die Läden auf jeden Fall geöffnet sein. So kann der Einzelhandel mehr Umsatz machen, und das stärkt die Wirtschaft.

....

....

4 Das Arbeitsverbot an Sonn- und Feiertagen ist altmodisch und gehört abgeschafft. Die Ladenbesitzerinnen und -besitzer sollten selbst entscheiden können, ob sie am Sonntag öffnen wollen und wie lange.

....

....

▶ 22 5b **Hören Sie weitere Argumente zum Thema „Sollen Geschäfte an Sonn- und Feiertagen geöffnet sein?". Reagieren Sie spontan und sprechen Sie.**

6 **Lesen Sie die Argumente zum Thema „Abschaffung von Bargeld" und kategorisieren Sie sie.**

Anonymität beim Bezahlen | Funktion unabhängig von Strom und Internet | Möglichkeit der Fälschung | Bezahlung nicht mit Gebühr verbunden | sparsameres Konsumverhalten | mehr Platzbedarf im Portemonnaie | kein Diebstahlrisiko von Bankdaten | Notwendigkeit von Bankautomat | besserer Überblick über die Ausgaben | ohne Münzen und Scheine praktischer für Geschäfte | Möglichkeit von Diebstahl oder Verlieren | Erleichterung von Geldwäsche und Schwarzarbeit

Vorteile von Bargeld	Nachteile von Bargeld
–	– ....
–	– ....
–	– ....
–	– ....
–	– ....
–	– ....

7a **Lesen Sie einen Ausschnitt aus einer Diskussion über die Abschaffung von Bargeld. Was sagt Gesprächspartner B? Notieren Sie Ihre Vermutungen.**

Gesprächspartnerin A und Gesprächspartner B verwenden die Argumente aus Übung 6.

A: Ich habe gehört, dass in manchen Ländern fast nur noch mit Karte oder dem Handy gezahlt wird. Und in Zukunft soll es nach dem Plan einiger Politiker überhaupt kein Bargeld mehr geben. Ich finde das nicht gut. Mir selbst ist es lieber, beim Einkaufen oder Ausgehen mit Bargeld zu bezahlen, weil ich so direkt sehe, wie viel ich schon ausgegeben habe. Wenn man mit Karte zahlt, kann man das leicht vergessen.

B: ....

....

A: Also ich finde das nicht überzeugend, denn man sollte ohnehin nur so viel Geld dabeihaben, wie man unbedingt benötigt. So hat man auch mehr Disziplin beim Geldausgeben und kauft nicht spontan aus einer Laune heraus Sachen, die man gar nicht braucht.

B: ....

....

A: Du hast zwar recht, dass Bargeld gestohlen werden kann. Viel schlimmer ist aber der Diebstahl der persönlichen Bankdaten. Dieses Risiko existiert jedes Mal, wenn man mit der Karte oder dem Handy etwas kontaktlos bezahlt. Danach können die Diebe Geld vom Konto abbuchen, ohne dass man das merkt.

B: ....

....

A: Ich habe ehrlich gesagt Zweifel, dass das so leicht passieren kann und viele Menschen sich deswegen Sorgen machen müssten. Was aber tatsächlich alle betrifft, ist die fehlende Anonymität beim Bezahlen mit Handy oder Karte. Jedes Mal wird genau registriert, was wann wo von wem bezahlt wurde. Das private Leben der Menschen wird dadurch völlig transparent für Firmen und die Regierung. Findest du nicht auch, dass dieser Verlust der Privatsphäre bedenklich ist?

B: ....

....

A: Ich verstehe, was du sagst, aber es gibt noch einen anderen wichtigen Aspekt, der dagegen spricht, nur noch digitale Bezahlformen zu nutzen und kein Bargeld mehr zu haben. Falls es einmal zu einer Internetstörung kommt oder der Strom ausfällt, kann man das Handy oder die Bankkarte nicht mehr zum Bezahlen verwenden. Mit Bargeld geht das aber immer, weil es unabhängig von äußeren Einflüssen ist.

B: ....

....

A: Das ist richtig, ohne Bank geht es nicht. Meiner Ansicht nach wäre es am besten, einfach beide Zahlungsmethoden zu haben, Bargeld und digital. Siehst du das nicht auch so?

B: ....

23 7b **Hören Sie nun denselben Ausschnitt. Spielen Sie Gesprächspartner B mithilfe Ihrer Notizen aus 7a.**

Nehmen Sie das Gespräch auf und hören Sie danach Ihre Antworten an. Haben Sie sprachlich korrekte Sätze formuliert?

24 7c **Hören Sie den Ausschnitt mit beiden Gesprächspartnern und vergleichen Sie mit Ihren Antworten in 7b. Was ist gleich? Was ist unterschiedlich? Was können Sie verbessern?**

Auf das Heimatland oder ein anderes Land eingehen

In der Diskussion sollen Sie möglicherweise auch über Ihr Heimatland berichten oder über ein anderes Land, das Sie gut kennen.

8a Erinnern Sie sich an die Themen aus den vorhergegangenen Aufgaben. Wie sieht die Situation in Ihrem Heimatland oder einem anderen Ihnen gut bekannten Land diesbezüglich aus? Notieren Sie.

Kostenloser Nahverkehr?

....

....

....

Autofreie Innenstädte?

....

....

....

Geschäfte geöffnet an Sonn- und Feiertagen?

....

....

....

Abschaffung von Bargeld?

....

....

....

8b Berichten Sie nun mündlich über die Situation mithilfe Ihrer Notizen aus Übung 8a.

Sich auf Argumente einigen

Am Ende der Diskussion sollen Sie sich möglicherweise mit Ihrer Gesprächspartnerin / Ihrem Gesprächspartner auf Argumente aus Ihrem Gespräch einigen. Es kann sein, dass in der Aufgabenstellung eine gemeinsame Freundin / ein gemeinsamer Freund und ihr / sein Standpunkt zum Thema genannt wird. Wenn das der Fall ist, können Sie am Ende Ihrer Diskussion zusammenfassen, mit welchen Argumenten Sie die dritte Person überzeugen möchten.

24 **9a Hören Sie noch einmal die Diskussion in 7c. Welche Argumente finden Sie am überzeugendsten? Notieren Sie.**

....

....

25 **9b Hören Sie jetzt, auf welche Argumente sich die beiden im Gespräch einigen.**

In Problemsituationen richtig reagieren

In der Prüfung sollen beide Gesprächspartner einen aktiven Beitrag zur Diskussion leisten und die Redeanteile sollten ausgewogen sein.
Damit Ihre Diskussion gelingt, gilt es darüber hinaus ein paar Regeln zu beachten.

- Lassen Sie Ihre Gesprächspartnerin / Ihren Gesprächspartner ausreden.
- Hören Sie Ihrer Gesprächspartnerin / Ihrem Gesprächspartner aufmerksam zu.
- Gehen Sie darauf ein, was die andere Person gesagt hat.
- Begründen Sie Ihren Standpunkt.
- Argumentieren Sie sachlich.
- Bleiben Sie beim vorgegebenen Diskussionsthema.

26 10a **Hören Sie Ausschnitte aus einer Diskussion zum Thema „Bedingungsloses Grundeinkommen". Welches Problem gibt es jeweils? Ordnen Sie zu.**

Ausschnitt 1	☐	a	Beide unterbrechen sich gegenseitig.
Ausschnitt 2	☐	b	Eine/Einer antwortet einsilbig.
Ausschnitt 3	☐	c	Eine/Einer lässt die/den andere/n nicht zu Wort kommen.
Ausschnitt 4	☐	d	Beide gehen nicht aufeinander ein.
Ausschnitt 5	☐	e	Beide kommen vom Thema ab.
Ausschnitt 6	☐	f	Eine/Einer argumentiert nicht sachlich.

27 10b **Hören Sie die Diskussionsausschnitte in veränderter Form. Was ist anders? Notieren Sie.**

Ausschnitt 1: ....

....

Ausschnitt 2: ....

....

Ausschnitt 3: ....

....

Ausschnitt 4: ....

....

Ausschnitt 5: ....

....

Ausschnitt 6: ....

....

Die Prüfungsaufgabe kennenlernen

- Sprechen Teil 2 dauert insgesamt circa fünf Minuten.
- Die Aufgabe ist eine freie Diskussion zu einer kontroversen Frage mit kurzem Inputtext.
- Mit dem Aufgabenblatt erhalten Sie den kurzen Text und vier Inhaltspunkte.
- Sie sollen kommentieren, Ihre Haltung begründen, auf die Situation in Ihrem Heimatland oder einem anderen Land eingehen, sich ggf. auf Argumente einigen etc. Die Sprachfunktionen können hierbei variieren.
- Für die Teile 1 und 2 des Moduls Sprechen haben Sie insgesamt 20 Minuten Vorbereitungszeit.
- Sie dürfen sich Notizen machen. Die Verwendung eines Wörterbuchs oder anderer Hilfsmittel ist nicht gestattet.

Teil 2 Diskussion führen Dauer für beide Teilnehmende: circa 5 Minuten

Sie sind bei einem Treffen mit einer Kollegin / einem Kollegen.

Eine gemeinsame Freundin lebt selbst sehr gesund und will nicht länger hohe Beiträge zur Krankenversicherung bezahlen. Gerade haben Sie etwas zum Thema im Internet gelesen und diskutieren nun darüber.

Individuelle Gesundheitstarife
Sollten Krankenkassen eine gesunde Lebensweise finanziell belohnen?

In Deutschland müssen alle Menschen krankenversichert sein. Die gesetzliche Krankenversicherung funktioniert nach dem Solidaritätsprinzip: Die Höhe der Beiträge richtet sich nach dem Einkommen, die medizinischen Leistungen sind für alle gleich. Doch immer mehr Menschen plädieren für individuelle Gesundheitstarife, deren Höhe die persönliche Lebensweise berücksichtigt.

- Kommentieren Sie: Was halten Sie von individuellen Gesundheitstarifen?
- Begründen Sie Ihre Haltung zu individuellen Gesundheitstarifen.
- Gehen Sie auf die Situation in Ihrem Heimatland oder einem anderen Land ein.
- Einigen Sie sich auf Argumente für ein Gespräch mit Ihrer Freundin.

Diskutieren Sie gemeinsam ca. 5 Minuten.

Die Prüfungsaufgabe Schritt für Schritt lösen

Die Diskussion vorbereiten

- Sie haben für Sprechen Teil 1 und 2 insgesamt 20 Minuten Zeit, um sich vorzubereiten.
- Lesen Sie den Inputtext und die Inhaltspunkte.
- Überlegen Sie, welche Haltung Sie zu dem auf dem Aufgabenblatt vorgestellten Thema haben. Sind Sie eher dafür, eher dagegen oder ist Ihre Haltung neutral? Welche Pro- und Kontra-Argumente fallen Ihnen zum Thema ein?
- Notieren Sie Ihre Argumente in Form von Stichpunkten.

Die Diskussion beginnen

- Verständigen Sie sich mit Ihrer Gesprächspartnerin / Ihrem Gesprächspartner darüber, wer anfangen soll.
- Klären Sie eventuell, ob Sie sich duzen oder siezen werden.

Die Diskussion führen

- Nennen Sie zu Beginn das Thema, über das Sie sich austauschen werden.
- Legen Sie kurz Ihren Standpunkt zum Thema dar und nennen Sie ein Argument zur Begründung Ihrer Haltung.
- Hören Sie aufmerksam zu, während die andere Person ihren Standpunkt und ihre Argumente darlegt.
- Reagieren Sie auf die Argumente Ihrer Gesprächspartnerin / Ihres Gesprächspartners. Sagen Sie, ob Sie zustimmen oder anderer Meinung sind und warum. Nennen Sie Gründe für Ihren Standpunkt.
- Gehen Sie während der Diskussion auch auf Ihr Heimatland ein oder auf ein anderes Land, das Sie gut kennen. Beschreiben Sie, wie dort die Situation bezüglich des Themas ist, über das Sie gerade diskutieren.
- Falls die Aufgabenstellung das verlangt, einigen Sie sich am Ende der Diskussion mit der anderen Person auf überzeugende Argumente, die Sie beide während des Austauschs vorgebracht haben.
- Beteiligen Sie sich aktiv an der Diskussion. Achten Sie darauf, dass Sie und die andere Person ungefähr gleich viel sprechen.
- Wenn die andere Person zu viel redet, dann sagen Sie deutlich, dass Sie auch zu Wort kommen möchten. Wenn die andere Person sehr wenig sagt, dann versuchen Sie, sie in das Gespräch einzubeziehen, indem Sie ihr Fragen stellen.

1 **Welchen Standpunkt vertreten Sie? Notieren Sie Pro- und Kontra-Argumente.**

Individuelle Gesundheitstarife?	
Pro	Kontra
–	– ....
–	– ....
–	– ....
–	– ....
–	– ....

2 **Formulieren Sie kurz mündlich Ihren Standpunkt und nennen Sie ein Argument als Begründung.**

3 **Folgende Argumente könnten Ihnen in der Diskussion begegnen. Sagen Sie jeweils, ob Sie zustimmen oder widersprechen und nennen Sie einen Grund für Ihren Standpunkt.**

Meiner Meinung nach ist es ungerecht, dass gesund lebende Menschen mit ihren Versicherungsbeiträgen für die Folgen des gesundheitsschädigenden Verhaltens ihrer rauchenden, trinkenden oder unsportlichen Mitbürgerinnen und Mitbürger aufkommen müssen.

Für individuelle Gesundheitstarife fehlt die wissenschaftliche Grundlage: Die Wissenschaft ist sich gar nicht einig, welches Gewicht ideal ist, wie viele Schritte in der Woche man laufen soll und wie viele Gläser Wein man trinken darf, und ob dieselben Werte für alle gelten. Diese Idee hat daher keinen Sinn.

Um Krankenkassenbeiträge gerecht an Einzelpersonen anzupassen, bräuchte es eine ständige Kontrolle von Verhalten und Gesundheitsdaten. Wie will man denn kontrollieren, was jemand isst oder trinkt oder wie viel jemand raucht? In der Praxis ist das kaum umsetzbar, davon abgesehen ist die totale Überwachung jeder Person überhaupt nicht wünschenswert.

Ich finde individuelle Gesundheitstarife gut, denn sie bieten den Menschen einen Anreiz zu gesundem Verhalten, z. B. mehr Sport zu treiben oder sich gesünder zu ernähren. Geld sparen zu können ist eine prima Motivation dazu.

Versicherungen sind auf dem Solidarprinzip aufgebaut: Alle zahlen ein, und wer Unterstützung braucht, bekommt sie. Ich lehne individuelle Gesundheitstarife ab, weil sie diese Solidarität zerstören würden.

Bei Versicherungen sind risikoabhängige Beiträge doch normal. Bei Unfallversicherungen gibt es zum Beispiel verschiedene Risikogruppen, je nachdem, welchen Beruf man hat. Wenn ein höheres Risiko besteht, dann zahlt man mehr. Warum sollte das bei der Krankenversicherung nicht auch so sein? Ich wäre dafür.

4 **Beschreiben Sie mündlich die Situation in Ihrem Heimatland oder einem anderen Land, das Sie gut kennen. Sind dort alle Menschen krankenversichert? Wonach richtet sich die Höhe der Beiträge?**

In der Prüfung sollen Sie sich möglicherweise am Ende der Diskussion mit Ihrer Gesprächspartnerin / Ihrem Gesprächspartner auf Argumente aus Ihrem Gespräch einigen. Falls in der Aufgabenstellung eine gemeinsame Freundin / ein gemeinsamer Freund vorkommt, sollten Sie überlegen, welche der diskutierten Argumente Sie ihr/ihm in einem Gespräch unterbreiten würden.
Überlegen Sie also, ob Sie die Haltung dieser gemeinsamen Freundin teilen und welche Argumente Sie in dem Gespräch mit ihr anführen möchten.

Modelltest 2

Das Modul Lesen dauert 65 Minuten. Sie müssen in dieser Zeit Lesen Teil 1 bis Teil 4 lösen und Ihre Lösungen auf dem Antwortbogen markieren. Sie können mit jeder Aufgabe beginnen.

Teil 1 vorgeschlagene Arbeitszeit: 10 Minuten

Sie lesen in einer Zeitschrift einen Artikel über die Entdeckung der Röntgenstrahlen. Wählen Sie für jede Lücke die richtige Lösung.

MYSTERIÖSE X-STRAHLEN

Wie Wilhelm Conrad Röntgen die Röntgenstrahlung entdeckte

Eher zufällig macht Wilhelm Conrad Röntgen im Jahr 1895 eine Entdeckung, die die Geschichte der Medizin verändern wird: der Physiker entdeckt die später nach ihm benannten Röntgenstrahlen.

Es ist Zufall, dass der Physiker Wilhelm Conrad Röntgen die nach ihm benannte Strahlung entdeckt: Am 8. November 1895 experimentiert er in seinem Labor mit einer Kathodenstrahlröhre, die Wissenschaftler lange schon zur Untersuchung der Elektrizität nutzen. In dieser luftleeren Röhre entstehen **Beispiel 0** komplexe Weise Röntgenstrahlen, wenn man die Apparatur unter Strom setzt – und die Strahlen passieren sogar das Glas.

Doch all das ist den Gelehrten **1 …**. Bis Röntgen an diesem Tag in der Nähe der Röhre unabsichtlich ein Stück Pappe aufstellt, das mit einer fluoreszierenden Substanz bestrichen ist. Als er eine Spannung an die Kontakte der Röhre legt, erglüht **2 …** die Pappe: Die Röntgenstrahlen treffen auf die Substanz und lassen sie aufleuchten. Mehr noch: Röntgen stellt fest, dass die Strahlen **3 …** Materialien durchdringen, andere dagegen nicht. Haut oder Muskeln etwa sind für das geheimnisvolle Phänomen kein Hindernis.

Am 22. Dezember 1895 **4 …** es dem Forscher erstmals, mit den Strahlen einen Menschen zu durchleuchten und das Bild auf einer Fotoplatte festzuhalten: Es zeigt die Hand seiner Frau, alle Knochen erkennbar. Ärzte erkennen rasch den unschätzbaren Wert des neuen Diagnoseverfahrens. **5 …** müssen die Forscher zunächst mit der benötigten Strahlendosis experimentieren, denn es treten Nebenwirkungen auf wie Haarausfall oder erhöhtes Krebsrisiko.

1971 wird ein Mensch erstmals **6 …** des Verfahrens der Computertomographie durchleuchtet. Eine um die Patientin kreisende Röntgenröhre schickt kontinuierlich Strahlen durch den Körper. Ein Rechner setzt die Informationen zu einem Querschnitt zusammen. Inzwischen kommen manche Verfahren auch ohne die gefährliche Röntgenstrahlung **7 …**: So zum Beispiel die mit Ultraschall arbeitende Sonographie oder die Magnetresonanztomographie, bei der mithilfe von Magnetfeldern und Radiowellen Bilder erzeugt werden. All diese neuen Geräte ergänzen, **8 …** verdrängen die Röntgenstrahlen nicht. Für seine unbeabsichtigte Entdeckung erhält Wilhelm Conrad Röntgen 1901 den Nobelpreis.

Teil 1

Beispiel:

0	☒ a auf	b durch	c in	d vor
1	a entgangen	b übersehen	c verloren	d verpasst
2	a anfangs	b erwartungsgemäß	c plötzlich	d simultan
3	a alle	b bestimmte	c jegliche	d unbekannte
4	a erreicht	b gelingt	c klappt	d schafft
5	a Da	b Daher	c Dann	d Doch
6	a anlässlich	b anstelle	c infolge	d mittels
7	a an	b auf	c aus	d vor
8	a aber	b denn	c sondern	d und

Teil 2 vorgeschlagene Arbeitszeit: 20 Minuten

Sie lesen im Internet einen Artikel über den Einsatz von Ratten.
Wählen Sie bei jeder Aufgabe die richtige Lösung.

Ratte, rette mich: Trainierte Nager sollen Vermisste suchen

In Trümmern sind Menschen schwer zu finden. Nach einem Erdbeben beispielsweise setzen Rettungstrupps oft speziell ausgebildete Suchhunde ein, um Vermisste unter den Geröllteilen aufzuspüren. Die Hunde können Gerüche feiner wahrnehmen als Menschen. Sie bellen, wenn sie jemanden finden. Allerdings können selbst Hunde nicht an jede Stelle vordringen. Daher könnten Suchteams künftig um eine tierische Einheit erweitert werden, die dem Sprichwort nach eigentlich als erste das sinkende Schiffe verlässt – ausgerechnet Ratten.

Eine Nichtregierungsorganisation mit Sitz in Tansania setzt schon seit Jahren erfolgreich sogenannte Riesenhamsterratten ein, um in ehemaligen Kriegsgebieten nach versteckten Landminen zu suchen. Anders als Metalldetektoren ignorieren die Ratten jeglichen Metallschrott und erschnüffeln nur den Sprengstoff, weshalb sie schneller und effizienter arbeiten als Menschen mit ihren maschinellen Detektoren.

Die sogenannten HeroRATs haben bereits vielen Gemeinden wieder gesichertes Land für die Entwicklung der Landwirtschaft zurückgegeben. Die Organisation trainiert die Ratten aber auch, um Tuberkulose herauszuriechen. Es ist das gleiche Prinzip wie bei Landminen: Die Ratten sind darauf ausgerichtet, den Geruch spezifischer Moleküle zu erkennen, die auf das Vorhandensein des Tuberkulose-Erregers schließen lassen. Verschüttete Menschen aufzuspüren ist nun also das dritte Einsatzgebiet der HeroRATs.

Die Ratten haben einen erstaunlichen Geruchssinn. Ihre Riechzellen in der Nasenhöhle erkennen wie bei anderen Lebewesen auch Duftstoffe in der Atemluft und erzeugen elektrische Signale, die das Gehirn zur Geruchswahrnehmung nutzt. Riechzellen verfügen über feine Sinneshärchen mit einem Durchmesser von circa 0,0001 Millimeter. Das menschliche Haar hat im Vergleich dazu einen Durchmesser von etwa 0.04 bis 0.12 Millimetern. Duftstoffe binden sich an die Geruchsrezeptoren der Sinneshärchen. Dadurch wird die Riechzelle aktiviert, was schließlich zu dem elektrischen Signal führt. Menschen haben 380 solcher Duftstoffrezeptoren, Hunde haben 900. Eine Ratte hat über 1.200.

Bei der Suche und Rettung dringen Hunde nicht in die Trümmer ein, sondern schnüffeln nur an der Außenseite herum. Ratten sind hingegen klein und können selbst dichten Schutt durchdringen. Und sie haben einen weiteren Vorteil: Sie sind genauso trainierbar wie Hunde, aber nicht an die Person, die sie trainiert, gebunden. Für Ratten spielt es keine Rolle, für wen sie tätig sind.

Um die Ratten zu trainieren, gehen die Trainerinnen und Trainer schrittweise vor. Als Erstes lernen die Tiere, an ihren jeweiligen Ausgangspunkt zurückzukehren. Die Trainer lassen die Ratte in einem leeren Raum frei herumlaufen. Sobald die Tiere einen Piepton hören, sollen sie zur Trainerin oder zum Trainer laufen. Dort erhalten sie aus einer Spritze als Belohnung Rattenpellets in Pulverform, gemischt mit Avocado und Banane. Im zweiten Schritt nutzen die Tiere einen Rucksack mit Gummiball. Der Ball ist mit einem Mikroschalter verbunden, der den Piepton abgibt. Die Idee ist simpel: Die Ratten sollen lernen, an dem Gummiball zu ziehen, sobald sie einen Menschen aufspüren. Das Signal ertönt, und die Ratte kehrt damit zu den Rettungskräften zurück. Die wissen nun, dass die Suche erfolgreich war. Im Durchschnitt brauchen die Ratten etwa 30 Trainingseinheiten, um diese Sequenz zu lernen.

Nach Angaben der Trainerin der Ratten gehe man davon aus, dass diese im Durchschnitt zwischen 10 und 20 Meter weit laufen können, maximal etwa 30 Meter, sodass ein ziemlich großes Gebiet abgedeckt werden könne. Die Rucksäcke der Ratten würden außerdem mit Mikrofon, Licht und einer Kamera ausgestattet. Um Menschen die Angst vor den heranrückenden Ratten zu nehmen, solle aus dem Rucksack eine Aufnahme kommen, die etwas sagt wie: „Ich bin eine Rettungsratte und komme, um dir zu helfen". Laut der Trainerin unterscheiden die einzelnen Ratten sich in ihrer Persönlichkeit und in ihren Fähigkeiten. Einige lernen schneller als andere. Aber aus der Erfahrung mit den Tieren wisse man, dass sie einen immer wieder überraschen könnten. Diejenigen, denen eine Übungssequenz zuerst nicht so gut gelinge, könnten plötzlich zu den Besten ihrer Klasse gehören.

Eine der besten Minen-Suchratten hat für ihre Arbeit bereits eine Auszeichnung erhalten: Die HeroRAT Magawa hat 39 Landminen und 28 nicht explodierte Sprengkörper gefunden. Sie hat innerhalb von vier Jahren dazu beigetragen, dass über 141.000 Quadratmeter Land (etwa zwanzig Fußballfelder) geräumt wurden, sodass sich die Menschen vor Ort ohne Angst wieder auf ihrem Land bewegen können. Magawa wurde von einer britischen Tierschutz-Organisation offiziell mit einer rattengroßen Goldmedaille – dem tierischen Pendant zum Georgs-Kreuz, das in Großbritannien tapferen Menschen verliehen wird – ausgezeichnet. Es ist die erste Ratte, die eine solche Medaille erhält. Bisherige Preisträger waren mutige Hunde.

Teil 2

9 Ausgebildete Suchhunde ...

a erreichen alle unter Trümmern Verschütteten.
b geben bei Erfolg ein akustisches Signal.
c sind normalerweise zuverlässiger als Ratten.

10 Die Hero-RATs ...

a finden Metallreste/Altmetall in kürzerer Zeit als Menschen.
b nutzen den ähnlichen Geruch von Explosivstoff und Bakterien.
c suchen Waffen und Krankheiten mit derselben Methode.

11 Was ist das Besondere an Ratten?

a Ihr Gehirn wandelt elektrische in olfaktorische Signale um.
b Ihre Riechzellen können mehr Duftreize verarbeiten.
c Ihre Riechzellen sind feiner als die von Menschen.

12 Im Vergleich zu Hunden ...

a ist für Ratten die Trainerin/der Trainer austauschbar.
b riechen Ratten Verschüttete schon aus Distanz.
c sind Ratten lernfähiger beim Training.

13 Beim Training lernen die Ratten, ...

a auf Zuruf zu ihrer Trainerin/ihrem Trainer zurückzugehen.
b das Finden einer Person akustisch anzuzeigen.
c den vermissten Personen einen Rucksack zu bringen.

14 Die Trainerin erklärt, dass ...

a die Rettungskräfte mit den Verschütteten sprechen.
b die trainierten Tiere ihren eigenen Charakter haben.
c manche Ratten sich beim Training als ungeeignet herausstellen.

15 Die britische Organisation

a erkennt die Leistung besonderer Individuen an.
b gibt Unterstützung bei der Entfernung von Minen.
c kümmert sich um Tiere mit speziellen Fähigkeiten.

Teil 3 vorgeschlagene Arbeitszeit: 20 Minuten

Sie lesen in einer Tageszeitung einen Kommentar.
Welche Sätze passen in die Lücken? Zwei Sätze passen nicht.

Wieso Sie noch lange auf Ihre Beförderung warten können

Eigentlich sollten Führungskräfte gute Mitarbeitende fördern. Doch da gibt es ein strukturelles Problem.

Gerade läuft es richtig gut im Team. Doch dann wechselt eine Kollegin oder ein Kollege in eine andere Abteilung. Und plötzlich weichen eingespielte Prozesse im alten Team großer Überforderung. **Beispiel 0** In Unternehmen gehört dieser Zielkonflikt zum Alltag, denn interne Beförderungen erfordern oft einen Teamwechsel. Die meisten Unternehmen verlassen sich dabei auf Führungskräfte. **16 ...** Obwohl die Mitarbeiterentwicklung zu den Hauptaufgaben von Führungskräften gehört, gibt es kaum Anreize, dem nachzukommen.

Denn wenn gute Mitarbeitende das Team verlassen, ist es meist Aufgabe der Führungskraft, einen Ersatz zu finden. Diese Neubesetzungen können lange dauern, viel Mühe kosten und das Team strapazieren. Unternehmen profitieren davon, wenn besonders qualifiziertes Personal befördert werden. **17 ...** Wer nicht äußerst altruistisch eingestellt ist, überlegt sich dann vielleicht zweimal, ob man die talentierte Mitarbeiterin wirklich gerade jetzt zum Stellenwechsel soll.

Wenn Führungskräfte Anreize haben, Mitarbeitende im Team zu halten, reduziert das die internen Bewerbungen um mehr als die Hälfte. Betroffen sind vor allem diejenigen, die besonders qualifiziert sind und in der Vergangenheit eine hohe Performance erzielten. Denn genau das sind die Mitarbeitenden, die man als zukünftige Führungskräfte am wenigsten verlieren will. **18 ...** So wird die Karriere im Unternehmen langfristig gehemmt, was sich auch negativ auf die Gehaltsentwicklung auswirkt.

Das strategische Halten von Mitarbeitenden nimmt verschiedene Formen an. Zum Beispiel erhalten Mitarbeitende weniger Hilfe bei der Karriereplanung oder werden von ihren Vorgesetzten nicht explizit ermutigt, sich zu bewerben. **19 ...** Sie reagieren einfach nur auf die Anreize, die Unternehmen für sie schaffen. Während vielen Unternehmen das Ausmaß dieses Anreizproblems nicht bewusst ist, sind die Auswirkungen massiv. Bestehende Talentpools innerhalb des Unternehmens werden nicht ausgeschöpft. **20 ...** Anstatt einen Konflikt mit der Führungskraft zu riskieren, entscheiden sich gute Mitarbeitende dann eher für eine Bewerbung bei anderen Unternehmen.

Weil Frauen im Durchschnitt mehr Wert auf die Unterstützung der Führungskraft bei der Karrieregestaltung legen, sind die Folgen für sie viel größer als für Männer. Mehr und vor allem qualifiziertere Frauen entscheiden sich deshalb gegen eine interne Bewerbung – aus Angst, die Führungskraft vor den Kopf zu stoßen. **21 ...** So vergrößert das Anreizproblem von Führungskräften als ungewollter Nebeneffekt Geschlechterunterschiede in Unternehmen. Das beeinträchtigt das Bestreben vieler Unternehmen, den Frauenanteil in höheren Positionen zu steigern, und macht einen Großteil bestehender Unterschiede im Gehaltsgefälle zwischen Frauen und Männern aus.

Trotz der umfangreichen Veränderungen, die das mit sich bringt, lohnt es sich, die Anreize für Führungskräfte besser zu gestalten. **22 ...** Unternehmen können prüfen, inwieweit die Mitarbeiterentwicklung in der Bewertung von Führungskräften mehr Gewicht bekommt.

Zudem kann Anerkennung für Führungskräfte geschaffen werden, die besonders viele Talente fördern. Um Führungskräfte besser zu motivieren, Mitarbeitende zu entwickeln, müssen Unternehmen nicht nur die Anreize der Führungskräfte berücksichtigen. **23 ...** Denn oft machen sich Mitarbeitende bei der Entscheidung für interne Bewerbungen Sorgen, ob die eigene Führungskraft davon erfahren könnte. Sie fürchten negative Auswirkungen, falls es mit der internen Bewerbung doch nicht klappen sollte. Solange solche Befürchtungen bestehen, bleibt es schwierig, den internen Stellenmarkt so zu gestalten, dass qualifizierte Mitarbeitende effektiv gefördert werden können.

Wem es jedoch gelingt, qualifizierte Mitarbeitende zu halten, der erhöht nicht nur die Produktivität und Wettbewerbsfähigkeit von Unternehmen, sondern sorgt nebenbei auch für mehr Diversität und eine positive Unternehmenskultur, sowohl für Führungskräfte als auch für Mitarbeitende.

Beispiel:

0 Was für die Kollegin oder den Kollegen ein wichtiger Karriereschritt sein kann, stellt für das Team oft einen Nachteil dar.

a Dabei handeln die meisten Führungskräfte nicht aus böser Absicht.

b Damit geben sie Bewerbungen für höhere Positionen auf, die eigentlich sehr gut zu ihnen passen würden.

c Das hat zur Folge, dass qualifizierte Mitarbeitende in ihren Positionen stecken bleiben, anstatt befördert zu werden.

d Die bisherige Praxis der Mitarbeiterförderung lässt zu wünschen übrig.

e Die mangelnden Karriereoptionen wirken demotivierend.

f Diese müssen nicht unbedingt finanzieller Art sein.

g Sie sollen Mitarbeitende bei der Karriereentwicklung unterstützen und Beförderungsmöglichkeiten aufzeigen.

h Doch Führungskräfte erhalten trotz des erhöhten Arbeitsaufwands in der Regel keine Kompensation dafür.

i Solche Maßnahmen tragen dazu bei, dass sich qualifizierte Mitarbeitende auf interne Ausschreibungen bewerben.

j Zusätzlich muss es gelingen, Mitarbeitenden glaubwürdig zu versichern, dass interne Karriereschritte gern gesehen und unterstützt werden.

Teil 4 vorgeschlagene Arbeitszeit: 15 Minuten

Sie lesen in einer Fachzeitschrift Beiträge von Wissenschaftlerinnen und Wissenschaftlern. Wählen Sie bei jeder Aussage: Wer äußert das? Zwei Aussagen passen nicht. Wählen Sie in diesem Fall 0.

Beispiel:

0 Seit Neustem wächst das Interesse an Solaranlagen wieder. **Lösung: a**

24 Solaranlagen können den Bedarf an Strom in Deutschland bereits decken.

25 Das erneute Interesse an der Solarenergie ist nicht nur sinkenden Kosten geschuldet.

26 Unser hoher Bedarf an Energie ist verantwortlich für den Klimawandel.

27 Solaranlagen auf Denkmälern anzubringen ist nicht möglich.

28 Ein Anstieg an Mieterstrom-Projekten ist zu erwarten.

29 Noch nicht alle Modalitäten zu Mieterstrom-Modellen sind geregelt.

30 Staatliche Förderung von Photovoltaik ist eine Möglichkeit zur Klimaneutralität.

Teil 4

WEGE ZUR ENERGIEWENDE

Photovoltaik auf privaten Dächern

a Leoni Brinkhaus, Professorin für solare Energietechnik
Angesichts der neusten Entwicklungen lässt sich sagen, dass wir quasi sonnigen Zeiten entgegensehen! Lange Zeit war die Sonnenenergie aufgrund ihrer hohen Kosten gegenüber herkömmlichen, kostengünstigeren Energieträgern unterlegen. Doch die zunehmenden Probleme der fossilen Brennstoffe mit ihrer hohen CO_2-Belastung für die Umwelt, der steigenden Preise und die Nuklearkatastrophen der Atomenergie in der Vergangenheit helfen der Solarenergie zurück auf den Markt. So trägt sie in Deutschland immerhin schon 10 Prozent zur gesamten Energieversorgung bei. Hinzu kommen neue technische Entwicklungen, neue Materialien und mehr Möglichkeiten der Nutzung sowie sinkende Kosten, die die Sonne als Energiequelle attraktiv machen. Für viele Hausbesitzerinnen und -besitzer kann so der Wunsch nach einer sauberen, von großen Anbietern unabhängigen Stromversorgung möglich werden. In Deutschland wird eine Umrüstung auf Solarstrom derzeit noch finanziell vom Staat unterstützt. Ein wichtiges Signal für den Weg, unsere ambitionierten und notwendigen Klimaziele in Richtung Klimaneutralität in der Energieversorgung zu erreichen.

b Timo Probst, Dozent für Architektur
Kein Zweifel, ein Umdenken in unserem Energieverbrauch ist angesichts steigender Treibhausgase und ihrer negativen Auswirkungen auf unser Klima und damit unsere Lebensbedingungen dringend geboten. Photovoltaik ist ein Weg dorthin. Bei Neubauten ist die Installation einer Solaranlage sowohl finanziell als auch bautechnisch kein Problem. Auch wären hier Mieterprojekte, bei denen Energie und Kosten geteilt würden, leicht umsetzbar. Anders sieht es im Bestand oder bei Denkmal geschützten Gebäuden aus. Bei ersteren ist die Lage zur Besonnung und der Neigungswinkel des Daches für die Effizienz bei der Stromerzeugung entscheidend, optimal sind hier eine südliche, schattenfreie Lage und eine Steilheit des Daches von etwa 35 Grad. Bei Gebäuden, die unter Denkmalschutz stehen, ist die Montage einer Solaranlage zwar prinzipiell zulässig, bedarf aber der Genehmigung durch eine Denkmalbehörde. Diese entscheidet dann, ob der sogenannte Denkmalwert des alten Gebäudes durch die moderne, technische Installation beeinträchtigt ist oder nicht.

c Ivanka Kovacs, Ingenieurin für Versorgungstechnik
In Deutschland nutzen derzeit rund 1,5 Million Eigentümerinnen und Eigentümer eine Photovoltaikanlage auf ihrem Dach. Kein Wunder, kostet der Sonnenstrom vom eigenen Dach gerade bei neuen Anlagen nur etwa halb so viel wie der aus dem Stromnetz. Neue Förderprogramme und niedrigere Abgaben machen solare Strommodelle auch für Mieterinnen und Mieter immer lohnender. Diese sogenannten Mieterstrommodelle funktionieren dabei folgendermaßen: Die Eigentümerin oder der Eigentümer verpachtet die Dachfläche des Gebäudes einem energieliefernden Unternehmen oder Stadtwerk. Dieses errichtet und betreibt dann dort eine Photovoltaikanlage und beliefert die Mietparteien mit günstigem Strom. Kann die Solaranlage z. B. bei bewölktem Himmel nicht ausreichend Elektrizität erzeugen, bekommen sie automatisch Strom aus dem Netz. Andersherum werden Solarstromüberschüsse ins Netz eingespeist und entgolten. Derzeit existieren rund hundert solcher Mieterstrom-Projekte deutschlandweit. Neue stehen in den Startlöchern. Allerdings gibt es noch ein paar Unwägbarkeiten zu regeln, z. B. den möglichen Wechsel der Mietparteien zu einem anderen Stromanbieter oder die Anordnung der Stromzähler in den Wohnanlagen.

Das Modul Hören dauert circa 40 Minuten. Sie hören alle Teile hintereinander. Nach dem Hören haben Sie drei Minuten Zeit, Ihre Lösungen auf den Antwortbogen zu übertragen.

28

Teil 1

Sie hören einen Podcast über aktuelle Messen.
Sie hören den Text **einmal**. Wählen Sie bei jeder Aufgabe, zu welcher Messe die Aussage passt.
Lesen Sie jetzt die Aufgaben 1 bis 6. Dazu haben Sie 60 Sekunden Zeit.

Beispiel:

0 Diese Messe ist für Besucherinnen und Besucher jeglichen Alters interessant.

[x] a Messe 1 – Vienna Comix   b Messe 2 – Fantasy Basel   c Messe 3 – Hamburger Comic Festival

1 Diese Messe hat sich zu einer der größten ihrer Art rund um den Globus entwickelt.

a Messe 1   b Messe 2   c Messe 3

2 Auf dieser Messe kann sich das Publikum verkleidet in die Welt der Fantasie begeben.

a Messe 1   b Messe 2   c Messe 3

3 Das Publikum kann die Ausstellenden an verschiedenen, authentischen Orten in der Stadt besuchen.

a Messe 1   b Messe 2   c Messe 3

4 Dank der Verwaltung der Stadt kostet diese Veranstaltung keinen Eintritt.

a Messe 1   b Messe 2   c Messe 3

5 Diese Messe findet mittlerweile mehrfach im Jahr statt.

a Messe 1   b Messe 2   c Messe 3

6 Sie bietet neben einer Ausstellung auch die Möglichkeit zum Kaufen und Tauschen.

a Messe 1   b Messe 2   c Messe 3

29

Teil 2

Sie hören ein Radiointerview mit einer Persönlichkeit aus der Wissenschaft.
Sie hören den Text **zweimal**. Wählen Sie bei jeder Aufgabe die richtige Lösung.
Lesen Sie jetzt die Aufgaben 7 bis 15. Dazu haben Sie 60 Sekunden Zeit.

7 Herr Folger nennt verschiedene Facetten des Zusammenbruchs in Lateinamerika.

a stimmt b stimmt nicht c dazu wird nichts gesagt

8 Die Angst vor dem Weltuntergang ist ein modernes Phänomen.

a stimmt b stimmt nicht c dazu wird nichts gesagt

9 Herr Folger gibt ein Beispiel für die lange Vorgeschichte einer Apokalypse.

a stimmt b stimmt nicht c dazu wird nichts gesagt

10 Zu einer Apokalypse gehört eine fundamentale Neuausrichtung.

a stimmt b stimmt nicht c dazu wird nichts gesagt

11 In Lateinamerika wurde laut Herrn Folger der Untergang erfolgreich aufgearbeitet.

a stimmt b stimmt nicht c dazu wird nichts gesagt

12 Die Idee des Weltuntergangs findet sich in allen Kulturen.

a stimmt b stimmt nicht c dazu wird nichts gesagt

13 Das transformative Potenzial einer Apokalypse erscheint erstrebenswert.

a stimmt b stimmt nicht c dazu wird nichts gesagt

14 Moderne Gesellschaften neigen zu utopischen Vorstellungen.

a stimmt b stimmt nicht c dazu wird nichts gesagt

15 Eine Apokalypse ist eine Situation der Machtlosigkeit.

a stimmt b stimmt nicht c dazu wird nichts gesagt

30

Teil 3

Sie hören ein Gespräch mit mehreren Personen über ein gerechtes Wirtschaftssystem.
Sie hören den Text in vier Abschnitten jeweils **einmal**. Zu jedem Abschnitt gibt es zwei Aufgaben.
Wählen Sie bei jeder Aufgabe die richtige Lösung.
Vor dem Hören eines Abschnitts haben Sie 30 Sekunden Zeit, um die zwei Aufgaben zu lesen.

16 Der Wissenschaftler …

a bemängelt, dass es an gut bezahlten Berufen fehle.
b kritisiert, dass die Löhne in manchen Bereichen sinken.
c spricht sich gegen die Art und Weise aus, wie Löhne zustande kommen.

17 Was wäre erforderlich für gerechtere Löhne?

a Der soziale Nutzen einer bestimmten Arbeit sollte berücksichtigt werden.
b Die Arbeitskräfte sollten nach ihrer individuellen Leistung bezahlt werden.
c Die verschiedenen Mitarbeitenden einer Einrichtung sollten dasselbe verdienen.

---

18 Die Wissenschaftlerin plädiert für …

a die staatliche Regulierung der Löhne.
b eine progressive Besteuerung.
c Steuerfreiheit für niedrige Einkommen.

19 Das Grundeinkommen …

a sollte an bestimmte Voraussetzungen geknüpft sein.
b sollte den minimalen Lohn nur wenig übersteigen.
c würde den Menschen mehr Freiheit geben.

---

20 Nach Ansicht des Wissenschaftlers …

a hat die Bewahrung der Umwelt den höchsten Stellenwert.
b ignorieren wir die Kehrseite des Drangs nach Besitz.
c können wir die Schwierigkeiten durch Wachstum bewältigen.

21 Das in der Wirtschaft vorherrschende Menschenbild geht davon aus, dass …

a der Impuls zu wirtschaftlicher Aktivität angeboren ist.
b Menschen nach Selbstverwirklichung streben.
c Menschen von außen motiviert werden müssen.

---

22 Die Wissenschaftlerin erklärt, dass Wohlstand …

a automatisch eine Gegenseite nach sich zieht.
b für alle Menschen in einem Land möglich ist.
c immer im Vergleich zu anderen betrachtet wird.

23 In relativer Armut lebende Menschen …

a haben zu wenig Geld für eine ausreichende Ernährung.
b können sich keine eigene Wohnung leisten.
c sind von der im Land üblichen Lebensweise ausgeschlossen.

31 **Teil 4**

Sie hören einen Vortrag über ein Thema aus der Landwirtschaft.
Sie hören den Text **zweimal**. Wählen Sie bei jeder Aufgabe die richtige Lösung.
Lesen Sie jetzt die Aufgaben 24 bis 30. Dazu haben Sie 90 Sekunden Zeit.

24 Carbon Farming ist eine Form der Landwirtschaft,

a die auf der Klimakonferenz in Paris vorgeschlagen wurde.
b die für den Klimawandel verantwortlich ist.
c die verschiedene Maßnahmen zum Klimaschutz umfasst.

25 Wofür wird die herkömmliche Landbewirtschaftung verantwortlich gemacht?

a Für eine umweltschädliche Belastung von Luft und Boden.
b Für den hohen Verbrauch von Maschinen.
c Für die Missachtung von Dünge- und Pflanzenschutzmitteln.

26 Was soll durch die Umstellung auf Carbon Farming erreicht werden?

a Mehr Bindung von Kohlenstoff im Boden.
b Verstärkter Anbau von gemischten Früchten und Zwischenfrüchten.
c Verteilung von Biomasse auf allen landwirtschaftlichen Flächen.

27 Wird Carbon Framing durchgehend eingesetzt, so …

a können die Menschen weiterhin Emissionen verursachen.
b werden ausreichend Pflanzenreste hergestellt.
c wird der CO_2-Ausstoß der Menschen verringert.

28 Humus ist ein zentraler Bestandteil des Carbon Farmings, da

a er eine doppelte Herkunft hat.
b er essenzielle Nährstoffe erzeugt.
c seine Produktion so kostengünstig ist.

29 Die wichtigsten Maßnahmen zur CO_2-Reduktion sind …

a die Ausdehnung beanspruchbarer Flächen.
b die Gewinnung resistenter Pflanzenbestände.
c die Wiederherstellung von Humus, Mooren und Wäldern.

30 Carbon Farming wird von Initiativen und der EU unterstützt, weil

a diese das Klima verbessernde Maßnahme aussichtsreich ist.
b eine klimafreundliche Produktion durch Etiketten gekennzeichnet wird.
c Produzent*innen und Kund*innen nur auf Belohnungen reagieren.

Für das Modul Schreiben haben Sie 75 Minuten Zeit. Sie können mit jeder Aufgabe beginnen. Bewertet wird nur, was Sie auf den Antwortbogen schreiben!

Teil 1 vorgeschlagene Arbeitszeit: 50 Minuten

Für das Internetforum *Karriere und Beruf* verfassen Sie einen Diskussionsbeitrag zu diesem Thema:

Sabbatjahr
Wie sinnvoll ist eine Auszeit vom Job?

- Erklären Sie, warum sich viele Berufstätige ein Sabbatjahr wünschen.
- Argumentieren Sie für oder gegen einen gesetzlichen Anspruch auf ein Sabbatjahr im Beruf.
- Machen Sie Vorschläge, wie sich ein Sabbatjahr finanzieren lässt.
- Erläutern Sie anhand von Beispielen, wie man ein Sabbatjahr gestalten kann.

Schreiben Sie circa **230** Wörter.

Teil 2 vorgeschlagene Arbeitszeit: 25 Minuten

Das Unternehmen, in dem Sie beschäftigt sind, muss Kosten einsparen und plant deshalb die Schließung der Betriebskantine. Die Angestellten sollen dann in den Teeküchen in jeder Abteilung zu Mittag essen. Schreiben Sie eine E-Mail an Ihre Vorgesetzte, Frau Brandt.

- Eröffnen Sie Ihr Schreiben, indem Sie Verständnis für die angespannte finanzielle Lage zeigen.
- Nennen Sie Probleme, die die Abschaffung der Betriebskantine nach sich ziehen würde.
- Beschreiben Sie den Wert einer Betriebskantine.
- Machen Sie einen Kompromissvorschlag.

Schreiben Sie circa **120** Wörter.

Für Teil 1 und 2 gilt:
Bei der Bewertung wird darauf geachtet, wie genau die Inhaltspunkte bearbeitet sind, wie korrekt der Text ist und wie gut die Sätze und Abschnitte sprachlich miteinander verknüpft sind.

Das Modul Sprechen hat zwei Teile und dauert circa 20 Minuten. Ihre Vorbereitungszeit für beide Teile beträgt 20 Minuten. Sie bereiten sich allein vor. Sie dürfen sich Notizen machen.

Teil 1 Vortrag halten Dauer: circa 7 Minuten

Wählen Sie aus den beiden Themen **ein Thema** aus.

Sie nehmen an einer Veranstaltung zu aktuellen Fragen teil und halten einen kurzen Vortrag zu dem von Ihnen gewählten Thema. Ihre Gesprächspartnerinnen/Gesprächspartner hören zu und stellen Ihnen anschließend Fragen dazu.

Thema 1

Ist ein kostenloser öffentlicher Personennahverkehr sinnvoll?

Ein Teil der Befragten ist im Hinblick auf die Umwelt dafür, andere dagegen äußern sich z. B. wegen der Kosten für den Staat und die Bundesländer skeptisch.

- Geben Sie ein Beispiel für andere kostenfreie Dienste.
- Argumentieren Sie für oder gegen einen kostenlosen öffentlichen Nahverkehr.
- Gehen Sie auf die Situation in Ihrem Heimatland oder einem anderen Land ein.
- Schließen Sie mit einem Ausblick in die Zukunft.

Gehen Sie auf alle vier Punkte ein und achten Sie darauf, Ihren Vortrag zu strukturieren.
Sprechen Sie circa 5 Minuten und beantworten Sie danach Fragen.

Teil 1 Vortrag halten Dauer: circa 7 Minuten

Wählen Sie aus den beiden Themen **ein Thema** aus.

Sie nehmen an einer Veranstaltung zu aktuellen Fragen teil und halten einen kurzen Vortrag zu dem von Ihnen gewählten Thema. Ihre Gesprächspartnerinnen/Gesprächspartner hören zu und stellen Ihnen anschließend Fragen dazu.

Thema 2

Sind moderne Großraumbüros allseits sinnvoll?

Ein Teil der Mitarbeitenden ist begeistert und freut sich über offene Räume, kurze Wege und flache Hierarchien. Andere äußern sich kritisch bis ablehnend, weil sie befürchten, nicht mehr genügend Ruhe und Intimität bei ihrer Arbeit zu finden.

- Geben Sie ein Beispiel für eine andere Aufteilung der Arbeitsplätze.
- Thematisieren Sie die Vor- und Nachteile von Großraumbüros.
- Gehen Sie auf die Situation in Ihrem Heimatland oder einem anderen Land ein.
- Schließen Sie mit einem Ausblick in die Zukunft.

Gehen Sie auf alle vier Punkte ein und achten Sie darauf, Ihren Vortrag zu strukturieren.
Sprechen Sie circa 5 Minuten und beantworten Sie danach Fragen.

▶ 32 Ein Beispiel für einen Vortrag zu diesem Thema können Sie sich hier anhören.

Teil 2 Diskussion führen Dauer für beide Teilnehmende: circa 5 Minuten

Sie sind bei einem Treffen mit einer Kollegin/einem Kollegen.

Gerade haben Sie etwas zum Thema Geschwindigkeitsbegrenzung im Straßenverkehr gelesen und diskutieren nun darüber.

Tempolimit auf Autobahnen

In Deutschland gibt es nur auf einem Teil der Autobahnen Regeln für die Höchstgeschwindigkeit. Auf anderen Autobahnen kann man fahren, so schnell man will. Die Politik diskutiert schon seit Langem über die Einführung eines allgemeinen Tempolimits von 120 Kilometern pro Stunde, das auf allen Autobahnen gelten soll.

- Kommentieren Sie: Was halten Sie von einer allgemeinen Geschwindigkeitsbegrenzung auf Autobahnen?
- Begründen Sie Ihre Haltung zu einer allgemeinen Geschwindigkeitsbegrenzung.
- Gehen Sie auf die Situation in Ihrem Heimatland oder einem anderen Land ein.
- Ziehen Sie ein Fazit.

Diskutieren Sie gemeinsam circa 5 Minuten.

33 Ein Beispiel für eine Diskussion zu diesem Thema können Sie sich hier anhören.

Grammatische Strukturen

- Dieses Kapitel dient der Wiederholung und Vertiefung einiger grammatischer Schwerpunkte, die für die Lösung verschiedener Prüfungsaufgaben beim Goethe-Zertifikat C1 nützlich sein können.
- Die Aufgaben helfen Ihnen dabei, Sicherheit im Umgang mit bestimmten sprachlichen Strukturen zu gewinnen.
- Trauen Sie sich, diese Strukturen in der Prüfung anzuwenden und zeigen Sie, was Sie können!

1 Nominalisierung

Verben drücken Aktionen aus und machen einen Text lebendig. Soll ein Text viele Informationen auf wenig Raum enthalten, werden Nomen eingesetzt. Diese inhaltliche Komplexität ist häufig in wissenschaftlichen, fachsprachlichen oder amtlichen Texten anzutreffen. Die Bedeutung des Nominalstils in der Alltagssprache ist untergeordnet.

1 **Lesen Sie den Textausschnitt und markieren Sie Beispiele für nominalen Stil.**

Gegenstand meines Vortrags ist eine Methode der regenerativen Landbewirtschaftung zur Entlastung der Umwelt, das sogenannte Carbon Farming. (…) Seit der Pariser Klimakonferenz hat es in Expertenkreisen und auch schon in Teilen der Landwirtschaft große Bekanntheit erlangt. Im Folgenden betrachten wir die Verfahren, die für eine nachhaltige Bewirtschaftung der Anbauflächen notwendig sind und eine Einlagerung des Kohlenstoffes im Boden vorantreiben können.
Die konventionelle, industrielle Landwirtschaft ist für etwa 10 % des Ausstoßes von Treibhausgasen in die Atmosphäre verantwortlich. Aber nicht nur die Luft wird durch diese Art der Bewirtschaftung belastet, sondern auch die Böden. Die Anlage von Monokulturen, der Einsatz von Düngemitteln und Pestiziden, das maschinenbetriebene Umpflügen und das Abholzen wichtiger Schutzpflanzen wäscht die Böden aus. (…)
Carbon Farming hat die Fähigkeit, 100 Prozent aller menschengemachten CO_2-Emissionen durch einen Zuwachs von nur zwei Prozent des Kohlenstoffgehalts im Boden auszugleichen. Das könnte dann tatsächlich den Klimawandel aufhalten.

2 **Lesen Sie die Informationen rund um den Nominalstil und ergänzen Sie diese mit Beispielen aus dem Text.**

Beim Nominalstil werden statt Verben oder Adjektiven Nomen verwendet.

1 **Verben** lassen sich nominalisieren, indem eine Suffix-Endung an den Verbstamm angehängt wird. Das Suffix legt das Genus (das, der, die) fest. Manchmal gibt es kleine Änderungen beim Wortstamm (z. B. hoffen → Hoff+n+ung oder sprechen → Sprache).

entlasten → (die) Entlastung

anlegen → (die) ……

einsetzen → (der) ……

umpflügen → (das) Umpflügen

2 Auch **Adjektive** können nominalisiert werden, indem die Suffixe an das Adjektiv angehängt werden.

bekannt → (die) ……

3 **Modalverben** lassen sich ebenfalls durch Nomen ersetzen.
Durch Carbon Farming können 100 Prozent aller menschengemachten CO_2-Emissionen (…) ausgeglichen werden.

→ Carbon Farming ……

Es gibt für alle Modalverben bestimmte nominale Entsprechungen:

können	müssen / sollen	dürfen	nicht dürfen	wollen / möchten	mögen
die Fähigkeit	die Pflicht / die Vorschrift / die Empfehlung	die Erlaubnis	das Verbot	der Wunsch / die Absicht	die Vorliebe

4 Aus **Nebensatzkonnektoren** werden beim Nominalstil **Präpositionen**.
Im Folgenden betrachten wir die Verfahren, die notwendig sind, um die Anbauflächen nachhaltig zu bewirtschaften.

→ Im Folgenden betrachten wir die Verfahren, die ....

....

Diese häufigen Nebensatzkonnektoren werden durch folgende Präpositionen im Nominalstil ersetzt:

Konnektor	weil	obwohl	damit / um … zu	nachdem	bevor
Präposition	wegen + G	trotz + G	zu + D / für + A	nach + D	vor + D
Konnektor	während	seitdem	Wenn / als	Wenn / falls	Wenn nicht
Präposition	während + G	seit + D	bei + D	bei + D	ohne + A

5 Die Akkusativergänzung wird durch einen .... oder mit vor (+ D) angeschlossen.

Im Folgenden betrachten wir die Verfahren (…)
→ Die folgende Betrachtung der Verfahren (…)

3 Formulieren Sie die Sätze im Nominalstil.

Werden verbale Satzstrukturen durch Nominalisierung verkürzt, so ist ihre Aussage verdichtet. Oft handelt es sich dann nicht mehr um vollständige Sätze, sondern um Teilsätze, die wiederum durch neue Informationen erweitert werden können.

1 Im Humus ist Kohlenstoff gebunden.

Die Bindung des Kohlenstoffs im Humus …

2 Viele Nutzerinnen und Nutzer versuchen zu klären, wie Carbon Farming am wirkungsvollsten funktioniert.

....

3 Sie prüfen also kontinuierlich den Boden, ob der Kohlendioxidgehalt steigt.

....

4 Viele Landwirtinnen und Landwirte experimentieren mit verschiedenen Methoden und Anbauprodukten.

....

4 Formulieren Sie die folgenden Sätze im Nominalstil, indem Sie die unterstrichenen verbalen Ausdrücke nominalisieren.

1 Viele Unternehmen unterstützen und beraten bereits einzelne landwirtschaftliche Betriebe bei ihrer Umstellung auf Carbon Farming.

Einzelne landwirtschaftliche Betriebe erhalten bei ihrer Umstellung auf Carbon Farming bereits Unterstützung und Beratung.

2 Beim Carbon Farming <u>werden</u> sämtliche Gartenabfälle im Boden von Mikroben <u>zersetzt</u>.

....

3 Der so entstandene Kompost <u>wird</u> von den Landwirtinnen und Landwirten wieder als Dünger auf dem Land <u>verteilt</u>.

....

4 Die Landwirtinnen und Landwirte <u>setzen</u> jeweils geeignete Materialien für unterschiedliche Böden <u>ein</u>.

....

5 Formulieren Sie die folgenden Sätze im Nominalstil, indem Sie die unterstrichenen verbalen Ausdrücke nominalisieren.

1 Interessierte Landwirtinnen und Landwirte <u>bewerben sich</u> um eine finanzielle Unterstützung bei Banken, Unternehmen oder sonstigen Sponsoren.

....

2 Viele Landwirtinnen und Landwirte <u>unterstützen sich gegenseitig</u> mit Informationen über die neusten Entwicklungen.

....

3 In Foren <u>werden</u> mögliche Fragen zur Umstellung auf eine regenerative Landwirtschaft <u>beantwortet</u>.

....

4 Einzelne Landwirtinnen und Landwirte <u>arbeiten dabei sehr lange und schrittweise</u> an einer Umstellung ihres Betriebs.

....

6 Wie lassen sich Sätze mit Modalverben im Nominalstil formulieren? Wählen Sie für die Modalverben entsprechende Nomen (siehe S. 189) und formen Sie die Sätze um.

1 Wir müssen auf Dauer das Kohlendioxid aus unserer Atmosphäre entfernen.

....

2 Die Politik darf nicht länger zögern, auch unliebsame Maßnahmen zum Schutz unserer Umwelt zu ergreifen.

....

3 Statt weiter konventionellen Landbau zu betreiben, sollen möglichst viele Landwirtinnen und Landwirte ihre Betriebe auf regenerative Verfahren umstellen.

....

4 Mit dem Einsatz kann es gelingen, den Kohlenstoffgehalt in den oberen Zentimetern Erde zu erhöhen und so der Luft zu entnehmen.

....

5 Zahlreiche Landwirtinnen und Landwirte wollen ihre Betriebe auf eine umweltverträgliche Wirtschaftsweise umstellen, haben aber Angst vor den Investitionskosten.

....

6 Gerade junge Landwirtinnen und Landwirte mögen wieder eine näher an der Natur orientierte Wirtschaftsweise des Landbaus.

7 **Formen Sie die präpositionalen nominalen Ausdrücke in Verbalstil um und wählen Sie für die Nebensätze den jeweils passenden Konnektor (siehe S. 190).**

1 Zur wirksamen Bekämpfung der Klimakrise ist es nicht genug, CO_2 einzusparen.

Um die Klimakrise wirksam zu bekämpfen, ist es nicht genug, CO_2 einzusparen.

2 Die Umstellung auf eine ökologische Wirtschaftsweise ist natürlich ein Wagnis, denn nur bei Erfolg lohnt sich der Betrieb.

Die Umstellung auf eine ökologische Wirtschaftsweise ist natürlich ein Wagnis, denn ...

3 Viele Landwirtinnen und Landwirte haben die Folgen des Klimawandels in den letzten Jahren wegen der zahlreichen Dürren bereits zu spüren bekommen.

4 Bei anhaltendem Regenmangel mussten die Landwirtinnen und Landwirte Futter für ihre Tiere teuer dazu kaufen; das ändert die Sichtweise auf das eigene Handeln.

5 Wegen dieser klimatischen und damit auch wirtschaftlichen Veränderungen sind viele Landwirtinnen und Landwirte bereit, sich auf Experimente im Anbau und in der Nutzung ihrer Flächen einzulassen.

6 Trotz zahlreicher gelungener Projekte ist die regenerative Landwirtschaft immer noch eher die Ausnahme als die Regel.

8 **Formen Sie die adverbialen Nebensätze in präpositionale nominale Ausdrücke um. Die Präpositionen im Schüttelkasten helfen Ihnen dabei.**

trotz + G | vor + D | während + G

1 Die Landwirtinnen und Landwirte müssen den Boden regelmäßig kontrollieren, während sie den Kompost in den Boden unterpflügen.

2 Jede Bäuerin / jeder Bauer muss eine persönliche Kosten-Nutzen-Rechnung für den eigenen Hof aufstellen, bevor auf Carbon Farming umgestellt wird.

3 Für ihre Böden brauchen die Bäuerinnen und Bauern im konventionellen Landbau Stickstoffdünger, obwohl die Preise stetig steigen.

2 Passiv und Passiversatz

1 **Lesen Sie den folgenden Textausschnitt. Markieren Sie die Passivformen.**

Bis weit in die Neuzeit hinein galt Latein als Lingua franca der Wissenschaft. Spuren dieser Tradition finden sich noch heute in Studienordnungen wieder. So müssen an vielen Hochschulen Lehramtsstudierende in den Geisteswissenschaften, die in der Schule kein Latein gelernt haben, neben den Veranstaltungen in ihren eigentlichen Fächern auch heute noch Lateinkurse belegen und eine entsprechende Prüfung ablegen. Das Festhalten am sogenannten „Latinum" wird schon seit Jahrzehnten von Studierenden heftig kritisiert, da in zwei Semestern der Stoff von mehreren Jahren schulischen Lateinunterrichts nachgeholt werden muss. Es ist jedoch nicht nur die Mehrbelastung der Studierenden, die Gegner als problematisch betrachten. Vielmehr werden grundsätzliche Zweifel am praktischen Nutzen von Lateinkenntnissen für zukünftige Lehrer:innen geäußert.

2 **Sehen Sie die Passivformen an und ergänzen Sie die Regeln.**

Präsens	Präteritum	Perfekt	Plusquamperfekt	Futur
er/es/sie wird kritisiert	er/es/sie wurde kritisiert	er/es/sie ist kritisiert worden	er/es/sie war kritisiert worden	er/es/sie wird kritisiert werden

1 Das einfache Passiv bildet man mit einer Form von „.." + Partizip Perfekt (= Partizip 2). Im Perfekt und Präteritum verwendet man statt des Partizips „geworden" die Form „..". Im Futur verwendet man den Infinitiv Passiv. Dieser wird gebildet aus dem Partizip Perfekt + werden.

2 Wenn der Urheber der Handlung („der Agens") genannt wird, schließt man diesen meistens mit der Präposition „.." + Dativ an. Manchmal wird auch die Präposition „durch" verwendet. Meist wird dadurch zum Ausdruck gebracht, dass es sich um ein Mittel handelt:
Lateinkenntnisse werden durch ein Sprachzeugnis nachgewiesen.

3 Beim Passiv mit Modalverb verwendet man die konjugierte Form des Modalverbs mit dem .... und dem Infinitiv „..".

Präsens	Präteritum	Perfekt	Plusquamperfekt	Futur
er/es/sie **muss** nachgeholt werden	er/es/sie **musste** nachgeholt werden	er/es/sie **hat** nachgeholt werden **müssen**	er/es/sie **hatte** nachgeholt werden **müssen**.	er/es/sie **wird** nachgeholt werden **müssen**

Achten Sie darauf, dass das Perfekt und Plusquamperfekt der Modalverben mit haben + Infinitiv der Modalverben gebildet wird.

3 **Schreiben Sie die Sätze im Passiv.**

1 Für viele geisteswissenschaftliche Studiengänge verlangt man Lateinkenntnisse.

Für viele geisteswissenschaftliche Studiengänge werden Lateinkenntnisse verlangt.

Wenn das Subjekt im Passivsatz keinen Artikel hat, sollte es nicht an Position 1 stehen. Stattdessen verwendet man dort andere Angaben wie z. B. eine Zeit- oder Ortsangabe oder den Agens.

2 Man bietet an den Universitäten Lateinkurse an.

3 Einige Hochschulen führen auch in den Semesterferien Lateinkurse durch.

4 Die Lateinkurse schließt man mit einer schriftlichen Prüfung ab.

5 Für den Sprachnachweis muss man auch eine mündliche Prüfung ablegen.

6 Man muss Lateinkenntnisse spätestens bis zum Bachelor nachweisen.

7 Für medizinische Studiengänge verlangen die Hochschulen heute keine Lateinkenntnisse mehr.

4 **Schreiben Sie die Sätze im Passiv. Achten Sie auf die Zeiten.**

1 Im Mittelalter hat man wissenschaftliche Texte nur auf Latein veröffentlicht.

2 Bis ins 19. Jahrhundert hat man in Deutschland Vorlesungen auf Latein gehalten.

3 Früher hat man Lateinkenntnisse schon bei der Einschreibung an der Universität vorlegen müssen.

4 Bis vor einigen Jahren erwartete man auch von zukünftigen Ärzten und Juristen Lateinkenntnisse.

5 In den 60er Jahren des 20. Jahrhunderts hat man Englisch an den meisten Schulen als erste Fremdsprache eingeführt.

6 An einigen Hochschulen hat man das Latinum auch für geisteswissenschaftliche Bachelor-Studiengänge abgeschafft.

7 Studierende der Human- und Zahnmedizin müssen an Terminologie-Kursen teilnehmen, in denen man die medizinische Fachsprache erwirbt.

5 **Anstelle von Passiv mit Modalverben können auch Passiversatzformen verwendet werden. Markieren Sie im folgenden Textausschnitt eine Passiversatzform.**

> Sprache dient nicht allein der Weitergabe und Aufnahme von Informationen. Unsere Alltagssprache prägt auch unser Denken. Mit ihrer Hilfe bilden Wissenschaftler:innen Bilder, Metaphern und Hypothesen. Auf diese Weise lassen sich wissenschaftliche Erkenntnisse für alle klar und verständlich vermitteln. Diese Anschaulichkeit würde verloren gehen, wenn vor allem jüngere Studierende nicht mehr in ihrer Alltagssprache lernen können.

6 **Welche Bedeutung hat der Satz aus dem Text in Übung 5? Kreuzen Sie an.**

Auf diese Weise
- a müssen wissenschaftliche Erkenntnisse für alle verständlich vermittelt werden.
- b können wissenschaftliche Erkenntnisse für alle verständlich vermittelt werden.
- c sollen wissenschaftliche Erkenntnisse für alle verständlich vermittelt werden.

7 **Formen Sie die Sätze um. Verwenden Sie die Passiversatzform mit „sich lassen".**

1 Man kann fehlende Sprachkenntnisse im ersten Semester nachholen.

Fehlende Sprachkenntnisse lassen sich im ersten Semester nachholen.

2 In Ferienkursen kann man schulische Lateinkenntnisse auffrischen.

....

3 Für ein Festhalten am traditionellen Latinum kann man gute Argumente anführen.

....

4 Die Qualität des Lateinunterrichts kann man sicherlich noch verbessern.

....

5 Neuerdings kann man Lateinkenntnisse auch in Online-Kursen erwerben.

....

6 Mithilfe von Lateinkenntnissen kann man Fremdwörter im Deutschen besser verstehen.

....

8 **Passiv mit Modalverben lässt sich auch mit „*sein* + *zu* + Infinitiv" ausdrücken. Welche Bedeutung haben die folgenden Sätze? Kreuzen Sie an.**

1 Für die Einschreibung an der Hochschule **ist** unbedingt ein Sprachzeugnis auf dem Niveau C1 **vorzulegen**.
- a Für die Einschreibung an der Hochschule **muss** ein Sprachzeugnis auf dem Niveau C1 vorgelegt werden.
- b Für die Einschreibung an der Hochschule **kann** ein Sprachzeugnis auf dem Niveau C1 vorgelegt werden.

2 Fehlende Lateinkenntnisse **sind** in der Regel problemlos **nachzuholen**.
- a Fehlende Lateinkenntnisse **müssen** nachgeholt werden.
- b Fehlende Lateinkenntnisse **können** nachgeholt werden.

Ob es sich um eine Möglichkeit („können") oder um eine Notwendigkeit („müssen") handelt, erschließt sich in der Regel aus dem Kontext.

9 **Formen Sie die Sätze um. Verwenden Sie „*sein* + *zu* + Infinitiv".**

1 Man kann die Prüfungsaufgaben leicht lösen.

Die Prüfungsaufgaben sind leicht zu lösen.

2 Bei der Anmeldung zum Sprachkurs muss eine Gebühr bezahlt werden.

...

3 Mithilfe von Lateinkenntnissen kann man die medizinische Terminologie schneller lernen.

...

4 In vielen Fächern müssen wissenschaftliche Artikel auf Englisch verfasst werden.

...

5 Man muss die Englischkenntnisse von Studierenden an deutschen Hochschulen durch Sprachkurse fördern.

...

6 Sprachliche Defizite müssen vor Beginn des Studiums in Feriensprachkursen behoben werden.

...

10 **Lesen Sie den folgenden Textausschnitt. Welche Bedeutung haben die markierten Adjektive? Kreuzen Sie an.**

Am 22. Dezember 1895 gelingt es dem Forscher Wilhelm Conrad Röntgen erstmals, mit den Strahlen einen Menschen zu durchleuchten und das Bild auf einer Fotoplatte festzuhalten: Es zeigt die Hand seiner Frau, alle Knochen erkennbar. Ärzte erkennen rasch den unschätzbaren Wert des neuen Diagnoseverfahrens.

Adjektive auf *-bar* und *-lich* drücken
a eine Möglichkeit aus: *Man kann die Knochen erkennen.*
b eine Notwendigkeit aus: *Man muss die Knochen erkennen.*

In der Regel werden die Suffixe *-bar* und *-lich* an den Verbstamm angehängt:
erkenn + *bar* = erkennbar
Es gibt aber auch Ausnahmen: *Heute Abend sind die Sterne am Himmel kaum **sicht**bar.*

Es gibt keine eindeutigen Regeln, wann *-bar* und wann *-lich* zur Wortbildung verwendet wird. Sie müssen diese Adjektive wie Vokabeln lernen. Manchmal lassen sich von einem Verb sogar Adjektive mit beiden Suffixen ableiten:
Die Aufgabe ist lösbar. = Man kann die Aufgabe lösen.
Die Salze sind in Wasser löslich. = Die Salze können sich in Wasser (auf)lösen.

11 **Formen Sie um. Verwenden Sie Adjektive auf *-bar*.**

1 Man kann dieses Phänomen leicht erklären.

Dieses Phänomen ist leicht erklärbar.

2 Man kann viele Abfälle **wiederverwerten**.

...

3 Man kann die hohen Mieten in den Großstädten nicht **bezahlen**.

...

4 Man kann das Buch innerhalb von einer Woche **liefern**.

...

5 Das kann man leicht **nachprüfen**.

....

6 Man kann Primzahlen nur durch sich selbst und 1 **teilen**.

....

7 Man konnte ihn nach der Operation sofort **ansprechen**.

....

8 Das kann man sich nicht **vorstellen**.

....

12 **Formen Sie um. Verwenden Sie Adjektive auf *-lich*. Achten Sie auf die Verneinung.**

1 Man kann seine Schrift **nicht lesen**.

Seine Schrift ist unleserlich.

2 Man kann meine Kollegin **nicht ersetzen**.

....

3 Man kann ein solches Verhalten **nicht verstehen**.

....

4 Man kann dieses Ereignis **nicht vergessen**.

....

5 Wir können dich im Büro **nicht entbehren**.

....

6 Man kann seinen Reichtum **nicht ermessen**.

....

7 Man kann die hohen Temperaturen **nicht ertragen**.

....

13 **Gesamtübung: Formen Sie die Sätze mit den angegebenen Formen um.**

1 Im Fremdsprachenunterricht müssen verstärkt digitale Medien eingesetzt werden. (*sein* + zu + Infinitiv)

....

2 Allerdings können nicht alle Schwierigkeiten im Fremdsprachenunterricht durch verstärkten Medieneinsatz gelöst werden. (*-bar*)

....

3 Meiner Meinung nach kann man die Person des Lehrers oder der Lehrerin nicht durch Online-Programme ersetzen. (*sich lassen*)

....

4 An den Hochschulen sollte man mehr Wert auf Auslandspraktika und Auslandssprachkurse legen. (Passiv)

....

3 Verweiswörter

1 **Lesen Sie den Textausschnitt. Markieren Sie die Verweiswörter und die Wörter, auf die sie sich beziehen, in zwei unterschiedlichen Farben.**

Bei sportlicher Aktivität erhöht sich der Blutfluss ins Gehirn und die Durchblutung ist dort gesteigert. Auch die Konzentration der Botenstoffe verändert sich. Hierfür ist der Neurotransmitter Serotonin ein spannendes Beispiel. Wenn wir Sport treiben, führt das im Gehirn zu einem Anstieg an Serotonin. Dieser wirkt gedächtnisfördernd, angstlösend und stimmungsaufhellend. Dadurch kann Sport bei leichter bis mittelgradiger Depression genauso wirksam sein wie Antidepressiva. Die Forscher sind sich jedoch darüber einig, dass die Veränderung der Botenstoffe im Gehirn nicht nachhaltig ist. Eine Stunde nach dem Ende der sportlichen Betätigung sinkt der Serotoninanstieg nämlich wieder. Die Wissenschaftler gehen aber davon aus, dass Menschen, die regelmäßig ihre Ausdauer trainieren, mehr Rezeptoren bilden, wodurch wiederum mehr Serotonin ausgeschüttet wird.
Durch Training lassen sich außerdem nicht nur Muskeln, sondern auch das Nervengewebe stimulieren. Dafür ist das Protein BDNF entscheidend. Es ist für den Schutz und das Wachstum von Nervenzellen im Gehirn zuständig. Durch körperliche Aktivität – hierbei sind schon 20 bis 40 Minuten Ausdauertraining täglich ausreichend – erhöht sich die BDNF-Konzentration um mehr als 30 Prozent. Inaktivität führt dagegen zu einem Rückgang derselben von 13 Prozent. Der BDNF-Anstieg unterstützt die Neubildung von Nervenzellen im Hippocampus und damit unser Gedächtnis.

2 **Schreiben Sie die Verweiswörter aus dem Text oben in die Tabelle und ergänzen Sie die Erklärung unter der Tabelle.**

Verweiswörter	Beispiele	Erklärung
Pronomen		
Personalpronomen	er, *es*, sie, sie	stehen in der 3. Person stellvertretend für ein Nomen
Demonstrativpronomen	der/die/………… /die …………/diese/dieses/diese jener/jene/jenes/jene derjenige/diejenige/dasjenige/ diejenigen derselbe/dieselbe/dasselbe/dieselben/…………	um eine Person oder Sache stärker zu betonen; stehen oft an Position 1 im Satz *der* … → um Wiederholungen zu vermeiden *dieser* … → wenn eine Person oder Sache zeitlich oder räumlich näher ist *jener* … → wenn eine Person oder Sache zeitlich oder räumlich entfernter ist *derjenige* … → wenn danach in einem Relativsatz weitere Informationen folgen *derselbe* → betont die Übereinstimmung einer Sache oder Person mit einer zuvor genannten
Adverbien		
lokal	da, hier, …………	verweist auf einen zuvor genannten Ort
temporal	dann, damals	verweist auf einen zuvor genannten Zeitpunkt oder Zeitraum
modal	so	verweist auf eine zuvor genannte Art und Weise

Präpositional-adverbien		
da(r) + Präposition	darauf, dazu, ……, ……, ……, ……, ……	Ersatz einer lokalen, temporalen oder modalen Ergänzung; Ersatz einer präpositionalen Ergänzung von Verben, Nomen und Adjektiven; verweist auf etwas zuvor oder anschließend Genanntes; bezieht sich auf Sachen oder Sachinhalte, nicht auf Personen
wo(r) + Präposition	worauf, wozu, worüber, wovon, ……	
hier + Präposition	hierauf, hierzu, hierüber, hiervon, ……, ……	

Rückverweis | Textabschnitt | Verbindungen | Vorverweis

Verweiswörter schaffen …… zwischen Sätzen und Textteilen. Sie weisen entweder zurück auf vorher im Text genannte Informationen (= ……) oder sie weisen auf nachfolgende Informationen hin (= ……). Verweiswörter können sich auf Einzelwörter, eine Gruppe von Wörtern, einen Satz oder einen ganzen …… beziehen.

3 **Ergänzen Sie im Text die passenden Pronomen.**

das | das | dasselbe | diese | ~~dieser~~ | diejenigen | er | jener | jenes

Sport hat eine faszinierende Wirkung auf das Gehirn. Bei regelmäßiger körperlicher Aktivität zeigt sich ein Anstieg der kognitiven Leistungsfähigkeit. Dieser (1) beruht auf einer Reihe von Mechanismen, die das Gehirn positiv beeinflussen. Eine der Auswirkungen von Sport auf das Gehirn besteht darin, dass die Durchblutung und Sauerstoffversorgung erhöht werden. Denn durch die körperliche Anstrengung wird der Herzschlag beschleunigt, wodurch mehr Blut und damit auch mehr Sauerstoff zu den Gehirnzellen gelangen. …… (2) trägt zur Verbesserung der kognitiven Funktionen bei.

Darüber hinaus fördert regelmäßiger Sport die Freisetzung verschiedener chemischer Substanzen im Gehirn, wie Endorphine, Serotonin und Dopamin. …… (3) haben einen positiven Einfluss auf das allgemeine Wohlbefinden und die Stimmung. Indem …… (4) sich verbessert, steigt wiederum die Motivation sowie die allgemeine geistige Leistungsfähigkeit. Ein weiterer interessanter Aspekt vom Sport ist, dass …… (5) die Verbindungen zwischen den vorhandenen Nervenzellen im Gehirn stärkt. …… (6) hat einen positiven Einfluss auf kognitive Prozesse wie Aufmerksamkeit, Konzentration und Problemlösung. …… (7), die regelmäßig Sport treiben, profitieren also von einer gesteigerten kognitiven Leistungsfähigkeit, einer verbesserten Stimmung und einem besseren Gedächtnis. Es gibt kaum einen anderen Einflussfaktor, von dem man …… (8) behaupten kann. Der Einfluss von Sport auf das Gehirn ist erstaunlich, weshalb …… (9) als Teil einer ganzheitlichen Herangehensweise an die geistige Gesundheit und das Wohlbefinden betrachtet werden sollte.

4 Ergänzen Sie in den Sätzen die passenden Adverbien.

da | damals | dann | dort | ~~hier~~ | so

1 Sport ist gut für den Körper. Hier wird das Herz-Kreislauf-System gestärkt und die Muskelkraft erhöht.

2 Auch auf das Gehirn wirkt sich Sport positiv aus, denn er fördert .... das Wachstum neuer Nervenzellen.

3 Eine gute Möglichkeit zu sportlicher Betätigung sind Wanderungen im Wald. .... kann man frische Luft atmen und sich gleichzeitig bewegen.

4 Bei der sportlichen Aktivität setzt der Körper Endorphine frei, die .... zu einem Gefühl der Entspannung führen.

5 Regelmäßige körperliche Aktivität kann .... dazu beitragen, das Risiko für verschiedene Erkrankungen zu reduzieren.

6 In der Vergangenheit wurde die positive Wirkung von Sport auf das Gehirn unterschätzt, denn die Bedeutung von Bewegung für die Gesundheit war .... noch nicht so bekannt.

5 Ergänzen Sie in den Sätzen die passenden Präpositionaladverbien.

dadurch | dadurch | dafür | dafür | danach | darauf | ~~darüber~~ | darum | davon | davon

1 Es wird immer wieder intensiv darüber diskutiert, welche Wirkung Sport auf das Gehirn hat.

2 Man sollte regelmäßig Sport treiben, da sich .... die kognitive Leistungsfähigkeit verbessern lässt.

3 Viele Menschen streben ...., ihre körperliche und geistige Fitness zu optimieren.

4 Manche Menschen möchten durch Sport ihre Gehirnleistung steigern. .... ist regelmäßiges Training unerlässlich.

5 Zwischen den Trainingseinheiten sollte man kleine Pausen machen. .... kann der Körper sich regenerieren.

6 Nach intensiver körperlicher Aktivität sollte man sich genug Zeit .... nehmen, ausreichend Erholung zu bekommen.

7 Beim Sport profitiert man ...., dass man sich während des Trainings konzentriert.

8 Sportliche Betätigung unterstützt das allgemeine Wohlbefinden, denn sie hat .... einen großen Einfluss.

9 Sportliche Menschen sind überzeugt ...., dass der Sport gut für Körper und Seele ist.

10 Sportlerinnen und Sportler bemühen sich jeden Tag ...., ihre Leistung zu verbessern.

6 **Formulieren Sie die Sätze um wie im Beispiel.**

1 Sport hilft bei der Bewältigung von Stress.
Sport hilft dabei, Stress zu bewältigen.

2 Körperliche Aktivität trägt zur Verbesserung der geistigen Gesundheit bei.

....

3 Schwimmen hat eine positive Auswirkung auf den Aufbau von Muskeln.

....

4 Fahrradfahren führt zu einer Stärkung von Herz und Kreislauf.

....

5 Tanzen ist nützlich für das Training von Koordination und Gleichgewicht.

....

6 Tägliche Bewegung schützt den Körper vor Krankheiten.

....

7 Sportliche Aktivität im Freien sorgt für eine Stärkung des Immunsystems.

....

8 Sport ist eine gute Möglichkeit für die Wiederherstellung des seelischen Gleichgewichts.

....

9 Eine nachhaltige Wirkung von Sport ist abhängig von kontinuierlichem Training.

....

7 **Formulieren Sie die Sätze um wie im Beispiel.**

1 Die Forschung beschäftigt sich schon lange damit, wie körperliche Aktivität und Hirngesundheit zusammenhängen.
Die Forschung beschäftigt sich schon lange mit dem Zusammenhang von körperlicher Aktivität und Hirngesundheit.

2 Untersuchungen sprechen dafür, dass abwechslungsreiche Bewegung bevorzugt werden sollte.

....

....

3 Es herrscht kein Konsens darüber, welche unterschiedliche Auswirkung verschiedene Sportarten haben.

....

....

4 Doch es gibt Empfehlungen dazu, wie man das Risiko für Erkrankungen des Gehirns verringert.

....

....

5 Das Risiko, im Alter kognitive Einbußen zu erleiden, ist bei regelmäßigem Sport geringer.

....

....

8 **Setzen Sie die passenden Verweiswörter ein.**

dabei | dabei | ~~darunter~~ | das | dazu | dazu | diese | so | wodurch

Eine besondere Form von Sport ist das sogenannte Gehirnjogging. ..Darunter.. (1) versteht man spezielle Übungen, die .... (2) dienen, die Gedächtnisleistung zu steigern oder zu erhalten. Das Denkorgan wird .... (3) anhand spezieller kognitiver Übungen abwechslungsreich und umfassend trainiert, ... (4) es zu einer Verbesserung der geistigen Leistung im Alltag kommt. Zusätzlich kann .... (5) Erkrankungen wie Alzheimer und Schlaganfällen vorgebeugt werden. Der Gehirnsport besteht aus verschiedenen Methoden. .... (6) zählen zum Beispiel Logikrätsel, Kreuzworträtsel und Tests zum Allgemeinwissen. .... (7) haben das Ziel, das Konzentrations- und Denkvermögen zu verbessern. Im Gehirn entstehen .... (8) nämlich neue Synapsen. .... (9) steigert die Denkleistung.

9 **Setzen Sie die passenden Verweiswörter ein.**

Damit das Gehirnjogging effektiv wirkt, muss man ..es.. (1) regelmäßig betreiben. .... (2) dürfen die Aufgaben nicht zu leicht sein, weil .... (3) einen sonst nicht fordern. .... (4) sollten aber auch nicht zu schwer sein, da man sonst frustriert wäre. Neben den klassischen Gehirnjogging-Übungen gibt es auch digitale Varianten. .... (5) gehören zum Beispiel Gehirntrainings-Apps. .... (6) ermöglichen es uns, unser Gehirn auch unterwegs zu trainieren und von überall aus auf verschiedene Übungen zuzugreifen. .... (7) können wir unsere Fortschritte verfolgen und uns mit anderen messen. .... (8) könnte uns zusätzlich motivieren.

4 Zweiteilige Konnektoren

1 **Lesen Sie die Textabschnitte. Was drücken die zweiteiligen Konnektoren aus? Ordnen Sie zu.**

Aufzählung | negative Aufzählung | Alternative | Gegengrund/Einschränkung | proportionales Verhältnis

Rückkehr zur Atomkraft?

1 Als die EU-Kommission kürzlich die Atomenergie als klimafreundliche Energie einstufte, war das für Befürworter der Atomkraft ein Grund zur Freude. Ganz andere Reaktionen löste dieser Beschluss bei den Gegnern aus. Sie befürchten nämlich, dass dadurch der Ausbau der erneuerbaren Energien noch weiter verlangsamt wird. Die Befürchtung der Gegner der Atomkraft ist: **Je** länger die Atomkraftwerke laufen, **desto/umso** mehr verzögert sich der Ausbau der erneuerbaren Energien. (…) ....

2 Eine Sorge, die mehr als gerechtfertigt ist, zumal schon seit geraumer Zeit von einer „Renaissance" der Atomkraft die Rede ist. Weltweit wächst nämlich das Interesse an sogenannten Mini-Reaktoren. (…) Solche Mini-Reaktoren erzeugen **zwar** weniger Strom, **aber** ihre Befürworter halten sie für eine ideale Ergänzung der erneuerbaren Energien. (…) Gegengrund / Einschränkung

3 Doch die Angst vor nuklearen Unfällen ist groß. (…) Als Reaktion auf das Unglück von Fukushima beschloss die damalige Bundesregierung den Ausstieg aus der Atomenergie. Seitdem fördert Deutschland **einerseits** den Ausbau erneuerbarer Energien, **andererseits** werden Braun- und Steinkohle sowie Erdgas weiterhin zur Stromerzeugung verfeuert. (…) ....

4 Der Strombedarf wird steigen. Soll man dann einfach den Strom von unserem Nachbarn Frankreich, der 70 Prozent seines Strombedarfs durch Atomenergie deckt, importieren? Sicher nicht, denn es wäre **sowohl** verlogen **als auch** unverantwortlich. ....

5 Fakt ist: Die Bundesregierung will auch in Zeiten der Energieknappheit **weder** zurück zum Atom **noch** neue Kohlekraftwerke bauen und zeigt damit, dass sie Klimapolitik ernstnimmt. (…) ....

6 Doch hat der Verzicht auf Atomstrom seinen Preis: Beim Ausbau der erneuerbaren Energien muss **nicht nur** ein gewaltiger Schritt zugelegt werden, **sondern** wir müssen auch bereit sein, für Mobilität und häusliche Energieversorgung tiefer in die Tasche zu greifen. (…) ....

7 **Entweder** sind wir dazu bereit, **oder** nachfolgende Generationen haben die Folgen einer solchen Energiepolitik zu tragen. ....

8 Und noch einen weiteren Aspekt dürfen wir nicht aus den Augen verlieren: **Wenn** der Klimawandel **auch** das zurzeit dringendste Problem ist, **so** dürfen im Zusammenhang mit der Atomkraft Klimaschutz und Naturschutz nicht gegeneinander ausgespielt werden. ....

2 **Ergänzen Sie die Regeln zur Stellung der Konnektoren und Verben.**

Konnektor 2 | nach | Satzmitte (2x) | Subjekt (2x) | Verb (2x) | vor

Regel 1:

Der Konnektor 1 steht im 1. Hauptsatz immer .... den Verben, Ergänzungen und Attributen, auf die er sich bezieht. Der 2. Hauptsatz beginnt immer mit ....

Die Mini-Reaktoren sind zwar günstiger als andere Reaktoren, *aber (sie sind) nicht umweltfreundlicher.*
Die Mini-Reaktoren sind zwar günstiger als andere Reaktoren, aber sie produzieren weniger Strom.

Regel 2:

Wenn nach *aber, oder* und *sondern* ein ganzer Hauptsatz folgt, steht nach dem Konnektor das ....

Wenn nach *noch* ein Hauptsatz folgt, steht nach dem Konnektor das ....

Die Mini-Reaktoren sind zwar günstiger als andere Reaktoren, aber sie produzieren weniger Strom.
Man will weder zurück zur Atomenergie, noch will man neue Kohlekraftwerke bauen.

Regel 3:

Der Konnektor *entweder* kann an Position 1 oder in der .... stehen.

Steht *entweder* an Position 1, können sowohl das .... als auch das .... an Position 2 stehen.

Wir stoppen entweder den Ausstoß von CO_2 (,) oder die Meeresspiegel steigen weiter.
Entweder stoppen wir den Ausstoß von CO_2(,) oder die Meeresspiegel steigen weiter.
Entweder wir stoppen den Ausstoß von CO_2 (,) oder die Meeresspiegel steigen weiter.

Regel 4:

In konzessiven Sätzen mit *wenn auch*, kann *auch* .... *wenn* stehen oder in der ....

Wenn der Klimawandel auch das zurzeit dringendste Problem ist, so dürfen Klimaschutz und Naturschutz nicht gegeneinander ausgespielt werden.
Auch wenn der Klimawandel das zurzeit dringendste Problem ist, so dürfen Klimaschutz und Naturschutz nicht gegeneinander ausgespielt werden.

3 **Formen Sie die Sätze um. Verwenden Sie *sowohl ... als auch* oder *weder ... noch*.**

1 **Italien und Deutschland** sind aus der Atomenergie ausgestiegen.

Sowohl Italien als auch Deutschland sind aus der Atomenergie ausgestiegen.

2 **In den Niederlanden und in Schweden** werden wieder neue Atomkraftwerke gebaut.

....

3 **Kohle- und Gaskraftwerke** produzieren zu viel klimaschädliches CO_2.

....

4 **Der Transport und die Lagerung** von radioaktiven Abfällen stellen ein großes Problem dar.

....

5 Die Preise **für Gas und für Öl** sind in den letzten Jahren massiv gestiegen.

....

6 Der derzeitige Energiebedarf kann nicht **durch Solar- und Windenergie** gedeckt werden.

....

7 **Regierungen und die Bürgerinnen und Bürger** müssen ihren Beitrag zum Klimaschutz leisten.

....

8 Ein Umdenken in der Energiepolitik ist **aus wirtschaftlichen und ökologischen Gründen** dringend notwendig.

....

4 Verbinden Sie die Sätze. Verwenden Sie *nicht nur ..., sondern auch.*

1 Man soll über Klimaschutz reden. Man soll im Alltag etwas dafür tun.

Man soll nicht nur über Klimaschutz reden, sondern (man soll) auch im Alltag etwas dafür tun.

2 Es gibt die Möglichkeit, zu Ökostrom zu wechseln. Man kann eine Fotovoltaikanlage auf dem Dach installieren.

....

3 Man sollte weniger fossile Brennstoffe verbrauchen. Man sollte auch Produkte meiden, die aus Erdöl hergestellt werden.

....

4 Beim Einkaufen sollte man auf regionale Produkte achten. Man sollte Lebensmittel aus biologischer Landwirtschaft kaufen.

....

5 Man sollte seinen Fleischkonsum reduzieren. Man sollte auf tierische Fette wie Butter verzichten.

....

6 Man spart langfristig viel Geld, wenn man stromsparende Elektrogeräte kauft und auf langlebige Qualitätsprodukte achtet.

....

7 Wenn Verbraucher/innen auf Fertigprodukte verzichten, ist das gesünder. Man spart Energie für Herstellung und Transport.

....

8 Man sollte seine Kleidung bei niedrigen Temperaturen waschen. Man sollte auf einen Wäschetrockner verzichten.

....

5 Verbinden Sie die Sätze. Verwenden Sie *weder ... noch.*

1 Viele Menschen wollen nicht auf öffentliche Verkehrsmittel umsteigen. Sie wollen auch nicht auf Flugreisen verzichten.

Viele Menschen wollen weder auf öffentliche Verkehrsmittel umsteigen noch (wollen sie) auf Flugreisen verzichten.

2 Gasheizungen sind nicht klimaneutral. Ölheizungen sind es auch nicht.

....

3 Zum Duschen braucht man keine Duschgels in aufwendigen Verpackungen. Man sollte das Wasser nicht die ganze Zeit laufen lassen.

....

4 Man sollte keine Fertigprodukte kaufen. Man sollte keine Lebensmittel mit langen Transportwegen kaufen.

....

5 Energiesparen bedeutet nicht, dass man im Winter frieren muss. Es bedeutet auch nicht, dass man im Dunkeln sitzen muss.

....

6 Um klimaneutral zu leben, braucht man nicht viel Geld auszugeben. Man muss auf nicht auf gewohnten Komfort verzichten.

....

6 **Ergänzen Sie den Text mit den zweiteiligen Konnektoren aus dem Schüttelkasten.**

weder … noch | entweder … oder | sowohl … als auch (2x) | nicht nur …, sondern auch | zwar … aber (2x) | wenn auch … so | einerseits … andererseits.

Ohne Heizung geht es nicht …

Angesichts steigender Gas- und Ölpreise fragen sich (1) sowohl Hausbesitzer*innen als auch Mieter*innen: Wie wollen wir in Zukunft unsere Wohnungen und Häuser heizen? Es herrscht weitgehend Einigkeit darüber, dass Heizen (2) .... kostengünstig, ... nachhaltig und klimaneutral sein soll.
(3) .... ein Großteil der Häuser in Deutschland zurzeit noch mit fossilen Brennstoffen beheizt wird, ... zeichnet sich eine Trendwende ab. Immerhin werden für immer mehr Neubauten Wärmepumpen als Heizsystem gewählt. Wärmepumpen nutzen die Wärme aus der Luft, dem Erdreich und dem Grundwasser und leiten sie ins Heizsystem. Dazu benötigt die Wärmepumpe allerdings elektrischen Strom. Deshalb ist sie nur dann klimaneutral, wenn sie (4) .... mit Ökostrom betrieben wird .... der Strom beispielsweise mithilfe einer Fotovoltaikanlage auf dem Dach selbst produziert wird.
Wärmepumpen sind (5) .... in der Anschaffung teurer als andere Heizsysteme, ... Hausbesitzer und Hausbesitzerinnen sparen langfristig damit viel Geld.
Am weitesten verbreitet sind in Deutschland Gasheizungen. Sie sind (6) .... in der Anschaffung besonders günstig, ... war Gas über Jahrzehnte ein verhältnismäßig billiger Brennstoff. Außerdem sind Gasheizungen leicht zu warten und benötigen anders als Ölheizungen oder Wärmepumpen nicht viel Platz.
Die Zahl der Häuser, deren Bewohner*innen mit Holzpellets, also mit kleinen, gepressten Holzstücken, heizen, nimmt ebenfalls zu. Allerdings ist das Heizen mit Pellets (7) .... unter Naturschützern .... unter Wissenschaftlern umstritten. Holz, so die Kritiker, sei (8) .... ein nachwachsender Rohstoff, ... klimaschädliches CO*2* werde auch bei der Verbrennung von Holz produziert. Holzheizungen seien daher (9) .... umweltfreundlich .... klimaneutral.
Wirklich klimaneutral ist bisher nur die Solarthermie, bei der die Sonnenstrahlung in Wärme umgewandelt wird. Sie kommt fast vollständig ohne elektrische Energie aus.

7 **Verbinden Sie die Sätze mit den angegebenen Konnektoren.**

1 Man will nicht aufs eigene Auto verzichten. Man kann ab und zu mit öffentlichen Verkehrsmitteln fahren. (*wenn auch ... so*)

Wenn man auch nicht aufs eigene Auto verzichten will, so kann man ab und zu mit den öffentlichen Verkehrsmitteln fahren.

2 Man muss im Winter nicht frieren. Man kann die Heizung runterdrehen und einen Pullover anziehen. (*zwar ... aber*)

3 Die Menschen machen sich Sorgen ums Klima. Es fällt ihnen schwer, ihren Lebensstil zu ändern. (*einerseits ... andererseits*)

4 Die Erderwärmung kann nicht rückgängig gemacht werden. Man muss alles tun, um einem weiteren Temperaturanstieg zu verhindern. (*zwar ... aber*)

5 Die Industrie produziert das meiste klimaschädliche CO_2. Die Bürgerinnen und Bürger müssen ebenfalls ihren Energieverbrauch reduzieren. (*wenn auch ... so*)

6 Man ruft die Bürger zum Energiesparen auf. Man erwartet von Berufstätigen mehr Mobilität und die Bereitschaft, weite Wege zur Arbeit in Kauf zu nehmen. (*einerseits ... andererseits*)

8 **Verbinden Sie die Sätze mit *je ... desto*.**

1 Die Preise für Benzin und Diesel sind **hoch**. **Viele** Autofahrer denken darüber nach, das Auto stehen zu lassen.

Je höher die Preise für Benzin und Diesel sind, desto mehr Autofahrer denken darüber nach, das Auto stehen zu lassen.

2 Die Temperatur in den Räumen ist niedrig. Wir sparen viel Geld.

3 Flugtickets werden teuer. Wenige Menschen reisen mit dem Flugzeug in den Urlaub.

4 Viele Atomkraftwerke werden gebaut. Viele radioaktive Abfälle entstehen.

5 Man baut die erneuerbaren Energien schnell aus. Man kann früh Kohlekraftwerke abschalten.

6 Man verbraucht viele fossile Brennstoffe. Die globale Temperatur steigt.

7 Die Sommer werden heiß. Die Ernten der Landwirte sind schlecht.

8 Wir steigen oft auf öffentliche Verkehrsmittel um. Die Luft in unseren Städten wird gut.

5 Indirekte Rede und Redewiedergabe

1 **Lesen Sie die Meldung. Markieren Sie die Konjunktivformen in den Sätzen mit indirekter Rede.**

Glücklich durch Weihnachtsdeko?

Ein britischer Psychologe ist der Ansicht, dass Menschen, die frühzeitig die Wohnung mit Weihnachtsdekoration schmücken, glücklicher seien als solche, die sich damit Zeit lassen oder gar nicht dekorieren. Er vermutet, dass beim Dekorieren in der Weihnachtszeit positive Erinnerungen an die Kindheit geweckt würden. Eine amerikanische Psychologin erklärt, dass sogar die Außendekoration positive Auswirkungen habe und nicht nur den Hausbewohnern guttue. Vielmehr hätten auch die Nachbarn ein positiveres Bild von diesen Menschen, auch wenn man sie gar nicht persönlich kenne.

Dass das jedoch nicht immer der Fall ist, zeigte sich kürzlich in einem Vorort von München. Dort schnitt der Nachbar eines weihnachtlich dekorierten Hauses alle elektrischen Kabel der Weihnachtsdekoration durch. Auf die Frage der Polizei, warum er das getan habe, antwortete der Mann, dass seine Frau und er wegen der Lichter seit mehreren Tagen nicht mehr schlafen könnten. Auch seine beiden Hunde würden unter dem taghell erleuchteten Gartengrundstück leiden. Die Polizei teilte mit, der geschädigte Nachbar wolle allerdings auf eine Anzeige verzichten. Inzwischen hat unsere Redaktion erfahren, dass die beiden Familien sogar beschlossen hätten, eine gemeinsame Weihnachtsfeier mit der ganzen Nachbarschaft zu organisieren.

2 **Ergänzen Sie die Regeln zur indirekten Rede.**

3. Person Singular | dass | Fragewort | Infinitiv | Konjunktiv 1 | Konjunktiv 2 | Neutralität | Partizip Perfekt (Partizip 2) | Person | Personalpronomen | Verbstamm | würd-

1 Die indirekte Rede dient dazu, die Aussage einer anderen .... wiederzugeben. In formeller Sprache (z. B. Nachrichten, Zeitung) verwendet man meistens den Konjunktiv 1 und 2. Durch die Verwendung des Konjunktivs bringt man .... und eine gewisse Distanz gegenüber dem Gesagten zum Ausdruck.

2 Man verwendet den Konjunktiv 1 oft nur in der .... Gebildet wird der Konjunktiv 1 aus dem .... + „e“:
kennen → er/es/sie kenne
haben → er/es/sie habe
wollen → er/es/sie wolle
Ausnahme: *sein → er/es/sie sei*

3 Bei den anderen Personen verwendet man in der Regel die Formen vom .... oder eine Form von „..“ + ...
leiden → sie würden leiden/litten
haben → sie hätten
können → sie könnten
Ausnahme: Beim Verb „sein“ verwendet man in der indirekten Rede nur den ....:
ich sei, du sei(e)st, er/es/sie sei, wir seien, ihr sei(e)t, sie seien.

4 In der Vergangenheit verwendet man die Formen von „sein" und „haben" im Konjunktiv 1 oder 2 mit dem ....
*Auf die Frage, warum er das **getan habe**, antwortete der Mann ...*
*Inzwischen hat unsere Redaktion erfahren, dass die beiden Familien sogar **beschlossen hätten**, eine gemeinsame Weihnachtsfeier mit der ganzen Nachbarschaft zu organisieren.*

5 Wenn man Aussagen von der direkten Rede in die indirekte Rede umformt, kommt es zu einem Perspektivwechsel. Deshalb ändern sich oft nicht nur die .... und Possessivartikel, sondern manchmal auch Orts- und Zeitangaben.
*Der Mann antwortet: **Meine** Frau und **ich** können wegen der Lichter seit **letzter Woche** nicht mehr schlafen.*
*Der Mann antwortete, dass **seine Frau** und **er** wegen der Lichter seit **mehreren Tagen** nicht mehr schlafen könnten.*

6 Die indirekte Rede kann mit oder ohne den Konnektor „..." eingeleitet werden.
*Der Mann antwortete, **dass** er und seine Frau wegen der Lichter seit mehreren Tagen nicht mehr schlafen könnten.*
Der Mann antwortete, er und seine Frau könnten wegen der Lichter seit mehreren Tagen nicht mehr schlafen.

Man kann auch in der indirekten Frage Konjunktiv 1 oder 2 verwenden. In dem Fall beginnt der Nebensatz mit einem .... oder „ob".

*Auf die Frage der Polizei, **warum** er das getan habe, antwortete der Mann, dass er und seine Frau wegen der Lichter seit mehreren Tagen nicht mehr schlafen könnten.*

7 Wenn man längere Aussagen einer Person wiedergibt, steht der Satz mit dem redeeinleitenden Verb meist nur einmal, und zwar vor dem ersten Satz.
*Eine amerikanische Psychologin **erklärt, dass** sogar die Außendekoration positive Auswirkungen habe und nicht nur den Hausbewohnern guttue. Vielmehr hätten auch die Nachbarn ein positiveres Bild von diesen Menschen, auch wenn man sie gar nicht persönlich kenne.*

3 Was macht die Menschen glücklich? Ergänzen Sie die passenden Formen von Konjunktiv 1 und 2.

1 Eine Kollegin von mir sagt, dass sie glücklich .... (sein), wenn die ganze Familie an Weihnachten .... (zusammenkommen).
2 Der Taxifahrer, mit dem ich vor kurzem gefahren bin, sagte mir, dass er in seinem Job viele interessante Menschen .... (treffen) und oft tolle Gespräche .... (führen). Das .... (machen) ihn sehr glücklich.
3 Ein Bekannter, der aus seinem Heimatland flüchten musste, sagt, dass er und seine Familie sehr glücklich .... (sein), nun in Frieden leben zu können, und seine Kinder hier eine gute Schulbildung .... (bekommen).
4 Mein Bruder steht auf dem Standpunkt, dass man Glück gar nicht definieren .... (können), weil es für jeden etwas anderes .... (bedeuten).
5 Meine 80-jährigen Nachbarn sagen, dass sie mit ihrem Leben sehr zufrieden .... (sein), weil sie alles .... (haben), was man braucht. Allerdings (können) .... sie aufgrund ihres Gesundheitszustandes nicht mehr so viel unternehmen wie früher.

4 **Worüber ärgern sich die Menschen? Geben Sie die Aussagen in der indirekten Rede wieder. Achten Sie auf den Perspektivwechsel.**

1 Ein Freund von mir sagt: „Leistung spielt in unserer Gesellschaft eine zu große Rolle. Viele Menschen definieren sich nur über ihren Beruf und ihr Einkommen."

Ein Freund von mir sagt, dass Leistung in unserer Gesellschaft eine zu große Rolle spiele. Viele Menschen würden sich nur über ihren Beruf und ihr Einkommen definieren.

2 Mein Kollege ist der Meinung: „Die Rücksichtslosigkeit im Straßenverkehr nimmt zu. Es sind aber nicht nur die Autofahrer, die sich rücksichtslos verhalten. Auch von Radfahrern und Fußgängern werden oft die Verkehrsregeln nicht beachtet.

....

....

3 Meine Schwester fragt sich: „Warum wird in den Zeitungen immer nur über Katastrophen und Unfälle berichtet? Gibt es keine positiven Nachrichten, über die man berichten kann?"

....

....

4 Meine Professorin sagt: „Ich ärgere mich sehr, wenn Studierende nicht zur Sprechstunde kommen, obwohl sie einen Termin haben. Das kann ich nicht verstehen."

....

....

5 Eine Kommilitonin von mir findet: „Die Hörsäle an unserer Universität sind zu klein. Deshalb habe ich keine Lust mehr, zu Vorlesungen zu gehen, und schaue mir lieber die aufgezeichnete Vorlesung im Internet an.

....

....

6 Eine bekannte Tierschützerin sagt: „Es ist ein Skandal, dass die Tierheime nach Weihnachten überfüllt sind. Viele Menschen schenken ihren Kindern Haustiere, ohne darüber nachzudenken, ob sie ein Tier auch angemessen versorgen können."

....

....

5 **Was steht in der Zeitung? Ergänzen Sie die passenden Formen von Konjunktiv 1 und 2. Verwenden Sie die Formen der Vergangenheit.**

1 In der Zeitung steht, dass die Abiturprüfung an einem Gymnasium in Dortmund nicht wie geplant um 8 Uhr, sondern erst um 10 Uhr *begonnen habe* (beginnen). Der Grund: Der Schulleiter .... den Schlüssel für den Tresor mit den Abituraufgaben .... (verloren). Die Feuerwehr .... sofort .... (kommen), um den Tresor aufzubrechen. Die Frage, ob die Verzögerung Einfluss auf die Leistungen der Schülerinnen und Schüler .... (haben), wollte die Schule nicht beantworten.

2 Eine Regionalzeitung berichtet, ein Tourist aus Südamerika .... versehentlich ins falsche Frankfurt .... (reisen). Der 78-jährige Mann .... in Frankfurt am Main .... (landen). Mit dem Zug .... er anschließend nach Frankfurt an der Oder .... (fahren).

Dort .... er nach seinem Freund aus Kindertagen .... (suchen). Erst nach stundenlanger vergeblicher Suche .... er sich an einen Polizeibeamten .... (wenden). Dieser .... den Irrtum schließlich .... (aufklären können).

3 Kürzlich habe ich in der Zeitung gelesen, dass amerikanische Forscher eine Langzeitstudie zur Frage „Was macht Menschen glücklich?“ .... (durchführen). Mehr als 75 Jahre lang .... ein Forscherteam an dieser Studie .... (arbeiten). Die Teilnehmenden .... jedes Jahr .... (befragen werden) und man .... medizinische Daten .... (erheben). Der vierte und letzte Studienleiter .... die Ergebnisse kurz und knapp .... (zusammenfassen): „Gute soziale Beziehungen machen die Menschen glücklich und gesund.“

6 **Lesen Sie die Meldungen. Markieren Sie alternative Formen der Redewiedergabe.**

War früher alles schöner?

Erinnerungen sind oft trügerisch. Das betrifft nicht nur die Erinnerung an konkrete Erlebnisse und Erfahrungen, sondern auch die an Gefühle. Wie Untersuchungen zeigten, sind Erinnerungen stark davon beeinflusst, wie es den Menschen heute geht. Menschen, die sich heute als glücklich bezeichnen, gaben in Befragungen in der Regel an, dass sie in der Vergangenheit weniger glücklich gewesen seien. Ganz anders sah es bei den weniger glücklichen Menschen aus. Sie erklärten, dass sie früher glücklicher gewesen seien als heute. Warum das so ist, lässt sich nicht eindeutig sagen. Man vermutet, dass der Mensch sich auf diese Weise selbst in ein positives Licht rücken wolle. Glückliche Menschen sehen sich in einer Art Aufwärtstrend, so die Forschenden. Weniger glückliche hingegen können sich damit trösten, dass es ihnen zumindest früher besser gegangen sei.

Macht Geld glücklich?

Laut einer amerikanischen Studie gibt es einen Zusammenhang zwischen Geld und Glück – allerdings nur bis zu einem jährlichen Einkommen von ca. 65.000 Euro. Ein darüber liegendes Einkommen trägt, so die Wissenschaftler, nicht mehr wesentlich zu einer Zunahme der Zufriedenheit bei. Einer anderen Studie zufolge gibt es diese Obergrenze nun doch nicht. Eine Korrelation zwischen Glück und Geld zeigt sich beispielsweise bei deutschen Millionären. Diese sind mit ihrem Leben im Vergleich zu anderen Bevölkerungsgruppen überdurchschnittlich zufrieden.

Glücklich durch soziale Beziehungen

Nach einer Langzeitstudie, die von amerikanischen Forschenden der Harvard-Universität über 75 Jahre lang durchgeführt wurde, sind es vor allem gute soziale Beziehungen, die Menschen nicht nur glücklich machen, sondern sie auch gesund bleiben lassen. Das individuelle Glück des Menschen hängt demnach in besonderem Maße von unseren sozialen Kontakten ab. Nach Ansicht der Forschenden ist jedoch nicht die Zahl der Freunde ausschlagend, sondern die Tiefe und Qualität der Beziehung. Als ein Ergebnis der Studie lässt sich daher festhalten: Wir sollten uns mehr unserem sozialen Umfeld als der Arbeit widmen.

7 Ergänzen Sie die Regeln.

Dativ | Indikativ (2x) | nach | Satzmitte | vor

1 Mit den Präpositionen „laut", „nach" und „zufolge" gibt man eine fremde Aussage wieder. Sie stehen immer mit dem .... In Sätzen mit diesen Präpositionen stehen die Verben im .... Die Präposition „zufolge" steht meistens .... dem Nomen. Nach der Präposition „nach" stehen oft Nomen wie „Bericht", „Meinung/Ansicht", „Angabe(n)" oder „Aussage".

2 Der Ausdruck „so + Name" steht in der .... oder am Satzende. Ausdrücke mit „wie … sagte/mitteilte …" stehen meistens .... der Aussage. In Sätzen mit „so …" und „wie" stehen die Verben meistens im ....

8 Formen Sie die Sätze um. Verwenden Sie die angegebenen Präpositionen.

1 Aus einer Statistik geht hervor, dass Glück für über 90 Prozent der Deutschen bedeutet, eine intakte Familie oder Partnerschaft zu haben. (*laut*)

Laut einer Statistik bedeutet Glück für über 90 Prozent der Deutschen, eine intakte Familie oder Partnerschaft zu haben.

2 Eine Umfrage zeigt, dass 28 Prozent der Menschen in Deutschland mit ihrem Leben sehr zufrieden sind. (*zufolge*)

....

....

3 In einer Zeitung wird berichtet, dass Leserinnen und Leser von fiktionalen Geschichten sich nicht nur besser ausdrücken können, sondern auch mehr Empathie zeigen und weniger Vorurteile haben. (*nach*)

....

....

4 Der Gesundheitsminister hat erklärt, dass psychische Erkrankungen wie Depressionen und Angststörungen in den letzten Jahren zugenommen haben. (*laut*)

....

....

5 Forschende sind der Meinung, dass Farben anders als früher angenommen unsere Emotionen merklich beeinflussen können. (*zufolge*)

....

....

6 Die Polizei gibt an, dass die Gewaltbereitschaft gegenüber Polizeibeamten zugenommen hat. (*nach*)

....

....

9 **Formen Sie die Sätze um. Verwenden Sie die angegebenen Formulierungen. Manchmal sind mehrere Möglichkeiten richtig.**

1 Laut einer Umfrage sind die Menschen aus Finnland die glücklichsten der Welt. (*so*)

Die Menschen aus Finnland, so eine Umfrage, sind die glücklichsten der Welt.

Die Menschen aus Finnland sind die glücklichsten der Welt, so eine Umfrage.

2 In Hamburg und Schleswig-Holstein ist die Lebenszufriedenheit am höchsten. Das geht aus einer Statistik hervor. (*wie*)

3 Eine aktuelle Umfrage zeigt, dass sich die Menschen in Deutschland um steigende Lebenshaltungskosten die meisten Sorgen machen. (*so*)

4 Laut einem Fernsehbericht sind Umweltverschmutzung und Klimawandel die größte Sorge von Jugendlichen in Deutschland. (*wie*)

5 Nach Ansicht des Neurologen Manfred Spitzer ist das menschliche Gehirn im Glückszustand besonders lernfähig und bereit, Neues zu lernen. (*so*)

6 Studien zufolge steigert ein Aufenthalt in der Natur unser Glücksempfinden. (*wie*)

6 Partizipialattribute

Partizipien als Adjektive

1 **Lesen Sie den Textausschnitt und markieren Sie die Partizipien.**

Nach einem Erdbeben setzen Rettungstrupps oft ausgebildete Suchhunde ein, um verschüttete Personen unter den Geröllteilen aufzuspüren. In solchen herausfordernden Situationen kommen jedoch nicht nur Hunde, sondern auch Ratten zum Einsatz. Da sie kleiner sind, können sie sich noch besser als Hunde durch das Geröll bewegen. Eine Nichtregierungsorganisation in Tansania hat in einem anderen Bereich schon jahrelange Erfahrung mit trainierten Riesenhamsterratten. In dem afrikanischen Land suchen die Tiere in ehemaligen Kriegsgebieten nach versteckten Landminen. Die berühmteste dieser Ratten hat schon 39 Landminen und 28 nicht explodierte Sprengkörper gefunden. Für ihre zahlreichen gelungenen Hilfseinsätze wird sie dieses Jahr mit einer Medaille ausgezeichnet.

2 **Lesen Sie die Regeln und ergänzen Sie die Partizipien.**

Partizip I als Adjektiv
Das Partizip I beschreibt einen Vorgang oder eine Handlung im Aktiv, die gleichzeitig mit der Haupthandlung stattfindet.

.... → Situationen, die herausfordern (Aktiv)
In herausfordernden Situationen kommen auch Ratten zum Einsatz.
→ *In Situationen, die herausfordern, kommen auch Ratten zum Einsatz.* (gleichzeitig)

Partizip II als Adjektiv
Das Partizip II beschreibt meistens einen Vorgang oder eine Handlung im Passiv, die vor der Haupthandlung stattgefunden hat.

.... → Suchhunde, die ausgebildet wurden (Passiv)
Nach einem Erdbeben setzen Rettungstrupps ausgebildete Suchhunde ein.
→ *Nach einem Erdbeben setzen Rettungstrupps Suchhunde ein, die ausgebildet wurden.* (vorzeitig)

Bei Verben, die das Perfekt mit „sein" bilden, beschreibt das Partizip II einen Vorgang im Aktiv, der schon abgeschlossen ist.

.... → ihre Hilfseinsätze, die gelungen sind (Aktiv)
Für ihre zahlreichen gelungenen Hilfseinsätze wird sie dieses Jahr mit einer Medaille ausgezeichnet.
→ *Für ihre zahlreichen Hilfseinsätze, die gelungen sind, wird sie dieses Jahr mit einer Medaille ausgezeichnet.* (abgeschlossen)

Reflexive Verben
Beim Partizip I steht das Reflexivpronomen vor dem Partizip: *die sich versteckenden Personen*
Beim Partizip II fällt das Reflexivpronomen weg: *die versteckten Landminen*

Partizipien als Adjektive erhalten dieselbe Endung wie ein Adjektiv.

3 **Markieren Sie, ob die Bedeutung der Partizipien Aktiv oder Passiv ist. Formulieren Sie dann Relativsätze. Je nach Kontext und Bedeutung können Sie entscheiden, ob Vorgangspassiv oder Zustandspassiv besser passt.**

	Aktiv	Passiv
1 helfende Ratten	☒	☐
Ratten, die helfen		
2 trainierte Riesenhamsterratten	☐	☐
....		
3 versteckte Landminen	☐	☐
....		
4 nicht explodierte Sprengkörper	☐	☐
....		
5 sich versteckende Personen	☐	☐
....		
6 gelingende Hilfseinsätze	☐	☐
....		

4 **Schreiben Sie Partizip I und Partizip II als Adjektiv.**

1 steigen – das Risiko
Partizip I: das steigende Risiko
Partizip II: das gestiegene Risiko

2 sich verändern – die Situation
Partizip I: ....
Partizip II: ....

3 sinken – die Zahl der Erdbeben
Partizip I: ....
Partizip II: ....

4 ankommen – die Hilfskräfte
Partizip I: ....
Partizip II: ....

5 sich konzentrieren – die Rattentrainer
Partizip I: ....
Partizip II: ....

6 nicht explodieren – die Sprengkörper
Partizip I: ....
Partizip II: ....

5 **Formulieren Sie die Partizipien in Relativsätze um.**

1 Dem Sprichwort nach verlassen Ratten als Erste das sinkende Schiff.

Dem Sprichwort nach verlassen Ratten als Erste das Schiff, das sinkt.

2 Das trifft jedoch nicht auf ausgebildete Rettungsratten zu.

3 Die mutigen Tiere arbeiten in verminten Gebieten und suchen dort nach Sprengkörpern.

4 Mit ihrem beeindruckenden Geruchssinn erschnüffeln die Ratten den Sprengstoff.

6 **Formulieren Sie den Relativsatz in einen Ausdruck mit Partizip um.**

1 Nach Erdbeben werden manchmal Ratten für die Suche nach Personen eingesetzt, die verschüttet wurden.

Nach Erbeben werden manchmal Ratten für die Suche nach verschütteten Personen eingesetzt.

2 Vor ihrem Einsatz in Krisengebieten durchlaufen die Ratten, die ausgewählt wurden, ungefähr dreißig Trainingseinheiten.

3 Bei dem Training lernen sie, auf einen Signalton, der piept, zu reagieren.

4 Wenn sie den Ton hören, laufen sie zu ihrem Trainer, der wartet, zurück.

5 Als Belohnung erhalten sie Rattenpellets, die pulverisiert sind.

7 **Formulieren Sie die beiden Hauptsätze neu: Zuerst als Relativsatz, dann als Ausdruck mit Partizip.**

1 Die Ratten werden von Trainern ausgebildet. Die Ratten unterscheiden sich in ihren Fähigkeiten.

Relativsatz: Die Ratten, die sich in ihren Fähigkeiten unterscheiden, werden von Trainern ausgebildet.

Partizip: Die sich in ihren Fähigkeiten unterscheidenden Ratten werden von Trainern ausgebildet.

2 Manche Ratten brauchen weniger Trainingseinheiten. Sie stechen hervor.

Relativsatz:

Partizip:

3 Bei der Ausbildung gibt es zwischen Ratten und Hunden einen Unterschied. Er fällt auf.

Relativsatz:

Partizip:

4 Die Person ist für die Ratten nicht wichtig. Die Person arbeitet als Trainer.

Relativsatz:

Partizip:

5 Im Vergleich dazu haben Hunde zu ihrem Trainer eine Verbindung. Sie ist ausgeprägt.

Relativsatz:

Partizip:

Erweiterte Partizipialattribute

1 **Lesen Sie den Textausschnitt und markieren Sie die erweiterten Partizipien.**

Beim Recruiting und bei der Personalauswahl setzen Firmen in jüngster Zeit mit gestiegener Häufigkeit künstliche Intelligenz ein. Im Hinblick auf den Nutzen und die Risiken dieser Vorgehensweise lässt sich konstatieren, dass ein System nur so gut wie die eingegebenen und vom System verarbeiteten Daten sein kann. Wenn die Eingangsdaten eine mangelhafte Qualität haben, sind auch alle weiteren Analysen mangelhaft. Denn anhand des für das Training der Software eingegebenen Datensatzes entwickelt der Computer seine Algorithmen und prognostiziert auf dieser Datenbasis die Zukunft. Durch eine Optimierung der Stellenanzeigen mithilfe von künstlicher Intelligenz ist es beispielsweise möglich, die Diversität bei den sich für den Job bewerbenden Personen zu steigern. Wenn in einer Stellenanzeige die Jobanforderung mit Begriffen wie Kommunikationsfähigkeit oder Kooperationsbereitschaft beschrieben wird, dann werden eher Frauen zugeschriebene Eigenschaften genannt. Im Gegensatz dazu nutzt eine mit Begriffen wie Durchsetzungsfähigkeit oder Risikobereitschaft formulierte Stellenanzeige eher stereotyp männliche Wörter.

2 **Ergänzen Sie die Regel und schreiben Sie die erweiterten Partizipien aus dem Text oben in die Tabelle.**

Adjektiv | Nomen | Partizip | Schriftsprache

Partizipien können mit verschiedenen zusätzlichen Informationen erweitert werden. Die zusätzlichen Informationen stehen zwischen dem Artikelwort und dem (1) .... Manchmal gibt es keinen Artikel. Das Partizip steht meistens direkt vor dem (2) .... Es bekommt dieselbe Endung wie ein (3) .... Erweiterte Partizipialattribute werden vor allem in der gehobenen (4) .... verwendet. Sie bieten die Möglichkeit, Aussagen kompakter zu formulieren.

Bedeutung des Partizipialattributs	Beispiele für erweiterte Partizipien aus dem Text
Aktiv, gleichzeitig	– ....
Passiv, oft Vergangenheit	– die eingegebenen und vom System verarbeiteten Daten – .... – .... – ....
Aktiv bei Verben mit „sein", Vorgang abgeschlossen	– ....

3 **Formulieren Sie die erweiterten Partizipien aus dem Text in Relativsätze um.**

Aktiv, gleichzeitig

1 ....

Passiv, oft Vergangenheit

2 die Daten, die eingegeben und vom System verarbeitet wurden

3 ....

4 ....

5 ....

Aktiv bei Verben mit „sein", Vorgang abgeschlossen

6 ....

Die zusätzlichen Informationen vor dem Partizip sind meistens in der folgenden Reihenfolge aufgeführt: temporal – kausal – modal – lokal (TEKAMOLO)

4 Erweitern Sie die Partizipien durch die Angaben in Klammern.

1 ein stattgefundenes Treffen (in Hamburg, kürzlich)

ein kürzlich in Hamburg stattgefundenes Treffen

2 das abgesagte Vorstellungsgespräch (ärgerlicherweise, gestern)

3 der abgestürzte Computer (mehrmals, wegen fehlerhafter Hardware, letzte Woche)

4 die angekommenen Mitarbeiter (im Büro, zu spät, aufgrund eines Zugausfalls)

5 Formulieren Sie die Partizipialattribute in Relativsätze um.

1 Bei der durch künstliche Intelligenz individualisierten Ansprache von Jobsuchenden gibt es eine Gefahr.

Bei der Ansprache von Jobsuchenden, die durch KI individualisiert wurde/ist, gibt es ...

2 Die Software zeigt Stellenanzeigen nur sich vermutlich für die Anzeige interessierenden Personen.

3 Frauen schauen sich für Führungspositionen ausgeschriebene Stellenanzeigen weniger häufig an als Männer.

4 Die Maschinen leiten daraus ein bei Frauen geringer ausgeprägtes Interesse an Führungspositionen ab.

5 Infolgedessen bieten sie diese Jobs den auf einer Jobbörse nach Arbeit suchenden Frauen seltener an.

6 Das führt zu einer unbeabsichtigt immer weiter fortlaufenden Verstärkung dieses Trends.

6 Partizip I oder Partizip II? Bilden Sie Satzteile.

1 Technologien: Sie führen zu gegenwärtig noch nicht ganz absehbaren Folgen.

Zu gegenwärtig noch nicht ganz absehbaren Folgen führende Technologien

2 Die Algorithmen: Sie kommen in Unternehmen bei der Personalauswahl zum Einsatz.

3 KI-Anwendungen: Sie werden selten getestet.

4 Die Stellenanzeigen: Sie werden nur bestimmten Stellensuchenden präsentiert.

5 Tools: Sie sind noch nicht häufig zum Einsatz gekommen.

7 **Formulieren Sie die Relativsätze in Partizipialattribute um.**

1 Empfehlungen für gute Personalarbeit, die auf soliden Theorien und empirischen Erkenntnissen basieren, wurden schon immer gern ignoriert.

Empfehlungen für gute und auf soliden Theorien und empirischen Erkenntnissen basierende Personalarbeit wurden schon immer gern ignoriert.

2 Die Unternehmen, die bereits mit KI arbeiten, erachten die Nutzung der Tools zum überwiegenden Teil für sehr sinnvoll.

3 Es ist erforderlich, die Kriterien, die der Personalarbeit zugrunde liegen, und die Ziele, die angestrebt werden, zu reflektieren.

4 Man muss klar benennen, welche Verhaltensweisen und Qualifikationen Bewerbende auszeichnen, die durch die Software ausgewählt werden.

5 Computeranwendungen, die weitreichende Konsequenzen für Menschen mit sich bringen, sollten streng überwacht werden.

6 Den Entwicklern wird leider oft zu wenig Zeit gelassen, um den Nutzen der Programme nachzuweisen, die sie entwickelt haben.

8 **Formulieren Sie die beiden Hauptsätze neu: Zuerst als Relativsatz, dann als Ausdruck mit Partizip.**

1 Den Unternehmen können bei der Personalsuche Datenspuren dienlich sein. Die Datenspuren werden bei der Nutzung des Internets hinterlassen.

Relativsatz: Den Unternehmen können bei der Personalsuche Datenspuren dienlich sein, die bei der Nutzung des Internets hinterlassen wurden.

Partizip: Den Unternehmen können bei der Personalsuche bei der Nutzung des Internets hinterlassene Datenspuren nützlich sein.

2 Der Einsatz von Chatbots kommt häufig vor. Die Chatbots bearbeiten einfache Fragen.

3 Zukünftig könnte man stärker die automatisierte Analyse von Audio- und Videoaufnahmen einsetzen. Die Analyse findet im Moment kaum in der Praxis Anwendung.

4 Wir brauchen für den Einsatz von KI bei der Personalbeschaffung Evaluationen. Die Evaluationen werden von unabhängigen Experten durchgeführt.

Gerundiv

1 **Lesen Sie den Textausschnitt und markieren Sie die Gerundive.**

Durch die Digitalisierung der Arbeitswelt ist der Arbeitsalltag für viele Menschen schwieriger geworden. Die zu bewältigenden Aufgaben werden immer komplexer, was sowohl körperlich als auch psychisch belastend ist. Die große Menge an zu verarbeitenden Informationen, schnell zu treffende Entscheidungen, ein oft nur schwer zu ertragender Zeitdruck und eine in immer mehr Berufen verlangte allzeitige Verfügbarkeit führen zu Stress, Erschöpfung und Schlafstörungen. Und die noch lange nicht als abgeschlossen zu betrachtende digitale Transformation wird uns auch weiterhin vor Herausforderungen stellen. Die auch zukünftig zu erwartenden Veränderungen auf dem Arbeitsmarkt verlangen daher eine dauerhafte Anpassungs- und Lernfähigkeit von Seiten der Mitarbeitenden.

2 **Welcher Relativsatz hat dieselbe Bedeutung wie das Gerundiv? Kreuzen Sie an.**

1 Die zu bewältigenden Aufgaben werden immer komplexer.

- a Die Aufgaben, die bewältigt werden wollen, werden immer komplexer.
- b Die Aufgaben, die bewältigt werden können, werden immer komplexer.
- c Die Aufgaben, die bewältigt werden müssen, werden immer komplexer.

2 Die noch lange nicht als abgeschlossen zu betrachtende digitale Transformation stellt uns vor große Herausforderungen.

- a Die digitale Transformation, die man noch lange nicht als abgeschlossen betrachten will, stellt uns vor große Herausforderungen.
- b Die digitale Transformation, die man noch lange nicht als abgeschlossen betrachten kann, stellt uns vor große Herausforderungen.
- c Die digitale Transformation, die man noch lange nicht als abgeschlossen betrachten muss, stellt uns vor große Herausforderungen.

3 **Ergänzen Sie die Regel.**

Adjektiv | Modalverben | Partizip I | Relativsätzen

Das Gerundiv wird mit zu + (1) .... gebildet. Es steht vor Nomen, erhält Endungen wie ein (2) .... und kann durch zusätzliche Informationen erweitert werden.
Das Gerundiv entspricht je nach Kontext der Bedeutung der (3) .... „sollen", „müssen" oder „können".
Man verwendet das Gerundiv anstelle von (4) ...., die mit der Passivform der genannten Modalverben, mit „man" + Modalverb oder mit einer Passiversatzform formuliert sind.
Das Gerundiv kommt vor allem im formellen Sprachgebrauch vor.

4 Formulieren Sie die Sätze mithilfe von Gerundivformen neu.

1 Die Arbeitsleistung, die von den Angestellten erbracht werden muss, wächst jedes Jahr.

....

2 Viele Menschen sind mit einem Arbeitsvolumen konfrontiert, das man kaum noch schaffen kann.

....

3 Die Einkommen, die erzielt werden können, stagnieren oder sind sogar gesunken.

....

5 Ersetzen Sie die Gerundivformen durch Relativsätze mit Modalverb im Aktiv oder Passiv.

1 Die Menge an täglich zu verarbeitenden Informationen führt zu Erschöpfung.

....

2 Schnell zu treffende Entscheidungen setzen die Angestellten unter Druck.

....

3 Der oft nur schwer zu ertragende Zeitdruck vergrößert den Stress im Berufsleben.

....

4 Die auch zukünftig zu erwartenden Veränderungen erfordern eine große Anpassungsfähigkeit.

....

5 Die Zahl der zu absolvierenden Fortbildungen wird in einigen Berufen zunehmen.

....

6 Die steigenden Anforderungen im Beruf mit ihrem Privatleben in Einklang zu bringen, stellt manche Mitarbeitende vor eine kaum zu lösende Aufgabe.

....

7 Weiterführende Relativsätze

1 **Lesen Sie den Textausschnitt. Markieren Sie die Relativpronomen bzw. Relativadverbien und die Wörter, auf die sie sich jeweils beziehen.**

Alle Gefühle haben einen Zweck. Angst hilft, Gefahren zu vermeiden. Wut hilft, Widrigkeiten zu überwinden. Der evolutionäre Nutzen von schlechter Laune ist allerdings schwieriger zu verstehen, weshalb viele Menschen schlechte Laune ausschließlich negativ sehen. Unsere Forschung zeigt jedoch, dass kurzzeitige schlechte Laune durchaus positive Folgen hat. Die Menschen werden aufmerksamer, wodurch sie sich besser an Dinge erinnern. Sie nehmen alles, was um sie herum ist, schärfer wahr. Mit schlechter Laune fällen Menschen genauere und sorgfältigere Urteile, was sie vor schlechten Entscheidungen schützen kann.
Im Gegensatz dazu signalisieren positive Stimmungen eine sichere und vertraute Situation. Wer gute Laune hat, ist kreativer, unternehmungslustiger und selbstbewusster. Da man sich sicher fühlt, ist man unaufmerksamer gegenüber seiner Umgebung. Man achtet zum Beispiel weniger darauf, wo man sich befindet.

2 **Lesen Sie die Erklärungen und ergänzen Sie die passenden Beispielsätze aus Aufgabe 1.**

Relativpronomen/ Relativadverb	**Verwendung**	**Beispiel**
wo wohin woher	- leitet Relativsätze ein, die einen Ort bezeichnen - leitet Relativsätze ein, die eine Bewegung bezeichnen - ersetzt die lokale Präposition + Relativpronomen	Man achtet weniger darauf, wo man sich befindet. Der Ort, wo man lebt, beeinflusst die Stimmung. Das ist der Ort, wohin ich gehen werde. Ich erinnere mich gut an den Ort, woher ich komme.
wer, wen, wem, wessen	- bezieht sich auf eine nicht näher bezeichnete Person	………
was	- nach Indefinitpronomen *alles, einiges, etwas, nichts, vieles, weniges* und Demonstrativpronomen *das* - nach nominalisiertem Superlativ - bezieht sich auf den Inhalt des gesamten Satzes	……… Schlechte Laune ist nicht das Schlimmste, was einem widerfahren kann. ………
wo(r)+Präposition	- bei Verben mit Präposition - bezieht sich auf den Inhalt des gesamten Satzes	………
weshalb	- bei kausalen Satzverbindungen	………

3 **Ergänzen Sie *wo*, *wohin* oder *woher*.**

1 Es ist wichtig, zu wissen, ... Gefahr droht.
2 Angst hilft uns, zu erkennen, ... eine Gefahr besteht.
3 .... soll man sich wenden, wenn die Angst einen lähmt?
4 Wir brauchen einen Ort, ... wir uns sicher fühlen.
5 Viele Menschen interessiert es nicht, ... ihre Gefühle kommen.
6 Es ist notwendig, zu verstehen, ... diese Situation führt.

4 **Bilden Sie Relativsätze mit *wer*, *wen*, *wem* oder *wessen*.**

1 Wer achtet weniger auf seine Umgebung? (sich sicher fühlen)
Wer sich sicher fühlt, (der) achtet weniger auf seine Umgebung.
2 Wer hat eine schärfere Wahrnehmung? (Laune schlecht sein)
....
3 Wer ist kreativer und selbstbewusster? (positive Stimmungen eine sichere Situation signalisieren)
....
4 Wer sieht schlechte Laune negativ? (den Nutzen von schlechter Laune nicht kennen)
....
5 Wer beschäftigt sich auch mit negativen Stimmungen? (der Zweck aller Emotionen interessieren)
....
6 Wer kann Widrigkeiten leichter überwinden? (Wut empfinden)
....

5 **Ergänzen Sie *was* oder *wo(r)*+Präposition.**

Die Psychologie erforscht,
1 .... Menschen denken und fühlen.
2 .... wir uns freuen.
3 .... in unserem Inneren vorgeht.
4 .... wir hoffen.
5 .... uns antreibt.
6 .... wir uns fürchten.
7 .... wir nachgrübeln.

6 **Verbinden Sie die Sätze mit *was* bzw. *wo(r)*+Präposition.**

1 Negative Stimmungen wirken wie ein Warnsignal. Dadurch steigt unsere Aufmerksamkeit.
Negative Stimmungen wirken wie ein Warnsignal, wodurch unsere Aufmerksamkeit steigt.
2 Wir achten auf Details. Das führt zu einer genaueren Wahrnehmung der Umgebung.
....
3 Unsere Kultur ist auf Hedonismus und Vergnügen ausgerichtet. Das ist die Folge von Werbung.
....
4 Glück wird zur Norm erklärt. Dadurch findet man es unnormal, sich schlecht zu fühlen.
....
5 Doch negative Gefühle sind auch etwas Unvermeidbares. Damit müssen wir leben.
....

7 **Bilden Sie Relativsätze.**

1 Unsere Stimmungen schwanken ständig. (manche Menschen – sich wundern über)

Unsere Stimmungen schwanken ständig, worüber sich manche Menschen wundern.

2 Häufig kennen wir nicht die Ursache dafür. (frustrierend sein können)

3 Zur Verbesserung unserer Stimmung gibt es jedoch einiges. (wir – hinterfragen sollten)

4 Mögliche Faktoren sind Überforderung und chronischer Stress. (manche Menschen – verzweifeln an)

5 Im Herbst und Winter mangelt es an Sonnenlicht. (viele Menschen – leiden unter)

6 Ausreichend Bewegung und gesunde Ernährung sind etwas. (man – achten sollen auf)

8 **Formulieren Sie aus den Elementen Relativsätze mit *was*.**

1 vieles – wir glauben – eine Illusion sein

2 alles – ihr versucht haben – nicht funktioniert haben

3 weniges – ich gesehen haben – mir gefallen haben

4 nichts – du mir erzählen – mich überzeugen können

5 das meiste – ich gehört haben – ich vergessen haben

9 **Verbinden Sie die Sätze mit *weshalb*.**

1 In unserer Kultur gilt Glück als Standard. Deshalb lehnen wir negative Stimmungen ab.

2 Wir haben die Erwartung von leicht erreichbarem Glück. Deshalb wollen wir uns nicht anstrengen.

3 Die Werbung verspricht uns Glück durch Konsum. Deshalb kaufen wir viele Produkte.

4 Unsere Erwartungen sind zu hoch. Deshalb werden wir oft enttäuscht.

5 Viele Menschen suchen Glück an den falschen Orten. Deshalb gelangen sie nicht an ihr Ziel.

8 Funktionsverbgefüge

1 **Lesen Sie den folgenden Textausschnitt. Markieren Sie die Funktionsverbgefüge.**

Die Vorstellung, dass uns Roboter bei lästigen Routinetätigkeiten in der Arbeit Hilfe leisten, ist doch wunderbar. Es braucht nur eine einmalige Investition, keinen teuren Arbeitsplatz und Personalmangel kann so auch behoben werden. Androide Roboter kommen dann z. B. in Behörden zum Einsatz, um Kundinnen und Kunden zu informieren und zu lenken, sodass sie zuerst eine Nummer ziehen, in einem Wartebereich auf ihren Aufruf warten, dann die Wege zu den Dienstzimmern finden. Zusätzlich beschäftigt sich der Roboter mit den Kindern der Wartenden und verkürzt ihnen spielend die Wartezeit. Natürlich ist der Umgang mit so einem menschenähnlichen Roboter zunächst ein bisschen Science-Fiction, aber mit der Zeit werden diese sprechenden, beweglichen Maschinen uns genauso zur Gewohnheit wie die Automaten im Zahlungsverkehr, bei der Ticketausgabe oder beim Einchecken am Flughafen.

2 **Ergänzen Sie die Regel.**

Nomen (2x) | Verb (2x) | Präposition | Sprache

Form: Funktionsverbgefüge sind feste Verbindungen aus einem Nomen und einem Verb. Die eigentliche Bedeutung trägt das ...., das .... hat keine bzw. nur eine abstrakte Bedeutung, es erfüllt eine Funktion und ist nur zusammen mit dem .... zu verstehen.

→ Nomen + Verb: *Hilfe leisten*

Häufig sind Funktionsverbgefüge ergänzt durch .... und/oder Artikel

→ Präposition + Nomen + Verb: *zum Einsatz kommen*

Funktion: Funktionsverbgefüge kommen vor allem in der Schriftsprache und in der gehobenen gesprochenen Sprache vor, z. B. in der Wissenschaft, auf Ämtern, in der Politik, im Kulturbetrieb.
Sie geben der .... einen offiziellen Charakter.
Viele Funktionsverbgefüge können durch ein einfaches .... ersetzt werden, z. B.:

im Einsatz sein = eingesetzt werden
Bescheid geben = informieren

3 Ordnen Sie die einfachen Verben dem jeweils passenden Funktionsverbgefüge zu.

Es gibt jedoch nicht immer eine direkte verbale Entsprechung. So bedeutet beispielsweise *in Kauf nehmen* nicht etwa *kaufen*, sondern *akzeptieren*.

1 einsetzen	a einen Beschluss fassen
2 berücksichtigen	b einen Versuch unternehmen
3 sich beschweren über	c Interesse wecken
4 beschließen	d Zweifel haben
5 sich erfüllen	e in Betracht ziehen
6 neugierig machen	f Beschwerde einlegen gegen
7 bezweifeln	g zum Einsatz kommen
8 versuchen	h in Erfüllung gehen

4 Ergänzen Sie die unterstrichenen Passagen durch das passende Funktionsverbgefüge aus Übung 3. Achten Sie auf mögliche Anpassungen.

1 Zunächst wurde überlegt, wo diese Generation androider Roboter versuchsweise <u>angewandt werden könnte</u>.

Zunächst wurde überlegt, wo diese Generation androider Roboter versuchsweise zum Einsatz kommen könnte.

2 <u>Es wurde dann beschlossen</u>, sie erst einmal in Behörden einzusetzen und zu sehen, wie die Kundinnen und Kunden auf sie reagieren würden.

……………………………………………………………

3 Es wurde befürchtet, dass <u>sich</u> viele über diese menschlich agierende Technik <u>beschweren</u> würden.

……………………………………………………………

4 Tatsächlich jedoch hat der Einsatz dieser hilfreichen Roboter eher <u>neugierig gemacht</u> als abgeschreckt, besonders bei Kindern, die ohnehin unvoreingenommener und neugieriger sind.

……………………………………………………………

5 Was man anfangs <u>bezweifelt</u> hatte, konnte durch das Experiment widerlegt werden.

……………………………………………………………

6 Es hat sich – so versicherten sowohl die Kundinnen und Kunden als auch die Mitarbeitenden der Behörde – gelohnt, <u>dies versucht zu haben</u>.

……………………………………………………………

7 Für die an der Entwicklung der androiden Roboter beteiligten Wissenschaftler*innen und Ingenieur*innen ist somit schon ein erster Teilerfolg erreicht und ihr Wunsch nach Akzeptanz der Robotik in der Gesellschaft <u>hat sich erfüllt</u>.

……………………………………………………………

8 Man sollte jedoch immer <u>berücksichtigen</u>, dass der Einsatz androider Robotik schrittweise und sinnvoll erfolgt, um die Menschen in industriefernen Bereichen nicht zu überfordern.

……………………………………………………………

5 Verbinden Sie die Satzteile zu sinnvollen Aussagen und ergänzen Sie die passende Präposition für das Funktionsverbgefüge.

an | mit | zur | für | auf

1 Unsere Kundinnen und Kunden aus der Industrie stellen hohe Ansprüche ....
2 Unsere Entwicklungsabteilung steht daher in Verbindung ....
3 So müssen wir wirklich Schritt halten ....
4 Unsere Firma legt großen Wert ....
5 Wir ermuntern unsere Kundinnen und Kunden, Probleme mit unserer Robotik immer direkt ....
6 Wir stellen ihnen dann umgehend ein neues Teil oder Programm ....
7 Ebenso ermutigen wir unsere Kundinnen und Kunden auch Kritik ....
8 So zeigen wir auch Verständnis ....

a den neusten Entwicklungen auf dem Markt.
b Verfügung.
c Qualität und Funktionalität unserer Roboter.
d unseren Produkten zu üben; das dient nur ihrer Verbesserung.
e die Belange und Nöte unserer Klientel.
f internationalen Forschungsinstituten für Robotik.
g ein informationsorientiertes Marketing.
h Sprache zu bringen.

6 Formen Sie die Sätze um. Verwenden Sie anstelle des Funktionsverbgefüges ein entsprechendes einfaches Verb im Aktiv oder Passiv.

1 Am Anfang ihrer Karriere im medizinischen Bereich stießen androide Roboter in Japan erstaunlicherweise nicht auf Kritik bei den Patientinnen und Patienten.

Am Anfang ihrer Karriere im medizinischen Bereich wurden androide Robobter in Japan erstaunlicherweise nicht von Patientinnen und Patienten kritisiert.

2 Die Technologie der Robotik ist vielseitig und kann bei entsprechend vielen Anwendungen zum Einsatz kommen.

....

3 Die ersten androiden Roboter waren technische Ungetüme, die keinen Anspruch auf Eleganz erheben konnten.

....

4 Der zukünftige Einsatz androider Roboter wird große Auswirkungen auf unsere gesamte Arbeitswelt haben.

....

5 Entwicklung und Aussehen der Roboter stehen immer unter dem Einfluss des jeweiligen Bereichs, für den sie gebraucht werden.

....

6 Bei vielen Menschen werden jedoch beim Anblick androider Roboter immer noch Erinnerungen an *Ich, der Roboter* von Isaac Asimov geweckt.

....

7 **Welche Bedeutung der Sätze aus Übung 6 ist aktivisch, welche passivisch?**

Aktivische Bedeutung: ....

Passivische Bedeutung: 1, ...

Eine passivische Bedeutung haben oft Funktionsverbgefüge mit folgenden Funktionsverben: *bekommen, erfahren, erhalten, finden, gehen, geraten, kommen, stehen, stoßen*

8 **Ergänzen Sie das passende Verb.**

nehmen | gewinnen | treffen | geraten | ziehen | geben | finden | ergreifen | stehen

1 den Eindruck, Vertrauen, Vorsprung ....
2 Bilanz, die Konsequenz daraus, zur Rechenschaft, ins Vertrauen ....
3 an die Öffentlichkeit, in Schwierigkeiten, in Wut ....
4 einen Auftrag, eine Auskunft, einen Rat ....
5 einen Abschluss, Beachtung, Berücksichtigung, Interesse, eine Lösung, Verwendung ....
6 in Empfang, in Kauf, zur Kenntnis, Rücksicht, Stellung ....
7 eine Entscheidung, eine Auswahl, Maßnahmen ....
8 in Verbindung, zur Verfügung, außer Zweifel, im Gegensatz ....
9 die Initiative, Maßnahmen ....

9 **Ersetzen Sie die einfachen Verben durch ein passendes Funktionsverbgefüge aus Übung 8.**

1 Seit ein paar Jahren schon werden androide Roboter auch im Öffentlichkeitsbereich genutzt.
Seit ein paar Jahren schon finden androide Roboter auch im Öffentlichkeitsbereich Verwendung.

2 Bei den ersten Versuchen mit androiden Roboter hat man akzeptiert, dass sie scheitern können.
....

3 Niemand bezweifelt, dass unsere Industrie im Zeitalter 4.0 angekommen ist.
....

4 Die ersten androiden Roboter wurden von der Öffentlichkeit kaum beachtet, da sie ihre Labore nicht verlassen haben.
....

5 Die Regierung sollte handeln, um die Akzeptanz der Roboter in vielen Bereichen der Gesellschaft voranzutreiben.
....

6 Die Probleme mit der Größe und Beweglichkeit konnten im Laufe der Entwicklung gelöst werden.
....

Manche Nomen können mit unterschiedlichen Verben verbunden werden, z. B.
Maßnahmen treffen/ergreifen/durchführen bei gleicher Bedeutung.
Interesse zeigen/finden/wecken mit unterschiedlicher Bedeutung.

Tipp: Legen Sie sich Ihre persönliche Liste mit Funktionsverbgefügen an und erweitern Sie diese nach und nach.

Lösungen

Kommentierter Modelltest 1

Lesen Teil 1 – Üben

1 a 3, b 2, c 1

2 Text 1: a, c, d, e, g
Text 2: b, c, d, e, g
Text 3: b, d, e, f, g

3 Abschnitt 1:
Lücke 1: b, Lücke 2: e

Abschnitt 2:
Mögliche Antworten:
Wer? Schlafforscher Michael Scullin und sein Team
Was? Popsongs vorspielen, Schlafqualität überwachen
Wann? Keine Angaben
Wo? Im Schlaflabor
Warum? Auswirkung von Popsongs auf die Schlafphysiologie messen
Lücke 3: d, Lücke 4: e

Abschnitt 3:
Mögliche Antworten:
Wer? Personen im Versuch/Probanden
Was? Schlafschwierigkeiten
Warum? Personen hatten Ohrwurm
Wie? Prozesse im Gehirn
Lücke 5: f, Lücke 6: c

Abschnitt 4:
Mögliche Antworten:
Wer? Scullin und die Forscher
Was? waren überrascht
Warum? Musik verschlechtert den Schlaf
Wie? Forscher haben nur Popstücke getestet
Lücke 7: a, f, Lücke 8: a

4 1 begleiten, 2 während, 3 vor, 4 ob, 5 die, 6 besonders, 7 diejenigen, 8 Ergebnisse

5 Verbindungsadverb: 8
Konnektor: 3
Präposition: 1
Relativpronomen: 4, 7
Steigerungsadverb: 9
Adjektiv: 2
Trennbares Verb: 5
Präpositionalpronomen: 6

6 1c, 2a, 3b, 4a, 5d, 6b, 7a, 8a, 9d

7 1c, 2d, 3d, 4a, 5c, 6b, 7d, 8b

Lesen Teil 2 – Üben

1 1f, 2c, 3h, 4b, 5g, 6d, 7a, 8e

2 2 gleichwertig ersetzen, 3 neue Anwendungsmöglichkeiten erfinden, 4 persönlich in einem Raum, 5 unabhängige Jury, 6 eine signifikant geringere Gesamtanzahl, 7 die Entscheidungsqualität erhöhen, 8 von ähnlicher Qualität

3 Mögliche Lösung: 1 Affen zählen zusammen mit einigen Vögeln zu den intelligentesten und gelehrigsten Tierarten., 2 Verschiedene Arten wie auch verschiedene Individuen einer Spezies unterscheiden sich jedoch in ihrem Lernvermögen., 3 Das könnte am individuellen Charakter oder der Zugehörigkeit zu einer bestimmten Gruppe liegen., 4 Zur Überprüfung dieser Annahme machten Wissenschaftlerinnen und Wissenschaftler mit 25 Affen im Zoo Lernexperimente., 5 Es stellte sich heraus, dass das Lernvermögen der Tiere in der Tat mit ihrem Charakter und ihrer Gruppenzugehörigkeit in Verbindung steht.

4 2 Tiere mit höheren kognitiven Fähigkeiten, 3 schnitten durchschnittlich schlechter ab, 4 natürliche Selektion, 5 erobern neue Lebensräume, 6 hingen auch mit der Familienzusammengehörigkeit zusammen, 7 Herausforderungen trotzen, 8 der Zusammenhang ist plausibel, 9 das Lerntempo beeinflusst

5 1a, 2b, 3a, 4b

6 Nicht im Text: c, d, e, f; Korrektur: c: Auch die Bilanz des Pipelinegases fällt eher schlecht aus, weil die Förderanlagen oft alt und umweltschädlich sind und das Gas über eine Strecke von mehreren tausend Kilometern gepumpt werden muss., d: Je wärmer das Klima am Standort einer Verflüssigungsanlage ist, desto mehr Strom wird benötigt, da das Gas bei Hitze stärker komprimiert und gekühlt werden muss., e: Das Flüssiggas wird an Land gepumpt, wieder gasförmig gemacht und in das Leitungsnetz eingespeist., f: Fracking ist eine besonders umweltschädliche Fördermethode.

7 Falsch wiedergegeben: (1) Die Ergebnisse dieser Lernenden bleiben von dieser Erwartung jedoch unbeeinflusst., (2) Nun wollten Forscher herausfinden, ob die Lehrkräfte selbst in Abhängigkeit von ihrem Bildungshintergrund von Seiten der Lernenden benachteiligt werden., (3) Lernende aus Akademikerfamilien stellten hingegen keinerlei Unterschiede seitens der Lehrkräfte ihnen gegenüber fest., (4) Die Forscher schlussfolgerten daraus, mehr Lehrkräfte aus höheren sozialen Schichten einzusetzen, Korrektur: (1) Die Erwartung schlägt sich in geringeren schulischen Erfolgen dieser Lernenden nieder., (2) Die Forscher wollen herausfinden, ob die Lernenden in Abhängigkeit von ihrem Bildungshintergrund von Seiten der Lehrkräfte benachteiligt werden., (3) Unabhängig von ihrer Bildungsherkunft nahmen alle Lernenden Unterschiede im Unterstützungsverhalten der Lehrkräfte je nach deren sozialer Herkunft wahr., (4) Die Wissenschaftler … leiteten daraus die Empfehlung ab, lieber alle Lehrkräfte für Bewertungsverzerrungen zu sensibilisieren,

8 1 subjektiven Einschätzung, 2 ein etwas positiveres Urteil, 3 zum Teil in Städten und zum Teil in kleinen Orten, 4 höhere Erwartungen, 5 höhere Chancen, 6 einfacher zu realisieren, 7 widersprüchlich, 8 beeinträchtigt werden, 9 sich mit den Mitmenschen zu vergleichen, 10 schlechter bewerten

9 Mögliche Lösung: Ob man sich selbst als erfolgreich wahrnimmt, hängt auch vom Vergleich mit anderen ab. Wenn gut situierte Personen sich mit noch besser situierten Personen vergleichen, stellen sie fest, dass sie selbst weniger Vermögen haben. In der Stadt findet man dafür mehr Gelegenheiten. Menschen, die dazu eine Neigung haben, erhöhen ihre Ansprüche immer weiter. Für Landbewohner gibt es dagegen, vereinfacht dargestellt, nur die Personen, die nebenan wohnen, um den eigenen Erfolg und seine soziale Position zu messen. Menschen im ländlichen Raum sind nicht ständig mit Personen konfrontiert, die einen höheren sozialen Status haben. Die Wissenschaftler betonen jedoch, dass der ursächliche Zusammenhang nicht geklärt ist. Es könne zwar sein, dass Stadtbewohner durch den Einfluss ihrer Umgebung anspruchsvoller und infolgedessen unzufriedener werden würden. Ebenso wäre aber denkbar, dass vor allem ehrgeizigere Menschen vom Land in die Stadt ziehen, da sie es dort zu mehr bringen können.

Lesen Teil 3 – Üben

2 1 nur noch wenige Studierende erhalten Bafög/finanzielle Förderung
2 bedauert diese Entwicklung, kritisiert den Staat
3 fordert eine Reform des bisherigen Gesetzes

3 1c, 2a, 3a, 4c, 5b, 6b, 7c

4 1 Rhetorische Frage, 2 Ironie, 3 Ironie, 4 Rhetorische Frage, 5 Ironie

6 Text 2: begrüßt nicht (Ironie: Eine geniale Idee – schließlich haben Studierende problemlos während des Studiums so viel Geld sparen können.)
Text 3: begrüßt (rhetorische Frage: Aber muss nicht auch eine medizinische Versorgung auf dem Land gewährleistet sein?)
Text 4: begrüßt (rhetorische Frage: Können wir wirklich jahrelang warten, bis die jungen Mediziner und Medizinerinnen, die über die Landarztquote an einen Studienplatz kamen, bereitstehen?)
Text 5: begrüßt nicht (rhetorische Frage: Doch kann man viel Engagement von einem jungen Arzt erwarten, der eigentlich viel lieber in der Stadt wäre und nur darauf wartet, dass die zehn Jahre um sind?)
Text 6: begrüßt (Ironie: Eine ideale Lösung für die ältere Landbevölkerung, die nun online vom Arzt in der Stadt betreut werden kann – wenn die Internetverbindung stabil ist und die Enkel Oma und Opa beibringen, wie Zoom und Teams funktionieren.)

7 Abschnitt 2: b
Abschnitt 3: g
Abschnitt 4: c
Abschnitt 5: f
Abschnitt 6: a

8 2i, 3h, 4e, 5f, 6a, 7b, 8d, 9c, 10g

9

Verbindungsadverbien	**Jedoch** nimmt durch die Summe der Reaktoren das Sicherheitsrisiko wiederum zu. **Stattdessen** könnten nun Milliarden von Euro in eine zwar klimaneutrale, aber keineswegs umweltfreundliche Technologie fließen.
Präpositionalpronomen	Es ändert aber nichts an der Tatsache, dass auch **dabei** gefährliche radioaktive Abfälle produziert werden. **Darüber** sollten wir uns freuen.
Personalpronomen	Sicher nicht, denn **es** wäre sowohl verlogen als auch unverantwortlich.
Demonstrativpronomen	**Diese** könnten nämlich zugeschaltet werden, wenn Windräder oder Wasserkraftwerke wegen der Wetterverhältnisse die Energieversorgung nicht ausreichend decken.
Umschreibungen, Synonyme	Als Reaktion auf **dieses Unglück** beschloss die damalige Bundesregierung den Ausstieg aus der Atomenergie. Angesichts der zunehmenden Erderwärmung stellt sich die Frage, wie lange wir uns den Einsatz dieser **Klimakiller** noch leisten können.

10 Das Festhalten am sogenannten „Latinum" – „So müssen … Lehramtsstudierende … auch heute noch Lateinkurse belegen und eine entsprechende Prüfung ablegen."

… die Mehrbelastung der Studierenden – „in zwei Semestern der Stoff … nachgeholt werden muss"

Diese Argumentation – „Schließlich liegen für die meisten studienrelevanten Texte in lateinischer Sprache Übersetzungen ins Deutsche vor."

11 2 diese Internationalisierung
3 ein wichtiges Argument
4 die dort erworbene Sprachkompetenz
5 Ein weiterer Aspekt
6 auf diese Weise
7 Diese Anschaulichkeit
8 Eine solche Befürchtung
9 Entwicklungen in diese Richtung
10 Der Zugang zum deutschen Arbeitsmarkt
11 Aus diesen Überlegungen
12 Derartige Maßnahmen

Lesen Teil 4 – Üben

1 2 Allerdings scheint der Bau weiterer Dämme und Kanäle in diesem Fall eher kontraproduktiv, da dadurch der Gewässerverlauf zu stark *abgewandelt* wird.
3 Diese Maßnahmen sind nicht nur zu teuer, sondern sie sind auch nicht anpassungsfähig an Schnelligkeit und Ausmaß der durch den Klimawandel hervorgerufenen und *unkalkulierbar* gewordenen Flutungen.
4 So ist mittlerweile *ein neuer Plan* im Hochwasserschutz, so paradox es klingen mag, das Zulassen einer *lenkbaren* Überflutung.
5 Das bedeutet, dass den Flüssen in ihrem Verlauf wieder bestimmte Überschwemmungsbereiche *eingeräumt* werden.
6 Diese Pufferzonen können dann bei Hochwasser im oberen Verlauf eines Flusses verhindern, dass der Wasserstand die kritische Marke *übertritt* und diese *empfindlichen* Bereiche unter Wasser setzt.
7 Diese Maßnahmen *haben* gleich mehrere positive *Auswirkungen*: zum einen wird das Hochwasserrisiko *herabgesetzt*, die Umwelt kann sich in den Niederungen erholen und zum anderen wird die Bevölkerung von den Wassermassen, die sonst da *einbrechen*, wo sie nicht sollen, verschont.

2 1 Man benötigt neue Konzepte, um sich besser gegen Hochwasser zu schützen.
2 Ein „Weiter so" bietet für die Zukunft nicht genügend Schutz in bedrohten Regionen.
3 Umwelt und Anrainer haben beide gleichermaßen Nutzen von den Maßnahmen zur Renaturierung von Flüssen.
4 Starre Konzepte behindern einen gelungenen Katastrophenschutz für die/in der Zukunft.

3 1 -, 2 +, 3 +, 4 +, 5 -

4 1a, 2b, 3b, 4a, 5b, 6a

5 1 Zur Erzeugung mikrobieller Masse werden Pilzkulturen fermentiert.
2 Bei einer Ernährung, deren grundlegender Teil mikrobielles Protein ist, würden schon innerhalb der kommenden Jahrzehnte die Entwaldung und die damit verbundenen CO_2-Emissionen um die Hälfte reduziert.
3 Aufgrund der Herstellung des mikrobiellen Proteins aus Pilzzellen, die in beheizten Bioreaktoren wachsen und nur Zucker als Basis brauchen, wird deutlich weniger landwirtschaftliche Fläche benötigt.

6a
a Samen nicht in heller feuchter Umgebung
b Resten von Früchten Gemüsen neue Pflanzen
c Methode Pflanzenvermehrung Teilen
d Frühjahr Keimlinge in Erde
e Keimen in frischem Wasser
f Verfahren Abfall reduziert

6b
Text 1 Auch im eigenen Garten ist Nachhaltigkeit angesagt und der Trend geht dahin, Samen aus Pflanzen zu sammeln oder die Pflanzen auf anderem Wege zu vermehren. Das schont nicht nur die Umwelt, weil nicht im groß angelegten Stil neue Pflanzen ausgesät und gezogen werden müssen, sondern auch den eigenen Geldbeutel. Die Vermehrung der anständigen Pflanzen im heimischen Garten ist besonders bei Stauden und Gräsern einfach: Sie lassen sich entweder per Hand oder Spaten teilen und der Hobbygärtner erhält so neue Sprösslinge seiner Pflanzen. Zusätzlich zum Besitz einer neuen Pflanze wird erreicht, dass die bestehende Ausgangspflanze sich durch diese Kur verjüngt und wieder kräftiger wächst oder blüht. Die zweite Möglichkeit ist das Sammeln von Samen aus den Blüten, die dann in kleinen, braunen Tütchen an einem dunklen und trockenen Platz überwintern und im Frühjahr frisch ausgesät werden können. Dieses einfache Verfahren funktioniert auch bei Gemüsesorten wie Paprika, Zucchini, Kürbis und vielen anderen mehr.

Text 2 Recycling auch bei Gemüseresten, keine Abfälle mehr in die Biotonne? Das ist möglich? Lassen sich tatsächlich aus Resten unterschiedlicher Gemüsesorten neue, frische Pflanzen ziehen? Tatsächlich ist das möglich und denkbar einfach: Man nimmt einfach den unteren Teil des Gemüsestamms, den man sonst entsorgen würde, und stellt ihn in ein Glas mit frischem Wasser. Regelmäßiges Wechseln des Wassers ist allerdings eine notwendige Bedingung für den Erfolg. Wenn der Gemüserest keimt, zeigen sich kleine, weiße Wurzeln am unteren Ende. Dann kann der Keimling in ein Beet gesetzt werden und wachsen. Diese Vorgehensweise funktioniert hervorragend bei Lauchzwiebeln, Stangensellerie und Salat, aber auch bei Obstsorten mit Kern. Auf diese Weise können Sie als Verbraucher nicht nur richtig Geld sparen, Sie haben zudem noch den Spaß, Ihre Pflanzen wachsen zu sehen und frisches Gemüse oder Obst auf Ihrem Teller vorzufinden. Und nebenbei vermeiden Sie auch noch Abfall. Ein Gewinn auf der ganzen Linie.

6c Text 1: a, c; Text 2: b, d, e, f

7 richtige Aussagen: a, b, e

8 1 +, 2 -, 3 +, 4 -, 5 +

Hören Teil 1 – Üben

1 1a, 2b, 3a, 4a, 5b, 6a, 7a

2a 1a, 2f, 3d, 4e, 5b, 6c

2b 1 verschont, 2 ausgestellt, 3 Eingefasst, 4 klingt … heraus, 5 zustande gebracht, 6 instand zu halten

3 1 Einer ihrer Freunde ist plötzlich gestorben. Trotzdem begibt sich die Clique auf die geplante Bergtour.
2 Unerwartete Spannungen unter den Freunden sorgen dafür, dass diese Tour alles andere als zwanglos und locker wird.
3 Auf dieser Tour explodiert nun das, was sie in ihrem Alltag unter Verschluss halten und niemand bleibt emotional unberührt und gelassen.

4 Die gleiche Bedeutung haben die Sätze 3, 4, 5, 7, 9.
Nicht bedeutungsgleich sind:
1 es sind nicht das Alpenpanorama und der Wortwitz, die den Film zu einer Analyse einer Beziehungsgeschichte von Freunden machen (falscher Bezug)
2 es „obliegt“ den Freunden nicht, den Freundeskreis zusammenzuhalten, sie versuchen es nur. „obliegen“ bedeutet, dass der Freundeskreis die Pflicht dazu hat. Dies ist aber nicht der Fall. Außerdem hat „zusammenhalten“ und „zusammenstellen“ nicht dieselbe Bedeutung.
6 „abhandenkommen“ bedeutet verloren gehen und ist das Gegenteil von auftauchen, erscheinen
8 „beleuchtet werden“ und „auf den Prüfstand kommen“ bedeutet, etwas kritisch betrachten und ist das Gegenteil von „bestaunen“ und nicht dasselbe wie definieren.
10 in a heißt es, dass die Schlussszene die Antwort auf eine Frage liefert; in b steht, dass die Schlussszene alle Fragen beantwortet. Das ist nicht bedeutungsgleich.

5a 1 Diese Serie war bisher die teuerste für das deutsche Fernsehen. 2 Der Ermittler hat selbst Schwierigkeiten mit seinem Leben. 3 Die Serie hält sich minutiös an die bekannte Romanvorlage. 4 Eine der Hauptfiguren lebte und wirkte zunächst in einer anderen Stadt. 5 Zentrales Thema sind die zahllosen Morde im Berlin der zwanziger Jahre.

5b, 2, 4

6a 1 Der Zuschauer folgt dem Geschehen in rasantem Tempo. 2 Zentrales Thema ist das Erwachsenwerden mit all seinen Problemen. 3 Schauplatz dieser Serie ist der östliche Teil Berlins. 4 Die Beziehungen der Protagonisten zerbrechen an ihren unterschiedlichen politischen Sichtweisen. 5 Die Serie spricht stärker eine jüngere Zielgruppe an. 6 Die Zeitspanne der Serie bezieht sich auf eine politisch bedeutsame Periode der deutsch-deutschen Geschichte.

6b Serie 1: 1, 2, 5; Serie 2: 3, 4, 6

7 1-, 2-, 3+, 4/, 5-, 6/

8 1a, 2b, 3a, 4b

Hören Teil 2 – Üben

1 gleich: 1, 2, 4, 5

2 1 Eine andere kürzlich durchgeführte Untersuchung bestätigt die Theorie der Klangsymbolik., 2 Probandinnen und Probanden sollten die Wörter „groß“ und klein“ in Sprachen hören, die sie nicht sprechen konnten, und Auskunft zur Bedeutung der Wörter geben., 3 Die Probandinnen und Probanden lagen bei Sprachen mit wenigen Sprechern häufiger falsch., 4 Laut der Wissenschaftlerinnen ist in viel gesprochenen Sprachen die Kommunikation erschwert. In dieser Situation sei die Klangsymbolik eine Hilfe.

3a Mögliche Lösung: b Trotzdem lassen sich in den letzten Jahren immer mehr Menschen wegen seelischer Störungen krankschreiben., c Mittlerweile ist das die häufigste Ursache für Abwesenheit., d Es ist wissenschaftlich nachgewiesen, dass umso mehr Menschen an Depressionen erkranken, je vielschichtiger ihre Umgebung wird., e Vielschichtige Anforderungen am Arbeitsplatz beeinträchtigen nicht nur das körperliche, sondern besonders auch das seelische Wohlbefinden., f Auch ein Mangel an Bestätigung und Zustimmung kann das Entstehen einer Gemütskrankheit fördern.

3b Es geht um psychische Erkrankungen im Berufsleben.

4 Ausschnitt 1: a, c, e; Ausschnitt 2: a, b, e;
Ausschnitt 3: b, c, d

5 passende Paraphrasierung: b; a passt nicht, weil es im Interviewausschnitt nur um berufliche Krisen geht, und nicht auch um private Krisen. C passt nicht, weil im Interviewausschnitt über zu hohe und zu niedere Ansprüche gesprochen wird, nicht nur über zu hohe Anforderungen.

6 Version 3

7 Antwort 1: kollektiver, ein Teil, einen Anstieg, negative Folgen; Antwort 2: Gruppendenken, Maßstab, abweichende Ansichten, herabzusetzen; Antwort 3: Wir-Gefühl, Auseinandersetzungen, „Wir-gegen-sie“-Dynamik

8 1b, 2a, 3b, 4a, 5a

9 stimmt nicht: 2b, 3a, 4b, 5a, 6b; dazu wird nichts gesagt: 2a, 3b, 4a, 5b, 6a

Hören Teil 3 – Üben

1 Mögliche Lösung: Gesunde Ernährung: Ausgewogene Ernährung, Obst und Gemüse, Vitamine und Nährstoffe, Vermeidung von Fertigprodukten und Fast Food, Trinken von ausreichend Wasser, Körpergewicht; Künstliche Intelligenz: Maschinelles Lernen, Automatisierung, Datenanalyse, Spracherkennung, Bilderkennung, Anwendungen in der Medizin, der Automobilindustrie, dem Finanzsektor und anderen Branchen; Energieversorgung: Erneuerbare Energien (wie Solarenergie, Windenergie, Wasserkraft, Geothermie), fossile Brennstoffe (wie Kohle, Öl, Erdgas), Kernenergie, Nachhaltigkeit, Energieeffizienz, Umweltverträglichkeit, Energiewende, Stromnetze und -speicherung

2 Mögliche Lösung: Frage 1: Der Konsum von Fast Food und Süßigkeiten kann mit einer Vielzahl von Faktoren zusammenhängen, wie z.B. Bequemlichkeit, Zeitmangel, Geschmacksvorlieben und Verfügbarkeit. Auch Stress, Langeweile oder schlechte Laune können eine Rolle spielen., Frage 2: Eine Änderung der Einstellung könnte tatsächlich helfen, da das die Denkweise und Wahrnehmung in Bezug auf Lebensmittel und Ernährung verändern kann., Frage 3: Gute Vorsätze und Willenskraft können dazu beitragen, ein gesünderes Essverhalten zu entwickeln und aufrechtzuerhalten. Allerdings sind auch die Schaffung eines unterstützenden Umfelds, die Planung von Mahlzeiten und die Auswahl von gesunden Optionen wichtig.

4 1b, 2b, 3a

5 4b, 5c

7 1e, 2c, 3f, 4a, 5b, 6d

8 1 Die wirtschaftlichen Unterschiede in der Bevölkerung sind deutlich zu erkennen., 2 Indem man kein Fleisch isst, hebt man sich von anderen gesellschaftlichen Schichten ab., 3 Der Verzehr von Fleisch wurde als Zeichen eines hohen Lebensstandards betrachtet., 4 Menschen, die keine tierischen Produkte konsumieren, möchten zeigen, dass sie moralisch höherstehend sind., 5 Der Verzehr von Fleischprodukten ist getrennt von der Herstellung von Fleischwaren., 6 Heutzutage sprechen wir landwirtschaftlich genutzten Tieren menschliche Züge zu.

9 1a, 2b, 3b, 4a, 5b, 6a

10 1 Textstelle: Im 21. Jahrhundert brauchen wir für alles Strom, für Telefonie und Internetverbindung ebenso wie für Elektroautos., 3 Textstelle: Wenn der Strombedarf steigt, weil beispielsweise plötzlich eine große Zahl von Menschen ihr E-Auto an die Ladesäule anschließt, sackt die Frequenz ab., 4 Textstelle: Im nächsten Schritt würden dann regionale Teilnetze komplett abgeschaltet., 5 Textstelle: Es ist nämlich so, dass viele Kraftwerke ebenso wie das Stromnetz selbst Strom benötigen, um zu funktionieren. Für einen Neubeginn braucht man daher Kraftwerke, für deren Betrieb keine externe Energie erforderlich ist, wie etwa Wasserkraftwerke. Durch diese kaltstartfähigen Kraftwerke kann man ... schrittweise andere Kraftwerke wieder zuschalten., 7 Textstelle: Stattdessen wird zunehmend durch Wind- und Photovoltaikanlagen Strom ins Netz eingespeist.

11 1b Häufig werden technisch innovative Anwendungen bei der Suche nach potenziellen Bewerbenden verwendet., 2a Eine weitere Anwendungsmöglichkeit ist der Einsatz von Chatbots für die Beantwortung einfacher Fragen der Bewerber., 3a Ein System kann nur so gut sein wie die Daten, die eingegeben werden und die es verarbeitet. Wenn die Eingangsdaten eine mangelhafte Qualität haben, sind auch alle weiteren Analysen mangelhaft., 4a Wir sollten die Technik daher nicht unreflektiert nutzen, sondern vor diesem Erfahrungshintergrund interpretieren., 5a Durch die Optimierung der Stellenanzeigen ist es möglich, die Diversität bei den Bewerbenden zu steigern. ... Hier kann uns KI helfen: Durch eine gezielte Umformulierung der Stellenanzeige mithilfe des Tools ist es möglich, das Geschlechterverhältnis im Pool der Bewerbenden zu beeinflussen., 6a Durch Analysen konnte festgestellt werden, dass stereotyp männliche Wörter in Stellenanzeigen insgesamt häufiger vorkommen ..., 7b Die Software lernt zum Beispiel, Stellenanzeigen nur solchen Personen zu zeigen, die sich vermutlich für die Anzeige interessieren. 8a Auf diese Weise schaukelt sich der negative Trend weiter auf.

Hören Teil 4 – Üben

1 2 Jeder kennt die großen Vorteile dieses Materials aus unserem Alltag. 3 Momentan können wir uns jedoch nicht ausmalen ... 4 Sein großer Vorteil neben dem ungeheuren Spektrum ... 5 ... und gestaltet sich mittlerweile äußerst problematisch. 6 ... können wir ganz zu Recht ... 7 ... trifft man seine Abfälle ... 8 ... zusätzlich erscheinen... 9 ... sind die Konsequenz

2a 1c, 2b, 3e, 4d, 5f, 6a

2b 1 Haltbarkeit, 2 Herstellung, 3 Müll, 4 Ära, 5 Beeinträchtigung, 6 Nutzung

3a 1a, 2e, 3f, 4b, 5g, 6c, 7d

3b 2 Und PET stellt einen der industriell wichtigsten Kunststoffe ... dar. 3 Dieses Bakterium besitzt nun zwei Enzyme ... 4 So wird das Plastik .... aufspalten 5 und zwar vollzieht sich dies ... 6 Dadurch erfolgte ein geschlossener Kreislauf ... 7 ... gegen die weltweit wachsenden Plastikberge vorzugehen

4 1 Allerdings wurde bei den Experimenten klar, dass der bakterielle PET-Abbau sehr lange dauert.
2 Denn um einen dünnen Plastikfilm zu zersetzen, benötigte das Bakterium …
3 Damit dieser Prozess schneller vonstattengeht und wirtschaftlich ist, braucht man mehr Information zu den Enzymen.
4 Ein Enzym ist ein Eiweißstoff, der chemische Reaktionen schneller machen kann.
5 Dieser natürliche Katalysator besteht aus Aminosäuren, deren Reihenfolge und dessen räumlicher Aufbau für die Eigenschaften verantwortlich ist.
6 Kennt man schließlich beide Enzyme, können sie durch biotechnologische Methoden abgewandelt und aus den neuen Proteinvarianten jene mit den gewünschten Eigenschaften herausgegriffen werden.

5a a Bei neueren Untersuchungen im Bereich plastikfressender Bakterien wurde ein Enzym identifiziert, das PET extrem schnell zersetzen kann, deutlich schneller als die bisher untersuchten.
b Das Plastik von Weintraubenschalen, im Supermarkt erworben, wurde doppelt so schnell wie andere Behälter von den eingesetzten Enzymen aufgelöst. Das war sensationell und neuartig.
c Ein Forscherteam untersuchte verschiedenartige Enzyme. Dazu gaben sie Wasser in Behälter und warteten, welche Kandidaten die höchste Aktivität zeigten. Es fanden sich insgesamt sieben.

5b a

6a 1 Biologisches Recycling durch Bakterien hat den Vorteil, dass
a in drei Jahren die Umweltprobleme gelöst sind.
b nur wässrige Lösungen und Wärme eingesetzt werden.
c die Kunststoffqualität nicht mehr abfällt.
2 Wie vollzieht sich der Abbau von Styropor?
a Besondere Larven können es durch Mikroben im Darm zersetzen.
b Styropor wird an Vorratsschädlinge verfüttert und ausgeschieden.
c Es gibt sogenannte Mini-Recyclinganlagen für Styropor.

6b 1b, 2a

7 1 /, 2 -, 3 /, 4 +

Schreiben Teil 1 – Üben

3b

	Aufgabe 1	Aufgabe 2
Einleitung	F	K
Inhaltspunkt 1	J	I
Inhaltspunkt 2	B	A
Inhaltspunkt 3	C	L
Inhaltspunkt 4	D	G
Schluss	E	H

4a a 4
b 9
c 1, 5, 10
d 8
e 5, 11
f 11
g 3
h 2, 8
i 6, 12
j 1, 7, 8

4b

a von eigenen Erfahrungen berichten	Erst kürzlich habe ich selbst erleben müssen, … …
b sich auf eine aktuelle Debatte oder auf Meinungen von anderen beziehen	Wir alle erinnern uns noch gut an die Pandemiezeiten, als … Zwar …, aber die Frage, ob … wird heiß diskutiert.
c sich auf eine Entwicklung, ein konkretes Beispiel oder eine bekannte Tatsache beziehen	In den letzten Jahrzehnten hat sich … stark verändert. Immer mehr Menschen / Betriebe …
d sich auf Medienberichte beziehen	Vor ein paar Tagen konnte man wieder einmal in der Presse lesen, dass …
e sich wissenschaftliche Studien/Statistiken beziehen	Neuesten Studien zufolge … Das haben zahlreiche Untersuchungen … gezeigt.
f von einem Zitat oder einem Sprichwort ausgehen	Ein deutsches Sprichwort besagt: …
g eine Definition geben	Darunter versteht man …
h eine (rhetorische) Frage stellen	Doch was bedeutet … im Zusammenhang mit …? Glauben sie wirklich, dass …?
i einen Sachverhalt mit dem in anderen Ländern vergleichen	In vielen Ländern, so auch in meinem Heimatland …, ist es üblich, Ganz anders sieht es dagegen in einigen anderen Ländern aus:

j auf die Geschichte verweisen	In den letzten Jahrzehnten … Früher … Es hat doch in der Geschichte … schon genug Skandale gegeben.

5 Dafür gibt es zwei Gründe … Ein solch hoher Fleisch- und Milchverbrauch bleibt natürlich nicht ohne Einfluss auf die Umwelt … Die Herstellung von Fleisch und Milchprodukten hat also dramatische Konsequenzen für Mensch und Umwelt. Sicherlich muss man für Fleisch vom Bio-Hof etwas tiefer in die Tasche greifen.

6b

Lücke	Vorschlag 1	Vorschlag 2
1	i	l
2	g	h
3	b	j
4	c	k
5	d	e
6	a	f

7a

1 Für eine Promotion gibt es **viele gute Gründe**
2 Das **Hauptargument** für eine Promotion lautet
3 nur **von Vorteil**
4 Das ist ein **weiteres Argument**
5 Das **überzeugendste** Argument für mich persönlich ist aber
6 Es gibt sicherlich gute Gründe, die für eine Promotion **sprechen**
7 **Dagegen** spricht vor allem
8 **Dazu kommt** noch ein ganz anderes Problem
9 Man sollte schließlich auch **bedenken**
10 nicht **außer Acht lassen**
11 hat **den Vorteil**
12 Kritiker **weisen** allerdings darauf hin
13 Das **mag** sicherlich stimmen
14 Der **Hauptgrund**, warum sich Mediziner für eine Promotion entscheiden, ist nämlich
15 **einerseits**
16 Ich fände es auch durchaus **interessant**
17 **Andererseits**
18 **Aus folgendem Grund** habe ich mich schließlich gegen eine Promotion entschieden

7b

Pro-Argumente nennen	Das **Hauptargument** für … lautet: … ist nur **von Vorteil.** Das überzeugendste Argument für mich persönlich ist … … hat **den Vorteil** **Der Hauptgrund**, warum …, ist …
Kontra-Argumente nennen	Kritiker **weisen** allerdings darauf hin, dass … **Aus folgendem Grund** habe ich mich schließlich gegen … entschieden:
Argumente aufzählen	**Dazu kommt** noch ein ganz anderes Problem: … Man sollte schließlich auch **bedenken**, dass … Diesen Aspekt sollte man bei seinen Überlegungen nicht **außer Acht lassen**.
Argumente abwägen	Das **mag** stimmen, aber **Einerseits … Andererseits …**

9 Lösungsvorschläge:
Thema 1: Soll man den Numerus clausus in Humanmedizin abschaffen?

Argumente für den Numerus clausus	Argumente gegen den Numerus clausus
– Das Medizinstudium ist anspruchsvoll. Deshalb haben nur Abiturient/innen mit guten Noten eine reale Chance, das Studium zu schaffen. – Wer den Numerus clausus schafft, zeigt, dass er/sie Durchhaltevermögen hat. – …	– Die Abiturnote sagt wenig darüber aus, ob jemand für den Arztberuf geeignet ist. – In einigen Bundesländern ist es leichter, eine gute Abiturnote zu bekommen als in anderen. – Andere Zulassungskriterien sind aussagekräftiger, z. B. Bewerbungsgespräche. – …

Thema 2: Wie sinnvoll ist ein Ausbau der Atomenergie?

Argumente für Atomenergie	Argumente gegen Atomenergie
– Atomkraftwerke produzieren keine klimaschädlichen Treibhausgase. – Man ist nicht auf fossile Brennstoffe wie Gas und Öl aus dem Ausland angewiesen. – …	– Es gibt kein sicheres Endlager für Atommüll. – Bei Unfällen gelangt Radioaktivität in die Umwelt. – Der Bau und der Betrieb von Atomkraftwerken sind sehr teuer.

Thema 3: Was bringt uns eine Senkung der wöchentlichen Arbeitszeit auf 30 Stunden?

Argumente für eine Senkung der wöchentlichen Arbeitszeit auf 30 Stunden	Argumente gegen eine Senkung der wöchentlichen Arbeitszeit auf 30 Stunden

- Man verbessert seine Work-Life-Balance und hat mehr Freizeit. - Das Risiko von Arbeitsüberlastung nimmt ab. - Neue Arbeitsplätze entstehen.	- Die Firmen müssen neue Mitarbeiter/innen einstellen, um die Produktion aufrechtzuhalten. - …

10a

	K.	S.	F.	H.	O.	P.
Die/Der Schreibende …						
a berichtet von persönlichen Erfahrungen		x		x		
b äußert Vermutungen			x			
c berichtet Tatsachen/Fakten	x					x
d macht Vorschläge					x	
e bewertet einen Sachverhalt		x			x	

10b + 10c Lösungen in Blau

einleiten	Es gibt zahlreiche … und beginnen möchte ich mit … Am Beispiel meiner Hochschule möchte ich aufzeigen, … Im Zusammenhang mit … wird/werden oft … genannt. Kürzlich habe ich einen interessanten Artikel über … gelesen, … Die Frage … möchte ich anhand einiger Beispiele erläutern. Hierfür lassen sich folgende Beispiele anführen: … Man kann häufig beobachten, dass …
weitere Beispiele nennen	Schließlich ist noch … zu nennen. Ein ganz anderes Modell hat … Außerdem … Das ist ein Beispiel dafür, dass/wie … Genauso wichtig sind aber auch … Dort gibt es zahlreiche Maßnahmen, um … Da sind/ist zunächst … zu nennen. Darüber hinaus stehen … zur Verfügung. Aufschlussreich/Interessant ist auch das folgende Beispiel: … Einen anderen/ähnlichen Fall habe ich … erlebt. Dort/Damals …
Vorschläge machen	Es muss die Möglichkeit geben, … Denkbar wäre auch, dass … Es wäre ratsam, …zu … Sollte man nicht lieber …, anstatt … zu …?
Vermutungen äußern	Soweit ich weiß, … Es könnte durchaus sein, dass … Vermutlich …
Stellung nehmen	Für … wäre das meines Erachtens eine große Hilfe. Für mich persönlich kommt … infrage, ich kann mir aber vorstellen, dass … Ich würde es sehr begrüßen, wenn …

12 2b, 3a, 4b, 5b, 6b, 7b, 8a, 9a, 10a, 11b

13b 2 dass, 3 lassen sich, 4 Erreichbarkeit, 5 dürfte, 6 Wer, 7 eingehende, 8 genannten, 9 vorstellbar, 10 im Falle, 11 ratsam, 12 In solchen Fällen, 13 wobei, 14 ist, 15 notwendig, 16 Wert, 17 Vor Abschicken, 18 außer Frage, 19 zum Schutz

13c A: 9, 11, 15
B: 12
C: 1, 2
D: 18
E: 4, 10, 17, 18
F: 7, 8
G: 3, 16
H: 6, 13
I: 5

13d 2 mit sich bringt, ist uns allen bewusst
3 erhalten
4 Als unangemessen empfinde ich
5 … sich in der formellen Kommunikation die E-Mail und das Versenden von elektronischen Dokumenten durchsetzen werden.
6 Deshalb würde ich es begrüßen, …

14
(1) In der Corona-Pandemie waren Millionen von Berufstätigen gezwungen, von zu Hause aus zu arbeiten. (Beispiel)
(2) Während die einen sich nicht mehr wünschten, als bald wieder ins Büro zu gehen, entdeckten die anderen die Vorzüge des Homeoffice.
(3) Es liegt jedoch auf der Hand, dass nicht alle Berufstätigen die Möglichkeit haben, im Homeoffice zu arbeiten.
(4) Im Handwerk kommt Homeoffice nicht in Frage.
(5) Designer*innen oder Journalist*innen dürften alleine im Homeoffice kreativer sein als in einem Büro, wo sie ständig von Kollegen und Lärm abgelenkt werden.
(6) Aus meiner Sicht
(7) lassen sich alle Tätigkeiten, für die man …, problemlos von zu Hause aus erledigen.
(8) Der größte Vorteil ist: Man erspart sich den Zeit raubenden/zeitraubenden Weg zur Arbeit.

(9) Hinzu kommt, dass man zeitlich flexibler ist und seine Arbeitszeit selbst gestalten kann, wovon vor allem Familien mit Kindern profitieren.
(10) Aufgrund der vielen Vorteile des/von Homeoffice fordern …
(11) Es wäre wünschenswert, dass Firmen bei der Gestaltung der Arbeitszeitmodelle flexibel bleiben, …
(12) Wer jedoch ganz oder teilweise zu Hause arbeiten möchte, sollte …
(13) Wichtig ist zum einen ein gut ausgestatteter Arbeitsplatz.
(14) Am besten ist natürlich ein eigenes Arbeitszimmer, das auch eine räumliche Trennung von Arbeit und Freizeit ermöglicht.
(15) Zum anderen sollte man darauf achten, dass man die mit dem Arbeitgeber vereinbarte Arbeitszeit auch einhält.

15 a: 7, b: 6, c: 2, 4, 5, d: 4, e: 1, 3, 7, f: 6, g: 3

Schreiben Teil 1 – Kommentierter Modelltest

Beispiellösung:
Politiker und Intellektuelle beklagen schon seit Jahren eine zunehmende Politikmüdigkeit. Was ist das eigentlich und stimmt das überhaupt?

Politische Mitbestimmung ist mehr als nur an Wahlen teilzunehmen oder Mitglied in einer Partei oder Gewerkschaft zu sein. Es gibt auch im Alltag Möglichkeiten, sich politisch zu engagieren: Man kann Aktionen starten, um Missstände am Wohnort zu verbessern. Man kann Unterschriften sammeln, um gegen den Bau einer Straße zu protestieren oder für den Bau eines Kindergartens.

Eine moderne demokratische Gesellschaft ist kompliziert. Leider ist vielen Menschen nicht bewusst, dass dabei Kompromisse gefunden werden müssen. Sie erwarten, dass „die Politik" Entscheidungen trifft, die ihren Wünschen entsprechen. Wenn das nicht geschieht, ärgert man sich über „die da oben" und schimpft in den sozialen Netzwerken. Ein anderes Problem ist die soziale Ungleichheit: Politikmüdigkeit beobachtet man häufig bei Menschen, denen es materiell nicht so gut geht. Im schlimmsten Fall gehen unzufriedene Menschen nicht mehr zur Wahl.

Eine Demokratie ist aber nur dann eine Demokratie, wenn alle mitbestimmen. Deshalb gibt es in einigen Ländern eine Wahlpflicht. Ein solcher Zwang führt meiner Meinung nach jedoch dazu, dass sich die Menschen noch mehr über die Politik ärgern. Gegen eine Wahlpflicht spricht außerdem, dass Menschen manchmal nicht zur Wahl gehen wollen, weil ihnen z. B. kein Parteiprogramm zusagt. Wenn sie aber zur Wahl gezwungen sind, machen sie ihr Kreuz einfach irgendwo. Das Ergebnis einer solchen Wahl wäre dann nicht mehr repräsentativ.

Interesse an Politik entsteht einerseits, wenn Menschen verstehen, wie eine demokratische Gesellschaft funktioniert. Hier ist natürlich die Schule gefragt. Andererseits beginnt Politik schon im Kleinen: Bürger müssen ermutigt werden mitzubestimmen. Wenn sie beispielweise entscheiden können, was in ihrem Stadtteil passiert, dann ist Politikmüdigkeit kein Thema mehr.

Ja, es gibt eine Politikmüdigkeit. Aber wir alle können etwas dagegen tun, indem wir die Angebote wahrnehmen, die uns eine demokratische Gesellschaft bietet, lernen mit Kompromissen zu leben und für mehr soziale Gerechtigkeit sorgen.

Schreiben Teil 2 – Üben

1a 1 a, c; 2 a, b; 3 b, c

1b 1 a, c; 2 b; 3 c

2a 1, 2, 4, 6, 7, 9, 10

2b Mögliche Lösung:
3 Natürlich verstehe ich, dass Ihre Materialkosten gestiegenen sind. Dennoch möchte ich Sie bitten, sich an den Kostenvoranschlag zu halten., 5 Ich möchte vorschlagen, dass wir das falsch gelieferte Essen nicht komplett bezahlen und Sie uns 10 % Rabatt auf die Rechnung gewähren., 8 Was halten Sie davon, dass die Fenster außerhalb der Pausenzeiten zu bleiben?

3

Sprachhandlung	**Redemittel**
auf ein Problem aufmerksam machen	ist / wäre problematisch | das liegt daran, dass | der Grund ist | würde dazu führen, dass | bestünde das Risiko | wäre es ungünstig | Es ist nämlich so
eine Lösung vorschlagen	ich möchte vorschlagen | ich möchte einen Vorschlag machen | was halten Sie davon | anstatt … könnte man | wie wäre es, wenn | Wäre es möglich | Mein Vorschlag wäre … sollte(n)
Verständnis zeigen	ich kann … verstehen | natürlich verstehe ich | verständlicherweise | Selbstverständlich verstehe ich | Mir ist bewusst

4 1 wir alle wissen, 2 selbstverständlich, 3 sehe ich jedoch mit einer gewissen Skepsis, 4 Es ist nämlich so, dass, 5 würde dazu führen, 6 Es bestünde auch das Risiko, 7 Eine bessere Alternative wäre, 8 Mein Vorschlag wäre daher, 9 Ich möchte Sie bitten

5

	Konjunktion	Adverb
additiv	und	auch, zudem, außerdem
adversativ	aber, während	dagegen, jedoch, allerdings
final	um … zu, damit	dafür, dazu
kausal	denn, da, weil	deshalb, deswegen, daher
konditional	falls, wenn	andernfalls
konsekutiv	sodass	also, folglich, infolgedessen
konzessiv	obwohl	dennoch
modal	indem, dadurch … dass	dadurch
substitutiv	anstatt, sondern	stattdessen

6 Mögliche Lösung:
1 allerdings, 2 Zudem, 3 sodass, 4 Daher, 5 sondern, 6 Außerdem, 7 wenn, 8 damit, 9 wenn, 10 wenn

7 1 natürlich verstehe ich, 2 Dennoch, 3 Wenn, 4 Außerdem, 5 wenn, 6 Ich persönlich würde mir daher wünschen, 7 Was halten Sie davon, 8 um zu

8 Mögliche Lösung:
Sehr geehrter Herr Pinsel,
selbstverständlich verstehe ich, dass Sie momentan viele Aufträge haben und zwei Ihrer Mitarbeiter krankheitsbedingt ausgefallen sind. Jedoch hatten Sie mir zugesagt, die Renovierung meiner Praxisräume innerhalb einer Woche durchführen zu können. Ich habe mich bereits auf die einwöchige Schließung meiner Praxis vorbereitet und daher für die nächste Woche keine Termine mit Patienten vereinbart. In der Woche danach ist mein Terminplan aber wieder voll. Meinen Patienten abzusagen, kommt für mich nicht infrage, weil für die Gesundheit dieser Menschen eine regelmäßige physiotherapeutische Behandlung unverzichtbar ist. Zudem könnte ich mir einen zweiwöchigen Verdienstausfall nicht leisten. Deshalb ist es erforderlich, dass Sie Ihre ursprüngliche Zusage einhalten und gegebenenfalls zusätzliches Personal suchen, damit die Arbeiten in einer Woche beendet werden können. Wenn das nicht möglich ist, müsste ich überlegen, statt der gesamten Praxis nur einen Teil renovieren zu lassen. Mein Vorschlag wäre, dass Sie mir morgen eine Rückmeldung darüber geben, wie viele Räume Sie mit Ihrem Personal innerhalb einer Woche schaffen. Danach können wir gemeinsam die zu renovierenden Räume bestimmen.
Ich hoffe auf eine schnelle Antwort.
Mit freundlichen Grüßen
Miriam Zorn

9

Anrede:	Sehr geehrte Frau … / Sehr geehrter Herr … / Liebe Frau … / Lieber Herr …
Einleitung:	Verständnis zeigen
Hauptteil:	auf ein Problem aufmerksam machen, etwas vorschlagen, beschreiben
Schluss:	Ich hoffe auf Ihr Verständnis. | Ich möchte Sie bitten, über meinen Vorschlag nachzudenken. | Ich würde mich freuen, wenn Sie mit meinem Vorschlag einverstanden wären. | Auf eine schnelle und angemessene Antwort freue ich mich.
Grußformel:	Mit freundlichen Grüßen … / Beste Grüße …

10

Anrede:	Sehr geehrte Frau Rose,
Einleitung:	mir ist bewusst, dass Ihre Dozentinnen und Dozenten viele Unterrichtsverpflichtungen haben und es daher zu einer Änderung des Kursangebots kommen kann.
Hauptteil:	Ich möchte Sie jedoch bitten, die Auswirkungen dieser Änderung auf die Studierenden zu bedenken. Es ist nämlich so, dass ich als ausländische Studentin mit dem Halten von Vorträgen im Studium nicht vertraut bin und vor Publikum zu sprechen eine große Herausforderung für mich ist. Daher hatte ich die Hoffnung, gleich von der ersten Semesterwoche an Hilfe und Orientierung durch diesen Kurs zu erhalten. Falls ich erst nach Semesterende an dem Kurs teilnehmen kann, wird mir diese Unterstützung fehlen. Daneben sollte auch berücksichtigt werden, dass das Aufbauen von mündlichen Fähigkeiten Zeit beansprucht. Bei einem dreitägigen Blockseminar wird es nicht genug Zeit geben, die neuen Kenntnisse zwischen den Sitzungen gut zu üben. Wäre es vielleicht möglich, dass der Kurs während des Semesters alle vier Wochen einen Tag lang angeboten wird? Auf diese Weise könnten die Studierenden schon im laufenden Semester von dem neuen Wissen profitieren.
Schluss:	Ich wäre Ihnen sehr dankbar, wenn Sie meinem Vorschlag zustimmen würden.
Grußformel, Unterschrift:	Mit freundlichen Grüßen, Rui Zhao

11 9b, 4g, 11e, 7j, 5h, 10c, 3k, 6a, 1i, 8d, 2f
Sehr geehrter Herr Kärcher,
schon mehrere Universitätsgebäude wurden saniert, und in den nächsten Monaten ist die Universitätsbibliothek an der Reihe. Diese Modernisierungsmaßnahmen lassen sich verständlicherweise nicht länger aufschieben. Für viele Studierende ist die Bibliothek jedoch der einzige Ort, den sie zum Lernen und Schreiben von Seminararbeiten haben. Auch die Gruppenarbeitsräume werden täglich von zahlreichen Kommilitoninnen und Kommilitonen genutzt. Darüber hinaus brauchen wir die Bücher für unser Studium. Wenn die Bibliothek für drei Monate schließen würde, würde das daher für viele von uns eine große Erschwernis beim Studieren bedeuten. Nicht bestandene Klausuren und nicht geschriebene Seminararbeiten könnten die Folge sein. Dadurch würde sich das Studium verlängern, und die Finanzierung durch BAföG wäre möglicherweise in Gefahr. Um diese negativen Folgen zu vermeiden, möchte ich vorschlagen, dass Sie als Ersatz für die wegfallenden Lern- und Arbeitsplätze in der Bibliothek möglichst bald Arbeitsplätze in anderen Gebäuden auf dem Campus schaffen. Die Bücher sollten ebenfalls dorthin ausgelagert werden, damit wir Studierenden weiter Zugang zu ihnen haben.
Ich hoffe auf Ihr Verständnis.
Mit freundlichen Grüßen

12 Beispiellösung:
Sehr geehrte Frau Lochner,
ich kann verstehen, dass beim Einsatz von technischen Geräten immer einmal Fehler vorkommen können, und viele Firmen weisen heutzutage eine dünne Personaldecke auf. Dennoch sollte ein Mindestmaß an technischer Zuverlässigkeit und Kundenservice gewährleistet sein. Meine Firma hat von Ihnen einen Kopierer gemietetet, bei dem bei jedem zweiten Kopiervorgang ein Papierstau auftritt. Ihn jedes Mal zu beseitigen ist sehr zeitaufwändig. Infolgedessen können wir manchmal stundenlang nicht kopieren, bis wir endlich den Fehler gefunden haben. Dadurch verzögern sich die Arbeitsabläufe in unserem Büro und die Kolleginnen und Kollegen reagieren mittlerweile sehr gereizt auf das Problem. Ich habe bereits auf verschiedene Weise versucht, Ihren Kundendienst zu erreichen, hatte damit jedoch keinen Erfolg, da Ihre Servicehotline überlastet ist und das Kontaktformular nicht funktioniert. Daher wende ich mich nun in dieser Form an Sie. Wäre es möglich, dass Sie in den nächsten Tagen zwei Ihrer Mitarbeiter zu uns ins Büro schicken, um den fehleranfälligen Kopierer auszutauschen?
Auf eine schnelle und angemessene Antwort freue ich mich.
Mit freundlichen Grüßen

13 Beispiellösung:
Sehr geehrte Frau Mohn,
ich weiß, dass Sie ein bekannter Lieferservice mit vielen zufriedenen Kunden sind. In einer so großen Firma wie Ihrer wäre es verständlicherweise möglich, dass einmal eine Bestellung verwechselt wird. Ich hatte eine Auswahl von kalten und warmen vegetarischen Gerichten für gesundheitsbewusste Genießer bestellt, dazu selbstgepresste Säfte und alkoholfreie Cocktails. Bekommen habe ich jedoch zwei Tabletts mit Wurst- und Käsebrötchen und einen Karton mit Limonadendosen. Das Buffet sollte die potenziellen Kunden, die am Eröffnungstag zu einem Probetraining gekommen waren, beeindrucken und von der Qualität meines Fitnessstudios überzeugen. Stattdessen ist das Gegenteil passiert. Die Besucher der Eröffnungsfeier waren empört und sind schnell wieder gegangen, allerdings nicht ohne mich darauf hinzuweisen, dass sie ihren Freunden und Bekannten von ihrem Erlebnis erzählen würden. Der Ruf meines Fitnessstudios hat durch diesen Vorfall einen großen Schaden erlitten. Daher wäre es meiner Meinung nach angemessen, dass Sie als Wiedergutmachung nun tatsächlich das angekündigte Buffet liefern und darauf einen Rabatt von 20% gewähren.
Ich hoffe auf eine zufriedenstellende Lösung und sehe Ihrer baldigen Antwort entgegen.
Mit freundlichen Grüßen

Schreiben Teil 2 – Kommentierter Modelltest 1

Beispiellösung:
Sehr geehrter Herr Frank,
der Wohnraum in unserer Stadt ist knapp und die Mieten sind allgemein stark gestiegen. Auch die Preise für Heizung und Strom haben sich enorm erhöht. Ein Anstieg der Warmmiete von 400 € auf 600 € wäre jedoch für mich und auch für andere Studierende nicht verkraftbar. Die meisten von uns bekommen kaum Unterstützung von den Eltern, sondern wir arbeiten neben dem Studium, um unseren Lebensunterhalt zu finanzieren. Wenn die Mietkosten um 200 € steigen würden, müssten wir pro Woche einen Tag zusätzlich arbeiten. Dadurch hätten wir weniger Zeit und Energie zum Studieren und unsere Studienleistungen würden sich verschlechtern. Manche von uns müssten ihr Studium vielleicht sogar abbrechen, weil sie nicht noch mehr Zeit arbeiten können. Das Studierendenwohnheim hat jedoch die Funktion, günstigen Wohnraum anzubieten und besonders Studierende aus ärmeren Elternhäusern beim Studium zu unterstützen. Die Möglichkeit zu studieren sollte nicht zum Privileg für wohlhabende Personen werden. Wäre es möglich, dass Sie Miete nur um 100 € erhöhen und stattdessen den Energieverbrauch im Wohnheim senken? Wir könnten im Sommer auf die Klimaanlage verzichten und im Winter wären 20 Grad Zimmertemperatur ausreichend.
Ich würde mich freuen, wenn Sie mit meinem Vorschlag einverstanden wären.
Mit freundlichen Grüßen

Sprechen Teil 1 – Üben

1a Stichpunkte, die zum Thema passen (+): eigenen Namen angeben, Pseudonym nutzen, das Internet vergisst nichts
Stichpunkte, die nicht zum Thema passen (-): einfach recherchieren, globale Vernetzung

1b Inhaltspunkt 1: Beispiele für Anmeldungen unter eigenem Namen (Hotel, Bank, Kongress, Online-Einkauf, Postversand etc.); Inhaltspunkt 3: Situation im Heimatland bzw. einem anderen Land; Inhaltspunkt 4: Ausblick für die Zukunft

2 <u>Einleitung</u>: Ich möchte über das Thema … sprechen | Das Thema … interessiert mich, weil … | Die Problematik des/der … ist gerade sehr aktuell, deshalb …
<u>Hauptteil</u>: Ich empfinde (es) … als positiv/negativ | Gegen/Für …spricht, dass | Meiner Meinung nach … | Ich bin überzeugt davon, dass …
<u>Schluss</u>: Für die Zukunft könnte das bedeuten, dass … | Abschließend lässt sich sagen, dass …

3 Beispiellösung:
Ich habe mich für das Thema „Ist eine Klarnamenpflicht in sozialen Netzwerken angebracht?" entschieden. Heutzutage sind wir alle fast täglich im Netz unterwegs und viele Menschen posten dort ihre Bilder, Nachrichten, Meinungen und manchmal auch ungewöhnlich scharfe und sogar gehässige Kritik, die sie offline so niemals äußern würden. Dabei kommt es zunehmend vor, dass einzelne Menschen Opfer von sogenannter „hate speech" werden, also im Netz übel beschimpft oder gemobbt werden. Oft werden diese gehässigen Kommentare anonym oder unter falschem Namen veröffentlicht.

4 im Vordergrund stehende Sprachhandlung: 1d, 2b, 3f, 4a, 5c, 6e
Richtige Reihenfolge der Abschnitte: 3, 4, 6, 5, 1, 2

5 <u>Beispiele geben</u>: Als Beispiel lässt sich hier anführen, dass …
<u>Alternativen/Lösungen vorschlagen</u>: Eine bessere Lösung/Alternative/Möglichkeit wäre…
<u>Pro-Argumente anführen</u>: Der größte Vorteil ist …
<u>Kontra-Argumente anführen</u>: Der größte Nachteil ist …| Den Vorteilen stehen aber auch Nachteile gegenüber …
<u>Die eigene Meinung äußern</u>: Für mich persönlich gilt … | Ich bin überzeugt davon, dass … | Meine Ausführungen haben deutlich gemacht, dass …

6 Beispiellösung:
Zusammenfassend möchte ich also sagen, dass es sicherlich ein großer Vorteil ist, wenn eine schnelle Verfolgung von beleidigenden Personen erfolgen kann, weil sie unter richtigem Namen auftreten. Aber trotzdem denke ich, dass es jeder Person freistehen sollte, ob sie ihren richtigen Namen in den sozialen Netzwerken preisgeben möchte oder nicht. Ja, damit bin ich am Ende meines Vortrags angekommen, vielen Dank.

7 1b, 2f, 3a, 4g, 5d, 6h, 7c, 8e

Sprechen Teil 1 – Kommentierter Modelltest 1

Beispielvortrag zu Thema 1:

[Einleitung]
Aktuell wird darüber diskutiert, ob junge Leute für eine bestimmte Zeit dazu verpflichtet werden sollen, einen sozialen Dienst auszuüben – die sogenannte soziale Pflichtzeit. Ich finde das Thema sehr wichtig und möchte deshalb in meinem Vortrag darüber sprechen.

[Hinführung / Argument für eine soziale Pflichtzeit]
Nach der Schule nicht gleich mit einer Ausbildung oder dem Studium zu beginnen, kann für Schulabgängerinnen und Schulabgänger durchaus sinnvoll sein. Besonders dann, wenn sie noch nicht genau wissen, wohin der berufliche Weg gehen soll. Durch eine soziale Pflichtzeit haben sie ausreichend Zeit, über ihre berufliche Zukunft nachzudenken. Außerdem lernen Sie ein Berufsfeld gut kennen, knüpfen Kontakte und können besser einschätzen, ob sie sich eine Ausbildung oder ein Studium in diesem Bereich vorstellen können.

[Inhaltspunkt 1: Beispiel geben]
So kann es beispielsweise vorkommen, dass ein junger Mensch die soziale Pflichtzeit in einem Pflegeheim verbringt und feststellt, dass er sehr gut mit älteren Menschen umgehen kann und ihm diese Tätigkeit große Freude bereitet – und er dann vielleicht eine Ausbildung zur Pflegefachkraft anschließt.

[Inhaltspunkt 2: Argumente für eine soziale Pflichtzeit]
Ein anderer Aspekt so einer sozialen Pflichtzeit ist der Dienst an der Gesellschaft. In vielen Bereichen funktioniert der reibungslose Ablauf nur mit freiwilligen Kräften. In Kliniken und Altenheimen fehlen zum Beispiel Pflegekräfte und hier werden viele Leute gebraucht, die einfache, aber ganz wichtige Aufgaben übernehmen könnten, wie z. B. Essen austragen, vorlesen und Gesellschaft leisten, Unterstützung bei der Körperpflege und vieles andere mehr. Auch die Feuerwehr oder das Technische Hilfswerk sind Organisationen, die auf Unterstützung angewiesen sind. Sie sind selbst im Dienst für das Allgemeinwohl unterwegs und können ihre Arbeit gar nicht ohne Freiwillige bewältigen. Die jungen Menschen lernen so auch, dass sich nicht alles um das persönliche Wohlergehen dreht, sie leisten Dienste für andere Menschen. Das ist sicherlich auch ein gutes Gefühl für sie selbst und ein positives Signal für andere.

[Inhaltspunkt 3: Alternativen zur sozialen Pflichtzeit]
Alternativ könnten Schülerinnen und Schüler zu diesem Zweck schon während ihrer Schulzeit kleine soziale

Dienste übernehmen, wie Besorgungen für ältere Menschen in ihrer Umgebung machen, kollektive Müllsammelaktionen in Stadtparks oder freiwillige Nachhilfe für lernschwächere Kinder anbieten. Außerdem gibt es in Deutschland auch die Möglichkeit, ein sogenanntes Freiwilliges Soziales Jahr zu machen. Und das nutzen viele junge Leute auch aus ganz unterschiedlichen Gründen. Jedoch deckt die Zahl der Freiwilligen nicht den immens hohen Bedarf im sozialen Bereich, was unter anderem ein Grund für die Einführung einer sozialen Pflichtzeit ist.

[Inhaltspunkt 4: Vorschlag für Fachkräftemangel]
Allerdings bin ich der Meinung, dass es anderer Maßnahmen bedarf, um dem Fachkräftemangel im sozialen Bereich entgegenzuwirken. Die Politik muss die Arbeitsbedingungen in vielen sozialen Berufen deutlich verbessern, um diese Tätigkeiten einfach attraktiver für die Leute zu machen. Eine andere Möglichkeit wäre, verstärkt Fachkräfte aus dem Ausland anzuwerben. Das wird auch teilweise schon gemacht, aber hier gilt es, Hindernisse und bürokratische Hürden abzubauen, sodass noch mehr qualifizierte Arbeitskräfte nach Deutschland kommen können.

[Fazit und Schluss]
Natürlich kann man auch Gründe finden, die gegen die soziale Pflichtzeit sprechen. Manche mögen argumentieren, dass den jungen Leuten dadurch Zeit und Geld verloren geht – gerade im Hinblick auf die Rente ist das natürlich ein berechtigter Einwand. Ich bin allerdings der Meinung, dass die Vorteile einer sozialen Pflichtzeit klar überwiegen und denke, dass sich nicht genügend junge Menschen dazu entschließen würden, wenn sie nicht verpflichtend für alle wäre. Damit bin ich am Ende meines Vortrags angekommen und bedanke mich für die Aufmerksamkeit.

Mögliche Fragen und Antworten zum Vortrag:
Frage 1: Ich bin mir nicht ganz sicher, ob ich richtig verstanden habe, warum Sie für die Pflichtzeit sind. Könnten Sie das noch einmal kurz erklären?
Antwort: Ja gern. Also ich bin für ein Pflichtjahr, weil ich es gut finde sowohl für die jungen Menschen, die lernen, dass man der Gesellschaft etwas geben sollte und nicht nur nehmen ... Vielleicht bekommt der junge Mensch auch in der Zeit eine Idee für seinen späteren Beruf. Und natürlich ist es auch gut für die Gesellschaft, die Unterstützung in sozialen Berufen bekommt.
Frage 2: Haben Sie persönlich Erfahrung mit sozialer Arbeit?
Antwort: Ja, ich arbeite gelegentlich zwei bis drei Stunden pro Woche als sogenannte grüne Tante im Kinderkrankenhaus und bespaße kranke Kinder. Ich lese ihnen vor, mache kleine Spaziergänge im Park oder Gesellschaftsspiele mit ihnen, vertreibe ihnen also ein wenig die Zeit.

Sprechen Teil 2 – Üben

1 Markierungen: a Ich bin mir sicher, dass; b Na ja, ich weiß nicht; c Sie haben zwar recht, dass ..., aber; d Ich sehe das etwas anders; e Da stimme ich dir völlig zu; f Wie sehen Sie das?; g Ich bin da ganz deiner Meinung; h Ich muss Ihnen da widersprechen; i Ich bin der Überzeugung, dass; j Ich befürworte ..., weil; k Man darf allerdings nicht vergessen, dass; l Ich finde das nicht überzeugend; m In meinem Heimatland sieht die Situation sehr ähnlich aus

2 seine Meinung ausdrücken: Ich bin mir sicher, dass; Ich bin der Überzeugung, dass; seine Meinung begründen: Ich befürworte ..., weil; zustimmen: Da stimme ich dir völlig zu; Ich bin da ganz deiner Meinung; widersprechen: Ich sehe das etwas anders; Ich muss Ihnen da widersprechen; Ich finde das nicht überzeugend; Einwände äußern: Sie haben zwar recht, dass ..., aber; Man darf allerdings nicht vergessen, dass; Zweifel äußern: Na ja, ich weiß nicht; auf die Situation im Heimatland eingehen: In meinem Heimatland sieht die Situation sehr ähnlich aus; nach der Meinung des anderen fragen: Wie sehen Sie das?

3 2 Ich halte das für richtig, weil; die eigene Meinung ausdrücken; 3 Ich kann Ihnen nur teilweise zustimmen; widersprechen; 4 Ich glaube; die eigene Meinung ausdrücken; 5 Ich verstehe, was Sie meinen, aber; Einwände äußern; 6 Da bin ich anderer Meinung; widersprechen; 7 Es trifft sicher zu, dass ..., allerdings; Einwände äußern; 8 Wie stehen Sie dazu?; nach der Meinung des anderen fragen; 9 Wie ich das sehe; die eigene Meinung äußern

5a Mögliche Lösung: 1 Ganz im Gegenteil. Gerade wenn man unter der Woche jeden Tag viel arbeitet, sollte man sich am Sonntag ausruhen und nicht auch noch mit Einkaufen beschäftigt sein.; 2 Ich teile deine Sichtweise. Der Einzelhandel ist ein anstrengender Arbeitsbereich, und das Personal sollte nicht noch stärker belastet werden.; 3 Das stimmt doch nicht. Die Kundinnen und Kunden haben insgesamt nicht mehr Geld zur Verfügung, das sie ausgeben können.; 4 Das ist richtig. Wir brauchen mehr Freiheit für die Wirtschaft und weniger staatliche Vorschriften.

6 Vorteile von Bargeld: Anonymität beim Bezahlen; Funktion unabhängig von Strom und Internet; Bezahlung nicht mit Gebühr verbunden; sparsameres Konsumverhalten; kein Diebstahlrisiko von Bankdaten; besserer Überblick über die Ausgaben; Nachteile von Bargeld: Möglichkeit der Fälschung; mehr Platzbedarf im Portemonnaie; Notwendigkeit von Bankautomat; ohne Münzen und Scheine praktischer für Geschäfte; Möglichkeit von Diebstahl oder Verlieren; Erleichterung von Geldwäsche und Schwarzarbeit

7a Individuelle Lösung, Beispiellösung in **7c**

8a Individuelle Lösung

9a Individuelle Lösung

10a 1b, 2f, 3a, 4e, 5d, 6c

10b 1 Person A fragt Person B nach ihrer Meinung, Person B antwortet ausführlicher; 2 Person B hinterfragt die Meinung von Person A sachlich und begründet die eigenen Zweifel; 3 Person B bittet darum, ausreden zu dürfen; Person A entschuldigt sich und hört Person B zu; beide gehen auf die Argumente der anderen Person ein; 4 Person B weist Person A darauf hin, dass die Äußerung nicht zum Thema gehört und führt die Diskussion wieder zum Thema zurück; 5 Person A fordert Person B auf, auf das geäußerte Argument zu reagieren; Person B kommt der Aufforderung nach; beide gehen auf die Argumente der anderen Person ein; 6 Person B bittet Person A darum, auch zu Wort zu kommen; Person B unterbricht Person A höflich, um auf die geäußerten Argumente zu reagieren

Modelltest 2

Modul Lesen

Teil 1: 1a, 2c, 3b, 4b, 5d, 6d, 7c, 8a
Teil 2: 9b, 10c, 11b, 12a, 13b, 14b, 15a
Teil 3: 16g, 17h, 18c, 19a, 20e, 21b, 22f, 23j
Teil 4: 24 0, 25 a, 26 b, 27 0, 28 c, 29 c, 30 a

Modul Hören

Teil 1: 1a, 2b, 3c, 4c, 5a, 6a
Teil 2: 7a, 8b, 9a, 10a, 11b, 12b, 13a, 14c, 15b
Teil 3: 16c, 17a, 18b, 19c, 20b, 21c, 22b, 23c
Teil 4: 24c, 25a, 26a, 27c, 28b, 29c, 30a

Modul Schreiben

Teil 1

Beispiellösung:
Nach einigen Jahren im Beruf wünschen sich viele Berufstätige ein Sabbatjahr: Für ein paar Monate, ein halbes oder gar ein ganzes Jahr möchten sie eine Auszeit vom Job nehmen.

Die einen von uns packt das Fernweh, sie wollen fremde Länder bereisen und so den eigenen Horizont erweitern. Andere wollen die freie Zeit nutzen, um sich auszuruhen, um sich fortzubilden oder um sich ehrenamtlich zu engagieren.

Sinnvoll ist ein Sabbatjahr meiner Meinung nach für alle. Bis jetzt sind Arbeitgeber allerdings nicht dazu verpflichtet, ein Sabbatjahr zu gewähren. Das sollte sich ändern, denn die Anforderungen im Berufsleben steigen. Technische Innovationen verlangen von den Berufstätigen die Bereitschaft, ständig Neues zu lernen. Hinzu kommt, dass regelmäßig Überstunden gemacht werden. Stress und Zeitdruck nehmen zu und infolgedessen erkranken immer mehr Menschen an Burnout. Wenn Berufstätige eine Auszeit nehmen können, tut das nicht nur ihrer Gesundheit gut, sondern erhöht auch die Motivation bei der Arbeit.

Selbstverständlich muss eine solche Auszeit finanziert werden. Wenn ein Sabbatjahr genommen wird, um sich fortzubilden oder eine neue Sprache zu lernen, sollte der Arbeitgeber den Mitarbeiter oder die Mitarbeiterin finanziell unterstützen, denn er wird später von den Kenntnissen profitieren. Eine andere Möglichkeit wäre ein Arbeitszeitkonto: Überstunden oder Urlaub, der nicht genommen wurde, werden auf diesem Konto gespart.

Wenn die finanziellen Fragen geklärt sind, stellt sich die Frage, wie man die freie Zeit sinnvoll gestalten kann. Auch wer im Sabbatjahr eine Weltreise macht, sollte sich Zeit zum Nachdenken nehmen: Was will ich nach meiner Rückkehr im Job anders oder besser machen?

Man sollte in dieser Zeit vor allem lernen, wie man in Zukunft Stress abbaut und im Job gesund bleibt.

Man kann daher nur hoffen, dass Firmen den Nutzen von einer Auszeit erkennen, denn langfristig profitieren auch sie davon.

Teil 2

Beispiellösung:
Sehr geehrte Frau Brandt,
die Firmenleitung hat in den letzten Monaten schon mehrfach mitgeteilt, dass die Geschäfte zurzeit nicht gut laufen und Einsparungen notwendig sind. Natürlich haben alle Mitarbeitenden ein großes Interesse am Fortbestand der Firma und sind auch bereit, die notwendigen Maßnahmen mitzutragen. Ihr Plan, die Betriebskantine zu schließen, stößt allerdings in der Belegschaft auf Kritik, da die Teeküchen kein geeigneter Ersatz zur Einnahme einer Mittagsmahlzeit sind. Wir sind ein großes Unternehmen und in den Teeküchen würden nur wenige Mitarbeitende mittags überhaupt Platz finden. Da es auch in der Umgebung keine passenden Orte für das Mittagessen gibt, ist zu vermuten, dass viele Kolleginnen und Kollegen sich darauf beschränken würden, mittags ein Brötchen an ihrem Schreibtisch zu essen. Das ist jedoch mit den Ansprüchen an eine gesunde Ernährung nicht zu vereinbaren. Außerdem würde darunter die Arbeitsatmosphäre leiden. Im Gegensatz dazu fördert ein gemeinsames Mittagessen den Austausch und Zusammenhalt unter den Kollegen. Darüber hinaus steigt die Loyalität zum Arbeitgeber, wenn die Mitarbeiter sich gut versorgt fühlen. Anstatt die Kantine abzuschaffen, könnten die Preise um 30 % erhöht werden. So wäre die Kantine weiterhin finanzierbar.
Bitte denken Sie über meinen Vorschlag nach.
Mit freundlichen Grüßen
((Name))

Modul Sprechen

Teil 1 | Vortrag halten

32 Hier können Sie ein Beispiel für eine mündliche Prüfung hören. Das Transkript des Prüfungsbeispiels finden Sie digital.

Teil 2 | Diskussion führen

33 Hier können Sie ein Beispiel für eine mündliche Prüfung hören. Das Transkript des Prüfungsbeispiels finden Sie digital.

Grammatische Strukturen

1 Nominalisierung

2 1 Anlage, Einsatz; 2 Bekanntheit; 3 hat die Fähigkeit …; 4 …, die für die nachhaltige Bewirtschaftung der Anbauflächen notwendig sind.; 5 Genitiv

3 2 Der Versuch vieler Nutzerinnen und Nutzer zu klären, wie Carbon Farming am wirkungsvollsten funktioniert, …
3 Die kontinuierliche Prüfung des Bodens, ob sein Kohlendioxidgehalt steigt, …
4 Die Experimente/das Experimentieren der Landwirtinnen und Landwirte mit verschiedenen Methoden und Anbauprodukten …

4 2 Die Zersetzung sämtlicher Gartenabfälle durch Mikroben beim Carbon Farming …
3 Die Verteilung des so entstandenen Komposts auf dem Land als Dünger durch die Landwirtinnen und Landwirte …
4 Der Einsatz geeigneter Materialien durch die Landwirtinnen und Landwirte …

5 1 Die Bewerbung interessierter Landwirtinnen und Landwirte um finanzielle Unterstützung bei …
2 Die gegenseitige Unterstützung der Landwirtinnen und Landwirte mit Informationen über die neusten Entwicklungen …
3 Die Beantwortung möglicher Fragen zur Umstellung auf eine regenerative Landwirtschaft in Foren …
4 Die sehr lange und schrittweise Arbeit an einer Umstellung des Betriebs durch einzelne Landwirtinnen und Landwirte …

6 1 Wir haben die Pflicht, das Kohlendioxid auf Dauer aus unserer Atmosphäre zu entfernen.
2 Die Politik hat das Gebot, auch unliebsame Maßnahmen …
3 Es gibt die Empfehlung, dass möglichst viele Landwirtinnen und Landwirte ihre Betriebe auf regenerative …
4 Mit dem Einsatz besteht die Möglichkeit, den Kohlenstoffgehalt …
5 Einige Landwirtinnen und Landwirte haben den Wunsch/Plan, ihre Betriebe aus …
6 Gerade junge Menschen haben wieder die Vorliebe für eine näher an der Natur orientierte …

7 2 … nur, wenn/falls sie Erfolg haben, lohnt sich der Betrieb.
3 Viele Landwirtinnen und Landwirte haben die Folgen des Klimawandels in den letzten Jahren bereits zu spüren bekommen, weil/da es zahlreiche Dürren gab.
4 Als es länger nicht regnete, mussten die Landwirtinnen und Landwirte Futter für ihre Tiere teuer dazu kaufen; …
5 Weil es diese klimatischen und wirtschaftlichen Veränderungen gibt, sind viele …
6 Obwohl es zahlreiche gelungene Projekte gibt, ist die regenerative Landwirtschaft …

8 1 Während des Unterpflügens in den Boden müssen die Landwirtinnen und Landwirte den Boden regelmäßig kontrollieren.
2 Vor der Umstellung auf Carbon Farming muss jede Bäuerin / jeder Bauer eine persönliche Kosten-Nutzen-Rechnung für den eigenen Hof aufstellen.
3 Für ihre Böden brauchen die Bäuerinnen und Bauern im konventionellen Landbau trotz der stetig steigenden Preise Stickstoffdünger.

2 Passiv und Passiversatz

1 wird … kritisiert; nachgeholt werden muss; werden geäußert

2 1 werden, worden;
2 von
3 Partizip Perfekt (Partizip 2), werden

3 2 An den Universitäten werden Lateinkurse angeboten.
3 Von einigen Hochschulen werden in den Semesterferien Lateinkurse durchgeführt. / In den Semesterferien werden von einigen Hochschulen Lateinkurse durchgeführt. / Von einigen Hochschulen werden in den Semesterferien Lateinkurse durchgeführt.
4 Die Lateinkurse werden mit einer schriftlichen Prüfung abgeschlossen.
5 Für den Sprachnachweis muss auch eine mündliche Prüfung abgelegt werden.
6 Spätestens bis zum Bachelor müssen Lateinkenntnisse nachgewiesen werden.
7 Für medizinische Studiengänge werden von den Hochschulen heute keine Lateinkenntnisse mehr verlangt.

4 1 Im Mittelalter sind wissenschaftliche Texte nur auf Latein veröffentlicht worden.
2 Bis ins 19. Jahrhundert sind in Deutschland Vorlesungen auf Latein gehalten worden.
3 Früher haben Lateinkenntnisse schon bei der Einschreibung an der Universität vorgelegt werden müssen.
4 Bis vor einigen Jahren wurden auch von zukünftigen Ärzten und Juristen Lateinkenntnisse erwartet.
5 In den 60er Jahren des 20. Jahrhunderts ist Englisch an den meisten Schulen als erste Fremdsprache eingeführt worden.
6 An einigen Hochschulen ist das Latinum auch für geisteswissenschaftliche Bachelor-Studiengänge abgeschafft worden.
7 Studierende der Human- und Zahnmedizin müssen an Terminologie-Kursen teilnehmen, in denen die medizinische Fachsprache erworben wird.

5 lassen sich … vermitteln

6 Antwort b

7 2 In Ferienkursen lassen sich schulische Lateinkenntnisse auffrischen.
3 Für ein Festhalten am traditionellen Latinum lassen sich gute Argumente anführen.
4 Die Qualität des Lateinunterrichts lässt sich sicherlich noch verbessern.
5 Neuerdings lassen sich Lateinkenntnisse auch in Online-Kursen erwerben.
6 Mithilfe von Lateinkenntnissen lassen sich Fremdwörter im Deutschen besser verstehen.

8 1 a, 2 b

9 2 Bei der Anmeldung zum Sprachkurs ist eine Gebühr zu bezahlen.
3 Mithilfe von Lateinkenntnissen ist die medizinische Terminologie schneller zu lernen.
4 In vielen Fächern sind wissenschaftliche Artikel auf Englisch zu verfassen.
5 Die Englischkenntnisse von Studierenden an deutschen Hochschulen sind durch Sprachkurse zu fördern.
6 Sprachliche Defizite sind vor Beginn des Studiums in Feriensprachkursen zu beheben.

10 Antwort a

11 2 Viele Abfälle sind wiederverwertbar.
3 Die hohen Mieten in den Großstädten sind nicht bezahlbar/sind unbezahlbar.
4 Das Buch ist innerhalb von einer Woche lieferbar.
5 Das ist leicht nachprüfbar.
6 Primzahlen sind nur durch sich selbst und 1 teilbar.
7 Er war nach der Operation sofort ansprechbar.
8 Das ist nicht vorstellbar/unvorstellbar.

12 2 Meine Kollegin ist unersetzlich.
3 Ein solches Verhalten ist unverständlich.
4 Dieses Ereignis ist unvergesslich.
5 Du bist im Büro unentbehrlich.
6 Sein Reichtum ist unermesslich.
7 Die hohen Temperaturen sind unerträglich.

13 1 Im Fremdsprachenunterricht sind verstärkt digitale Medien einzusetzen.
2 Allerdings sind nicht alle Schwierigkeiten im Fremdsprachenunterricht durch verstärkten Medieneinsatz lösbar.
3 Meiner Meinung nach lässt sich die Person des Lehrers oder der Lehrerin nicht durch Online-Programme ersetzen.
4 An den Hochschulen sollte mehr Wert auf Auslandspraktika und Auslandssprachkurse gelegt werden.

3 Verweiswörter

1 Bei sportlicher Aktivität erhöht sich der Blutfluss ins Gehirn und die Durchblutung ist dort gesteigert. Auch die Konzentration der Botenstoffe verändert sich. Hierfür ist der Neurotransmitter Serotonin ein spannendes

Beispiel. Wenn wir Sport treiben, führt das im Gehirn zu einem Anstieg an Serotonin. Dieser wirkt gedächtnisfördernd, angstlösend und stimmungsaufhellend. Dadurch kann Sport bei leichter bis mittelgradiger Depression genauso wirksam sein wie Antidepressiva. Die Forscher sind sich jedoch darüber einig, dass die Veränderung der Botenstoffe im Gehirn nicht nachhaltig ist. Eine Stunde nach dem Ende der sportlichen Betätigung sinkt der Serotoninanstieg nämlich wieder. Die Wissenschaftler gehen aber davon aus, dass Menschen, die regelmäßig ihre Ausdauer trainieren, mehr Rezeptoren bilden, wodurch wiederum mehr Serotonin ausgeschüttet wird.
Durch Training lassen sich außerdem nicht nur Muskeln, sondern auch das Nervengewebe stimulieren. Dafür ist das Protein BDNF entscheidend. Es ist für den Schutz und das Wachstum von Nervenzellen im Gehirn zuständig. Durch körperliche Aktivität – hierbei sind schon 20 bis 40 Minuten Ausdauertraining täglich ausreichend – erhöht sich die BDNF-Konzentration um mehr als 30 Prozent. Inaktivität führt dagegen zu einem Rückgang derselben von 13 Prozent. Der BDNF-Anstieg unterstützt die Neubildung von Nervenzellen im Hippocampus und damit unser Gedächtnis.

2

Verweiswörter	**Beispiele**	**Erklärung**
Pronomen		
Personalpronomen	er, es, sie, sie	stehen in der 3. Person stellvertretend für ein Nomen
Demonstrativ-pronomen	der/die/das/die	um eine Person oder Sache stärker zu betonen; stehen oft an Position 1 im Satz *der* … → um Wiederholungen zu vermeiden
	dieser/diese/dieses/diese	*dieser* … → wenn eine Person oder Sache zeitlich oder räumlich näher ist
	jener/jene/jenes/jene	*jener* … → wenn eine Person oder Sache zeitlich oder räumlich entfernter ist
	derjenige/diejenige/dasjenige/ diejenigen	*derjenige* … → wenn danach in einem Relativsatz weitere Informationen folgen
	derselbe/dieselben/dasselbe/dieselben/derselben	*derselbe* → betont die Übereinstimmung einer Sache oder Person mit einer zuvor genannten
Adverbien		
lokal	da, hier, dort	verweist auf einen zuvor genannten Ort
temporal	dann, damals	verweist auf einen zuvor genannten Zeitpunkt oder Zeitraum
modal	so	verweist auf eine zuvor genannte Art und Weise
Präpositionaladverbien		
da(r)+ Präposition	darauf, dazu, dadurch, darüber, davon, dafür, damit	Ersatz einer lokalen, temporalen oder modalen Ergänzung; Ersatz einer präpositionalen Ergänzung von Verben, Nomen und Adjektiven; verweist auf etwas zuvor oder anschließend Genanntes; bezieht sich auf Sachen oder Sachinhalte, nicht auf Personen
wo(r)+ Präposition	worauf, wozu worüber, wovon, wodurch	
hier+ Präposition	hierauf, hierzu, hierüber, hiervon, hierfür, hierbei	

Regel: Verbindungen, Rückverweis, Vorverweis, Textabschnitt

3 2 Das, 3 Diese, 4 jenes, 5 er, 6 Das, 7 Diejenigen, 8 dasselbe, 9 jener

4 2 dort/da, 3 Dort/Da, 4 dann, 5 so, 6 damals

5 2 dadurch, 3 danach, 4 Dafür, 5 Dadurch, 6 dafür, 7 davon, 8 darauf, 9 davon, 10 darum

6 Mögliche Umformung: 2 Körperliche Aktivität trägt dazu bei, die geistige Gesundheit zu verbessern. 3 Schwimmen hat eine positive Auswirkung darauf, Muskeln aufzubauen. 4 Fahrradfahren führt dazu, dass Herz und Kreislauf gestärkt werden. 5 Tanzen ist nützlich dafür, Koordination und Gleichgewicht zu trainieren. 6 Tägliche Bewegung schützt den Körper davor, krank zu werden. 7 Sportliche Aktivität im Freien sorgt dafür, dass das Immunsystem gestärkt wird. 8 Sport ist eine gute Möglichkeit dafür, das seelische Gleichgewicht wiederherzustellen. 9 Eine nachhaltige Wirkung von Sport ist abhängig davon, dass man kontinuierlich trainiert.

7 2 Untersuchungen sprechen für die Bevorzugung abwechslungsreicher Bewegung. 3 Es herrscht kein Konsens über die unterschiedliche Auswirkung verschiedener Sportarten. 4 Doch es gibt Empfehlungen zur Verringerung des Risikos für Erkrankungen des Gehirns. 5 Das Risiko für das Erleiden kognitiver Einbußen im Alter ist bei regelmäßigem Sport geringer.

8 2 dazu, 3 dabei, 4 wodurch, 5 so, 6 Dazu, 7 Diese, 8 dabei, 9 Das

9 2 Dabei/Dafür, 3 sie, 4 Sie, 5 Dazu, 6 Diese, 7 Dabei/So/ Dadurch, 8 Das

4 Zweiteilige Konnektoren

1 1 proportionales Verhältnis
2 Gegengrund/Einschränkung (Beispiel)
3 Gegengrund/Einschränkung
4 Aufzählung
5 negative Aufzählung
6 Aufzählung
7 Alternative
8 Gegengrund/Einschränkung

2 Regel 1: nach, Konnektor 2
Regel 2: Subjekt, Verb
Regel 3: Satzmitte, Subjekt/Verb, Verb/Subjekt
Regel 4: vor, Satzmitte

3 2 Sowohl in den Niederlanden als auch in Schweden werden wieder neue Atomkraftwerke gebaut.
3 Sowohl Kohlekraftwerke als auch Gaskraftwerke/ Sowohl Kohle- als auch Gaskraftwerke produzieren zu viel klimaschädliches CO_2.
4 Sowohl der Transport als auch die Lagerung von radioaktiven Abfällen stellen ein großes Problem dar.
5 Sowohl die Preise für Gas als auch (die Preise) für Öl/ Die Preise sowohl für Gas als auch für Öl sind in den letzten Jahren massiv gestiegen.
6 Der derzeitige Energiebedarf kann weder durch Solar- noch durch Windenergie/weder durch Solarenergie noch durch Windenergie gedeckt werden.
7 Sowohl Regierungen als auch die Bürgerinnen und Bürger müssen ihren Beitrag zum Klimaschutz leisten.
8 Ein Umdenken in der Energiepolitik ist sowohl aus wirtschaftlichen als auch aus ökologischen Gründen dringend notwendig.

4 2 Es gibt nicht nur die Möglichkeit, zu Ökostrom zu wechseln, sondern man kann auch eine Fotovoltaikanlage auf dem Dach installieren.
3 Man sollte nicht nur weniger fossile Brennstoffe verbrauchen, sondern auch Produkte meiden, die aus Erdöl hergestellt werden.
4 Beim Einkaufen sollte nicht nur auf regionale Produkte geachtet werden, sondern man sollte auch Lebensmittel aus biologischer Landwirtschaft kaufen.
5 Man sollte nicht nur seinen Fleischkonsum reduzieren, sondern (man sollte) auch auf tierische Fette wie Butter verzichten.
6 Man spart langfristig viel Geld, wenn man nicht nur stromsparende Elektrogeräte kauft, sondern auch auf langlebige Qualitätsprodukte achtet.
7 Wenn Verbraucher/innen auf Fertigprodukte verzichten, ist das nicht nur gesünder, sondern man spart auch Energie für Herstellung und Transport.
8 Man sollte seine Kleidung nicht nur bei niedrigen Temperaturen waschen, sondern (man sollte) auch auf einen Wäschetrockner verzichten.

5 2 Weder Gasheizungen noch Ölheizungen sind klimaneutral.
3 Zum Duschen braucht man weder Duschgels in aufwendigen Verpackungen noch sollte man das Wasser die ganze Zeit laufen lassen.
4 Man sollte weder Fertigprodukte noch Lebensmittel mit langen Transportwegen kaufen.
5 Energiesparen bedeutet weder, dass man im Winter frieren muss, noch, dass man im Dunkeln sitzen muss.
6 Um klimaneutral zu leben, braucht man weder viel Geld auszugeben noch muss man auf gewohnten Komfort verzichten.

6 1 sowohl … als auch (Beispiel)
2 nicht nur … sondern auch
3 Wenn auch … so
4 entweder … oder
5 zwar …, aber
6 einerseits … andererseits
7 sowohl … als auch
8 zwar … aber
9 weder … noch

7 2 Man muss zwar im Winter nicht frieren/Zwar muss man im Winter nicht frieren, man kann aber die Heizung runterdrehen und einen Pullover anziehen/aber man kann die Heizung runterdrehen und einen Pullover anziehen.
3 Einerseits machen sich die Menschen Sorgen ums Klima. / Die Menschen machen sich einerseits Sorgen ums Klima. Andererseits fällt es ihnen schwer, ihren Lebensstil zu ändern. / Es fällt ihnen andererseits schwer, ihren Lebensstil zu ändern.
4 Die Erderwärmung kann zwar nicht rückgängig gemacht werden/Zwar kann die Erderwärmung nicht rückgängig gemacht werden, aber man muss alles tun, um einen weiteren Temperaturanstieg zu verhindern.
5 Wenn auch die Industrie das meiste klimaschädliche CO2 produziert, so müssen die Bürgerinnen und Bürger ebenfalls ihren Energieverbrauch reduzieren.
6 Einerseits ruft man die Bürger zum Energiesparen auf/Einerseits ruft man die Bürger zum Energiesparen auf, andererseits erwartet man von Berufstätigen mehr Mobilität und die Bereitschaft, weite Wege zur Arbeit in Kauf zu nehmen/man erwartet andererseits von Berufstätigen mehr Mobilität und die Bereitschaft, weite Wege zur Arbeit in Kauf zu nehmen.

8 2 Je niedriger die Temperatur in den Räumen ist, desto mehr Geld sparen wir.

3 Je teurer Flugtickets werden, desto weniger Menschen reisen mit dem Flugzeug in den Urlaub.
4 Je mehr Atomkraftwerke gebaut werden, desto mehr radioaktive Abfälle entstehen.
5 Je schneller man die erneuerbaren Energien ausbaut, desto früher kann man Kohlekraftwerke abschalten.
6 Je mehr fossile Brennstoffe man verbraucht, desto höher steigt die globale Temperatur.
7 Je heißer die Sommer werden, desto schlechter sind die Ernten der Landwirte.
8 Je öfter wir auf öffentliche Verkehrsmittel umsteigen, desto besser wird die Luft in unseren Städten.

5 Indirekte Rede und Redewiedergabe

1 seien; geweckt würden; habe; guttue; hätten; kenne; getan habe; schlafen könnten; würden … leiden; wolle … verzichten; beschlossen hätten

2 1 Person, Neutralität
2 3. Person Singular, Verbstamm
3 Konjunktiv 2; würd-, Infinitiv, Konjunktiv 1
4 Partizip Perfekt (Partizip 2)
5 Personalpronomen
6 dass, Fragewort

3 1 sei, zusammenkomme
2 treffe, führe, mache
3 seien, bekämen/bekommen würden
4 könne, bedeute
5 seien, hätten, könnten

4 2 Mein Kollege ist der Meinung, dass die Rücksichtslosigkeit im Straßenverkehr zunehme. Es seien aber nicht nur die Autofahrer, die sich rücksichtslos verhalten würden/verhielten. Auch von Radfahrern und Fußgängern würden oft die Verkehrsregeln nicht beachtet.
3 Meine Schwester fragt sich, warum in den Zeitungen immer nur über Katastrophen und Unfälle berichtet werde. Gebe es keine positiven Nachrichten, über die man berichten könne?
4 Meine Professorin sagt, dass sie sich sehr ärgere, wenn Studierende nicht zur Sprechstunde kämen/kommen würden, obwohl sie einen Termin hätten. Das könne sie nicht verstehen.
5 Eine Kommilitonin von mir findet, dass die Hörsäle an unserer Universität zu klein seien. Deshalb habe sie keine Lust mehr, zu Vorlesungen zu gehen, und schaue sich lieber die aufgezeichnete Vorlesung im Internet an.
6 Eine bekannte Tierschützerin sagt, dass es ein Skandal sei, dass die Tierheime nach Weihnachten überfüllt seien. Viele Menschen würden ihren Kindern Haustiere schenken, ohne darüber nachzudenken, ob sie ein Tier auch angemessen versorgen könnten.

5 1 habe … verloren; sei … gekommen; gehabt habe
2 sei … gereist; sei … gelandet; sei … gefahren; habe gesucht; habe … gewandt/gewendet; habe … aufklären können.
3 durchgeführt hätten; habe … gearbeitet; seien … befragt worden; habe … erhoben; habe … zusammengefasst

6 Text 1: Wie Untersuchungen zeigten; so die Forschenden
Text 2: Laut einer amerikanischen Studie – So die Wissenschaftler; Einer anderen Studie zufolge
Text 3: Nach einer Langzeitstudie; Nach Ansicht der Forschenden

7 1 Dativ, Indikativ, nach
2 Satzmitte, vor, Indikativ

8 2 Einer Umfrage zufolge sind 28 Prozent der Menschen in Deutschland mit ihrem Leben sehr zufrieden.
3 Nach einem Zeitungsbericht können sich Leserinnen und Leser von fiktionalen Geschichten nicht nur besser ausdrücken, sondern zeigen auch mehr Empathie und haben weniger Vorurteile.
4 Laut dem Gesundheitsminister/Laut einer Erklärung des Gesundheitsministers haben psychische Erkrankungen wie Depressionen und Angststörungen in den letzten Jahren zugenommen.
5 Forschenden zufolge können Farben anders als früher angenommen unsere Emotionen merklich beeinflussen.
6 Nach Angaben der Polizei hat die Gewaltbereitschaft gegenüber Polizeibeamten zugenommen.

9 2 Wie aus einer Statistik hervorgeht/Wie eine Statistik zeigt, ist die Lebenszufriedenheit in Hamburg und Schleswig-Holstein am höchsten …
3 Die Menschen in Deutschland machen sich um steigende Lebenshaltungskosten die meisten Sorgen, so eine aktuelle Umfrage. / Die Menschen in Deutschland, so eine aktuelle Umfrage, machen sich um steigende Lebenshaltungskosten die meisten Sorgen.
4 Wie aus einem Fernsehbericht hervorgeht/Wie das Fernsehen berichtet/Wie ein Fernsehbericht zeigt, sind Umweltverschmutzung und Klimawandel die größte Sorge von Jugendlichen in Deutschland.
5 Das menschliche Gehirn, so der Neurologe Manfred Spitzer, ist im Glückszustand besonders lernfähig und bereit, Neues zu lernen. / Das menschliche Gehirn ist im Glückszustand besonders lernfähig und bereit, Neues zu lernen, so der Neurologe Manfred Spitzer.
6 Wie Studien zeigen/Wie aus Studien hervorgeht, steigert ein Aufenthalt in der Natur unser Glücksempfinden.

6 Partizipialattribute

Partizipien als Adjektive

1 Nach einem Erdbeben setzen Rettungstrupps oft ausgebildete Suchhunde ein, um verschüttete Personen unter den Geröllteilen aufzuspüren. In solchen herausfordernden Situationen kommen jedoch nicht nur Hunde, sondern auch Ratten zum Einsatz. Da sie kleiner sind, können sie sich noch besser als Hunde durch das Geröll bewegen. Eine Nichtregierungsorganisation in Tansania hat in einem anderen Bereich schon jahrelange Erfahrung mit trainierten Riesenhamsterratten. In dem afrikanischen Land suchen die Tiere in ehemaligen Kriegsgebieten nach versteckten Landminen. Die berühmteste dieser Ratten hat schon 39 Landminen und 28 nicht explodierte Sprengkörper gefunden. Für ihre zahlreichen gelungenen Hilfseinsätze wird sie dieses Jahr mit einer Medaille ausgezeichnet.

2 herausfordernde Situationen → Situationen, die herausfordern; ausgebildete Suchhunde → Suchhunde, die ausgebildet wurden; ihre gelungenen Hilfseinsätze → ihre Hilfseinsätze, die gelungen sind;

3 2 Passiv; Riesenhamsterratten, die trainiert wurden 3 Passiv; Landminen, die versteckt sind 4 Aktiv; Sprengkörper, die nicht explodiert sind 4 Aktiv; Personen, die sich verstecken 5 Aktiv; Hilfseinsätze, die gelingen

4 2 die sich verändernde Situation, die veränderte Situation 3 die sinkende Zahl der Erdbeben, die gesunkene Zahl der Erdbeben 4 die ankommenden Hilfskräfte, die angekommenen Hilfskräfte 5 die sich konzentrierenden Rattentrainer, die konzentrierten Rattentrainer 6 die nicht explodierenden Sprengkörper, die nicht explodierten Sprengkörper

5 2 Das trifft jedoch nicht auf Rettungsratten zu, die ausgebildet sind. 3 Die mutigen Tiere arbeiten in Gebieten, die vermint sind, und suchen dort nach Sprengkörpern. 4 Mit ihrem Geruchssinn, der beeindruckt, erschnüffeln die Ratten den Sprengstoff.

6 2 Vor ihrem Einsatz in Krisengebieten durchlaufen die ausgewählten Ratten ungefähr dreißig Trainingseinheiten. 3 Bei dem Training lernen sie, auf einen piependen Signalton zu reagieren.
4 Wenn sie den Ton hören, laufen sie zu ihrem wartenden Trainer zurück. 5 Als Belohnung erhalten sie pulverisierte Rattenpellets.

7 2 Manche Ratten, die hervorstechen, brauchen weniger Trainingseinheiten. Manche hervorstechende(n) Ratten brauchen weniger Trainingseinheiten. 3 Bei der Ausbildung gibt es zwischen Ratten und Hunden einen Unterschied, der auffällt. Bei der Ausbildung gibt es zwischen Ratten und Hunden einen auffallenden Unterschied. 4 Die Person, die als Trainer arbeitet, ist für die Ratten nicht wichtig. Die als Trainer arbeitende Person ist für die Ratten nicht wichtig. 5 Im Vergleich dazu haben Hunde zu ihrem Trainer eine Verbindung, die ausgeprägt ist. Im Vergleich dazu haben Hunde zu ihrem Trainer eine ausgeprägte Verbindung.

Erweiterte Partizipialattribute

1 Beim Recruiting und bei der Personalauswahl setzen Firmen mit in jüngster Zeit gestiegener Häufigkeit künstliche Intelligenz ein. Im Hinblick auf den Nutzen und die Risiken dieser Vorgehensweise lässt sich konstatieren, dass ein System nur so gut wie die eingegebenen und vom System verarbeiteten Daten sein kann. Wenn die Eingangsdaten eine mangelhafte Qualität haben, sind auch alle weiteren Analysen mangelhaft. Denn anhand des für das Training der Software eingegebenen Datensatzes entwickelt der Computer seine Algorithmen und prognostiziert auf dieser Datenbasis die Zukunft. Durch eine Optimierung der Stellenanzeige mithilfe von künstlicher Intelligenz ist es beispielsweise möglich, die Diversität bei den sich für den Job bewerbenden Personen zu steigern. Wenn in einer Stellenanzeige die Jobanforderung mit Begriffen wie Kommunikationsfähigkeit oder Kooperationsbereitschaft beschrieben wird, dann werden eher Frauen zugeschriebene Eigenschaften genannt. Im Gegensatz dazu nutzt eine mit Begriffen wie Durchsetzungsfähigkeit oder Risikobereitschaft formulierte Stellenanzeige eher stereotyp männliche Wörter.

2 1 Partizip 2 Nomen 3 Adjektiv 4 Schriftsprache

Bedeutung des Partizipialattributs	**Beispiele für erweiterte Partizipien aus dem Text**
Aktiv, gleichzeitig	– bei den sich für den Job bewerbenden Personen
Passiv, oft Vergangenheit	– die eingegebenen und vom System verarbeiteten Daten – anhand des für das Training der Software eingegebenen Datensatzes – Frauen zugeschriebene Eigenschaften – eine mit Begriffen wie Durchsetzungsfähigkeit oder Risikobereitschaft formulierte Stellenanzeige
Aktiv bei Verben mit „sein", Vorgang abgeschlossen	– mit in jüngster Zeit gestiegener Häufigkeit

3 1 bei den Personen, die sich für den Job bewerben 2 die Daten, die eingegeben und vom System verarbeitet wurden 3 anhand des Datensatzes, der für das Training der Software eingegeben wurde 4 Eigenschaften, die Frauen zugeschrieben werden 5 eine Stellenanzeige, die mit Begriffen wie Durchsetzungsfähigkeit oder Risikobereitschaft formuliert ist 6 mit Häufigkeit, die in jüngster Zeit gestiegen ist

4 2 das gestern ärgerlicherweise abgesagte Vorstellungsgespräch 3 der letzte Woche mehrmals wegen fehlerhafter Hardware abgestürzte Computer 4 die aufgrund eines Zugausfalls zu spät im Büro angekommenen Mitarbeiter

5 2 Die Software zeigt Stellenanzeigen nur Personen, die sich vermutlich für die Anzeige interessieren. 3 Frauen schauen sich Stellenanzeigen, die für Führungspositionen ausgeschrieben sind, weniger häufig an als Männer. 4 Die Maschinen leiten daraus ein Interesse an Führungspositionen ab, das bei Frauen geringer ausgeprägt ist. 5 Infolgedessen bieten sie diese Jobs Frauen, die auf einer Jobbörse nach Arbeit suchen, seltener an. 6 Das führt zu einer Verstärkung dieses Trends, die unbeabsichtigt immer weiter fortläuft.

6 2 Die in Unternehmen bei der Personalauswahl zum Einsatz kommenden Algorithmen 3 Selten getestete KI-Anwendungen 4 Die nur bestimmten Stellensuchenden präsentierten Stellenanzeigen 5 Noch nicht häufig zum Einsatz gekommene Tools

7 2 Die bereits mit KI arbeitenden Unternehmen erachten die Nutzung der Tools zum überwiegenden Teil für sehr sinnvoll. 3 Es ist erforderlich, die der Personalarbeit zugrunde liegenden Kriterien und die angestrebten Ziele zu reflektieren. 4 Man muss klar benennen, welche Verhaltensweisen und Qualifikationen durch die Software ausgewählte Bewerbende auszeichnen. 5 Weitreichende Konsequenzen für Menschen mit sich bringende Computeranwendungen sollten streng überwacht werden. 6 Den Entwicklern wird leider oft zu wenig Zeit gelassen, um den Nutzen der von ihnen entwickelten Programme nachzuweisen.

8 2 Der Einsatz von Chatbots, die einfache Fragen bearbeiten, kommt häufig vor. Der Einsatz von einfache Fragen bearbeitenden Chatbots kommt häufig vor. 3 Zukünftig könnte man stärker die automatisierte Analyse von Audio- und Videoaufnahmen einsetzen, die im Moment kaum in der Praxis Anwendung findet. Zukünftig könnte man stärker die automatisierte im Moment kaum in der Praxis Anwendung findende Analyse von Audio- und Videoaufnahmen einsetzen. 4 Wir brauchen für den Einsatz von KI bei der Personalbeschaffung Evaluationen, die von unabhängigen Experten durchgeführt werden. Wir brauchen für den Einsatz von KI bei der Personalbeschaffung von unabhängigen Experten durchgeführte Evaluationen.

Gerundiv

1 Durch die Digitalisierung der Arbeitswelt ist der Arbeitsalltag für viele Menschen schwieriger geworden. Die zu bewältigenden Aufgaben werden immer komplexer, was sowohl körperlich als auch psychisch belastend ist. Die große Menge an zu verarbeitenden Informationen, schnell zu treffende Entscheidungen, ein oft nur schwer zu ertragender Zeitdruck und eine in immer mehr Berufen verlangte allzeitige Verfügbarkeit führen zu Stress, Erschöpfung und Schlafstörungen. Und die noch lange nicht als abgeschlossen zu betrachtende digitale Transformation wird uns auch weiterhin vor Herausforderungen stellen. Die auch zukünftig zu erwartenden Veränderungen auf dem Arbeitsmarkt verlangen daher eine dauerhafte Anpassungs- und Lernfähigkeit von Seiten der Mitarbeitenden.

2 1c 2b

3 1 Partizip 2 Adjektiv 3 Modalverben 4 Relativsätzen

4 1 Die von den Angestellten zu erbringende Arbeitsleistung wächst jedes Jahr. 2 Viele Menschen sind mit einem kaum noch zu schaffenden Arbeitsvolumen konfrontiert. 3 Die zu erzielenden Einkommen stagnieren oder sind sogar gesunken.

5 1 Die Menge an Informationen, die täglich verarbeitet werden muss/die man täglich verarbeiten muss, führt zu Erschöpfung. 2 Entscheidungen, die schnell getroffen werden müssen/die man schnell treffen muss, setzen die Angestellten unter Druck. 3 Der Zeitdruck, der oft nur schwer ertragen werden kann/den man oft nur schwer ertragen kann, vergrößert den Stress im Berufsleben. 4 Die Veränderungen, die auch zukünftig erwartet werden müssen/die man auch zukünftig erwarten muss, erfordern eine große Anpassungsfähigkeit. 5 Die Zahl der Fortbildungen, die absolviert werden müssen/die man absolvieren muss, wird in einigen Berufen zunehmen. 6 Die steigenden Anforderungen im Beruf mit ihrem Privatleben in Einklang zu bringen, stellt manche Mitarbeitende vor eine Aufgabe, die kaum gelöst werden kann/die sie kaum lösen können.

7 Weiterführende Relativsätze

1 Alle Gefühle haben einen Zweck. Angst hilft, Gefahren zu vermeiden. Wut hilft, Widrigkeiten zu überwinden. Der evolutionäre Nutzen von schlechter Laune ist allerdings schwieriger zu verstehen, weshalb viele Menschen schlechte Laune ausschließlich negativ sehen. Unsere Forschung zeigt jedoch, dass kurzzeitige schlechte Laune durchaus positive Folgen hat. Die Menschen werden aufmerksamer, wodurch sie sich besser an Dinge erinnern. Sie nehmen alles, was um sie herum ist, schärfer wahr. Mit schlechter Laune fällen Menschen genauere und sorgfältigere Urteile, was sie vor schlechten Entscheidungen schützen kann.
Im Gegensatz dazu signalisieren positive Stimmungen eine sichere und vertraute Situation. Wer gute Laune hat, ist kreativer, unternehmungslustiger und selbstbewusster. Da man sich sicher fühlt, ist man unaufmerksamer gegenüber seiner Umgebung. Man achtet zum Beispiel weniger darauf, wo man sich befindet.

2

Relativpronomen/ Relativadverb	Verwendung	Beispiel
wo	- leitet Relativsätze ein, die einen Ort bezeichnen	Man achtet weniger darauf, wo man sich befindet. Der Ort, wo man lebt, beeinflusst die Stimmung.
wohin woher	- leitet Relativsätze ein, die eine Bewegung bezeichnen - ersetzt die lokale Präposition + Relativpronomen	Das ist der Ort, wohin ich gehen werde. Ich erinnere mich gut an den Ort, woher ich komme.
wer, wen, wem, wessen	- bezieht sich auf eine nicht näher bezeichnete Person	Wer gute Laune hat, ist kreativer, unternehmungslustiger und selbstbewusster.
was	- nach Indefinitpronomen *alles, einiges, etwas, nichts, vieles, weniges* und Demonstrativpronomen *das* - nach nominalisiertem Superlativ - bezieht sich auf den Inhalt des gesamten Satzes	Sie nehmen alles, was um sie herum ist, schärfer wahr. Schlechte Laune ist nicht das Schlimmste, was einem widerfahren kann. Mit schlechter Laune fällen Menschen genauere und sorgfältigere Urteile, was sie vor schlechten Entscheidungen schützen kann.
wo(r) + Präposition	- bei Verben mit Präposition - bezieht sich auf den Inhalt des gesamten Satzes	Die Menschen werden aufmerksamer, wodurch sie sich besser an Dinge erinnern.
weshalb	- bei kausalen Satzverbindungen	Der evolutionäre Nutzen von schlechter Laune ist allerdings schwieriger zu verstehen, weshalb viele Menschen schlechte Laune ausschließlich negativ sehen.

3 1 woher / wo, 2 wo, 3 Wohin, 4 wo, 5 woher, 6 wohin

4 2 Wessen Laune schlecht ist, der hat eine schärfere Wahrnehmung. 3 Wem positive Stimmungen eine sichere Situation signalisieren, der ist kreativer und selbstbewusster. 4 Wer den Nutzen von schlechter Laune nicht kennt, der sieht schlechte Laune negativ. 5 Wen der Zweck aller Emotionen interessiert, der beschäftigt sich auch mit negativen Stimmungen. 6 Wer Wut empfindet, der kann Widrigkeiten leichter überwinden.

5 1 was, 2 worüber, 3 was, 4 worauf, 5 was, 6 wovor, 7 worüber

6 2 Wir achten auf Details, was zu einer genaueren Wahrnehmung der Umgebung führt. 3 Unsere Kultur ist auf Hedonismus und Vergnügen ausgerichtet, was die Folge von Werbung ist. 4 Glück wird zur Norm erklärt, wodurch man es unnormal findet, sich schlecht zu fühlen. 5 Doch negative Gefühle sind auch etwas Unvermeidbares, womit wir leben müssen.

7 2 Häufig kennen wir nicht die Ursache dafür, was frustrierend sein kann. 3 Zur Verbesserung unserer Stimmung gibt es jedoch einiges, was wir hinterfragen sollten. 4 Mögliche Faktoren sind Überforderung und chronischer Stress, woran manche Menschen verzweifeln. 5 Im Herbst und Winter mangelt es an Sonnenlicht, worunter viele Menschen leiden. 6 Ausreichend Bewegung und gesunde Ernährung sind etwas, worauf man achten soll.

8 1 Vieles, was wir glauben, ist eine Illusion. 2 Alles, was ihr versucht habt, hat nicht funktioniert. 3 Weniges, was ich gesehen habe, hat mir gefallen. 4 Nichts, was du mir erzählst, kann mich überzeugen. 5 Das meiste, was ich gehört habe, habe ich vergessen.

9 1 In unserer Kultur gilt Glück als Standard, weshalb wir negative Stimmungen ablehnen. 2 Wir haben die Erwartung von leicht erreichbarem Glück, weshalb wir uns nicht anstrengen wollen. 3 Die Werbung verspricht uns Glück durch Konsum, weshalb wir viele Produkte kaufen. 4 Unsere Erwartungen sind zu hoch, weshalb wir oft enttäuscht werden. 5 Viele Menschen suchen Glück an den falschen Orten, weshalb sie nicht an ihr Ziel gelangen.

8 Funktionsverbgefüge

1 Hilfe leisten, zum Einsatz kommen, zur Gewohnheit werden

2 Nomen, Verb, Nomen, Präposition, Sprache, Verb

3 1g, 2e, 3f, 4a, 5h, 6c, 7d, 8b

4 2 Es wurde der Beschluss gefasst, … 3 …, dass viele gegen diese menschlich agierende Technik Beschwerde einlegen würden. 4 Tatsächlich jedoch hat der Einsatz dieser hilfreichen Technik eher Interesse geweckt als abgeschreckt, … 5 Woran man anfangs Zweifel hatte, … 6 … diesen Versuch unternommen zu haben 7 … und ihr Wunsch nach einer Akzeptanz der Robotik in der Gesellschaft ist in Erfüllung gegangen. 8 Man sollte jedoch immer in Betracht ziehen, …

5 1 c / an, 2 f / mit, 3 a / mit, 4 g / auf, 5 h / zur, 6 b / zur, 7 d / an, 8 e / für

6 2 … und kann bei entsprechend vielen Anwendungen eingesetzt werden. 3 … beanspruchen keine Eleganz. 4 … wird sich auch auf unsere gesamte Arbeitswelt auswirken. 5 Entwicklung und Aussehen der Roboter werden immer von dem jeweiligen Bereich … beeinflusst. 6 Viele Menschen erinnert jedoch der Anblick immer noch an George Wells …

7 Aktivische Bedeutung: 3, 6
Passivische Bedeutung: 1, 2, 4, 5

8 1gewinnen, 2 ziehen, 3 geraten, 4 geben, 5 finden, 6 nehmen, 7 treffen, 8 stehen, 9 ergreifen

9 2 … hat man in Kauf genommen, … 3 Niemand hatte Zweifel, … 4 Die ersten androiden Roboter fanden in der Öffentlichkeit kaum Beachtung, … 5 Die Regierung sollte Maßnahmen ergreifen, … 6 Für die Probleme mit … fand man im Laufe der Entwicklung eine Lösung.

Die Audios sowie die Transkriptionen zu diesem Übungsbuch finden Sie digital.

Audio-Track	
1	Hören Teil 1 – Übung 5b
2	Hören Teil 1 – Übung 6b
3	Hören Teil 1 – Kommentierter Modelltest 1
4	Hören Teil 2 – Übung 4
5	Hören Teil 2 – Übung 5
6	Hören Teil 2 – Übung 6
7	Hören Teil 2 – Übung 7
8	Hören Teil 2 – Übung 8
9	Hören Teil 2 – Übung 9
10	Hören Teil 2 – Kommentierter Modelltest 1
11	Hören Teil 3 – Übung 4
12	Hören Teil 3 – Übung 5
13	Hören Teil 3 – Übung 6
14	Hören Teil 3 – Übung 10
15	Hören Teil 3 – Übung 11
16	Hören Teil 3 – Kommentierter Modelltest 1
17	Hören Teil 4 – Übung 5b
18	Hören Teil 4 – Übung 6b
19	Hören Teil 4 – Kommentierter Modelltest 1
20	Sprechen Teil 1 – Übung 8b
21	Sprechen Teil 1 – Übung 8c
22	Sprechen Teil 2 – Übung 5b
23	Sprechen Teil 2 – Übung 7b
24	Sprechen Teil 2 – Übung 7c und 9a
25	Sprechen Teil 2 – Übung 9b
26	Sprechen Teil 2 – Übung 10a
27	Sprechen Teil 2 – Übung 10b
28	Hören Teil 1 – Modelltest 2
29	Hören Teil 2 – Modelltest 2
30	Hören Teil 3 – Modelltest 2
31	Hören Teil 4 – Modelltest 2
32	Sprechen Teil 1 – Modelltest 2 (Prüfungsbeispiel)
33	Sprechen Teil 2 – Modelltest 2 (Prüfungsbeispiel)

Textquellenverzeichnis

Folgende Originalvorlagen wurden von den Autorinnen teilweise sprachlich angepasst, bearbeitet und gekürzt:

S. 12/13: „Wie Ohrwürmer unseren Schlaf stören" © Konradin Medien / wissenschaft.de
S. 14: „Roboter als Unterwasser-Müllsammler" © Konradin Medien / wissenschaft.de
S. 15: „Können Schmerzmittel die sportliche Leistung steigern?" © Jonas Kraus, DER SPIEGEL 05/2022
S. 18: „Meister des Geruchs" © Konradin Medien / wissenschaft.de
S. 30/31: „Besser erinnern: Gehirnelektroden könnten Menschen mit Gehirnschäden helfen" © Autorin: Jessica Hamzelou, 08.09.2022 https://www.heise.de/hintergrund/Besser-erinnern-Gehirnelektroden-koennten-Menschen-mit-Gehirnschaeden-helfen-7256591.html?seite=all
S. 38: „Bafög – die Hilfe, die keine mehr ist" © Paul Munzinger, SZ vom 03.09.2021
S. 42: „Warum niemand über die Lücke im Lebenslauf Auskunft geben muss" © Kathrin Werner, SZ vom 13.02.2022
S. 48/49: „Die Vier-Tage-Woche ist richtig" © Alexander Hagelüken, SZ.de vom 22.02.2022
S. 172: „Wie Wilhelm Conrad Röntgen die Röntgenstrahlung entdeckte" © geo
S. 174: „Ratte, rette mich: Trainierte Nager sollen Vermisste suchen" © Autor: Boris Hänßler, 05.01.2022 https://www.heise.de/hintergrund/Ratte-rette-mich-Trainierte-Nager-sollen-Vermisste-suchen-6316759.html
S. 176: Wieso Sie noch lange auf Ihre Beförderung warten können © Dr. Ingrid Hägele

Für die Hörtexte wurden folgende Quellen genutzt:

Track 4 (bzw. S. 2 im Transkript): „Das vegetative Nervensystem ist ständig alarmiert" © ZEIT ONLINE; Hannah Scherkamp; 09.02.2022
Track 9 (bzw. S. 3 im Transkript): „Motivation entsteht aus Anreiz und Erwartung" © Annika Röcker, spektrum.de
Track 10 (bzw. S. 4/5 im Transkript): „Schlechte Laune hat einen Sinn" © ZEIT ONLINE; Astrid Probst; 31.01.2022
Track 16 (bzw. S. 7/8 im Transkript): „Sport macht klug" © Alina Schadwinkel, spektrum.de
Track 29 (bzw. S. 14/15 im Transkript): „Die Welt wird wieder untergehen" © Lars Fischer, spektrum.de
Track 30 (bzw. S. 15/16 im Transkript): „Wir sollten Löhne nach dem Stresslevel bestimmen" © ZEIT ONLINE; Kati Krause; 23.02.2022